KB023794

LACAN

Language, and Philosophy

라깡과 언어와 철학

라깡과 언어와 철학

러셀 그릭 지음

김종주 · 김아영 옮김

인간사랑

Lacan, Language, and Philosophy by Russell Grigg

Copyright © 2008 State University of New York
Korean translation copyright © 2010 In-Gan-Sa-Rang Publishing Company

This edition is published by arrangement with State University of New York,
New York through BF Agency, Seoul.

이 책은 BF Agency를 통한 저작권자와의 독점계약으로 도서출판 인간사랑에 한국어판
저작권이 있습니다. 신저작권법에 의해 한국 내에서 보호를 받는 저작물이므로
무단전재와 복제를 금합니다.

차례

일러두기

    본서에 포함된 글들은 여러 잡지와 책들에 논문 형태로 이미 출판된 것들이다. 1장은 대니 노버스가 편집한『라깡 정신분석의 핵심 개념』(런던 : 리버스, 1998)에 실려 있다. 2장은『오스트레일리아 정신치료 잡지』5권(1986)에 실려 있는 글을 조금 바꿨다. 3장은 저스틴 클레멘스와 내가 편집한『자끄 라깡과 정신분석의 이면』(더럼 : 듀크대학 출판부, 2006)에 실린 글이고, 4장은 엘리 래글런드-설리번과 마크 브라커가 편집한『라깡과 언어의 주체』(뉴욕 : 루트리지, 1991)에 실렸던 글을 손질한 것이다. 5장이 맨 처음 인쇄되어 나온 것은 자크-알랭 밀레를 위한 기고인『민주주의의 병리』(런던 : 카르낙, 2005)이다. 6장은 슬로베니아 잡지인『필로조프스키 베스트닉』26권 2호(2005)에 출간되었고, 7장의 일부는『아프로이디트 : 포르투갈 정신분석 잡지』1권(2005)과『어낼리시스』라는 잡지 3권(1991), 그리고 벨기에 잡지인『카르토』43권(1991)에 실린 것들이다. 8장은 원래『카르도조 법률잡지』24권(2003)에 출간된 것이다. 9장은『패러그래프』24권(2001)에 실려 있었고, 11장은『오르니카르?』35권(1986)에 불어로 쓰인 논문이다.

오늘날의 무기력한 아버지를 위해
임상과 문학, 그리고 철학이 해야 할 일은?

이 책을 처음 손에 쥐었을 때 온몸이 따스해짐을 느꼈다. 그릭 교수의 온화한 미소가 떠올랐기 때문이다. 2001년 4월 어느 날 우리 가족을 그의 집으로 초대해 주었다. 이미 그가 영어로 번역한 라깡의 세 번째 세미나 『정신병』과 몇 편의 논문을 읽고난 뒤였고 스크리아빈의 소개로 이런저런 글을 나누던 사이였지만 얼굴을 마주 대하고 만나보기는 그때가 처음이었다.

아영이가 디킨대학에서 그릭 교수의 지도 하에 정신분석학 석사과정을 밟아가고 있는 중이었다. 딸의 눈을 통해 그의 모습을 조금씩 알아갈 수 있었지만 만나보니 그는 정말로 검소하고 겸손한 청교도였다. 그가 알려준 집 근처에 도착했지만 몇 호였더라? 아무튼 그의 집 번지를 찾을 수가 없었다. 이상하게도 숫자는 훌쩍 건너뛰어 52호가 나왔다. 나중에 알게 된 일이지만 자녀들이 아빠의 '52'번째 생일이란 축하표시를 하필이면 집 번지 위에 붙여놨던 탓이다.

그릭 부부가 식사준비를 하는 동안 쌍둥이 막내 두 딸들의 재롱을 구경할 수 있었다. 물구나무를 서 보이고 뒤로 돌아 회전하는 묘기도 보여준다. 그 사이에 틸레트 부부가 도착했다. 그들은 역시 동양에 대한 관심이 대단했다. 우리는 병증(病證, sinthome)이란 용어에서 비롯된 한의학 애기로부터 오이디푸스와 안티고네를 많이 닮은 심학규와 심청 부녀 간의 애기로 번져가다가 그릭 부인이 음대 교수라는 사실도 알게 되었다.

나는 훗날 그릭 부인께 박동진 선생의 판소리 「심청전」과 영역된 『심청전』을 선물로 보냈다. '판소리'를 Korean Opera라고 번역했지만 그것으로는 양이 차지 않아 이청준 선생의 「서편제」까지 동원했던 것 같다. 중국과 일본의 음악에 대해 많이 아시듯이 우리 음악도 좀 알아주시라고. 그때부터 지금까지 그의 책을 기다려 왔던 것 같다. 더구나 Lacan, Language, and Philosophy, 얼마나 멋진 이름인가!

이 책은 1부와 2부로 나뉘어 있다. 1부는 임상과 관련되어 있다. 역시 라깡의 세 번째 세미나의 역자답게 그릭 교수는 첫 장을 정신병의 특수한 기제인 '폐제'로 시작한다. 사실 이 논문은 대니 노버스가 편집한 『라깡 정신분석의 핵심 개념』에 실렸었다. 흔히 정신병 환자는 정신분석의 금기로 알고 있다. 그러나 라깡은 "정신분석가들이 정신병에서 손을 떼서는 안 된다"고 타이른다. 정신병의 치료는 분석작업의 중요한 특징을 이룬다는 것이다. 하지만 정신병 환자에 대한 임상적인 부담을 아무런 두려움 없이 짊어지라는 뜻은 아니다.

라깡식으로 말해서 정신병의 특징은 '아버지의 이름'의 폐제이다.

그렇다고 해서 이러한 부명의 폐제가 그 본성상 언어적일 수밖에 없는 상징계로 하여금 전혀 기능할 수 없도록 방해하는 것은 아니다. 나는 아직까지 이렇게 분명한 해설을 들어본 일이 없다. 뿐만 아니라 라깡이 말했다니까 그렇게 알고만 있던 진실을 그릭 교수는 속 시원히 풀어준다. 왜 L도식에서 자아와 타자는 서로 자리를 바꿀까? 자아와 타자가 한 공간 내에 함께 존재하기 때문이란다. 이때 자아를 비춰주는 거울이 꼭 필요한 것은 아니다. 또한 '병증' 개념 풀이와 함께 제임스 조이스에 대한 간략한 해설은 문학계에도 큰 도움이 될 것이다.

그릭 교수는 제2장과 3장에 프로이트의 도라 사례를 인용해 가며 프로이트한테서 풀리지 않은 '아버지의 문제'에 접근해 가는 라깡의 방법을 읽어내고 있다. 도라는 발작적인 기침과 목소리가 나오지 않는 무성증과 같은 두 가지 히스테리 증상을 앓고 있다. 도라와 분석을 시작한 지 3개월 만에 치료가 중단된 이유를 보는 여러 가지 시각들이 있다. 그렇더라도 프로이트는 도라라는 연극 덕분에 오이디푸스 콤플렉스를 소개하게 되고 거세 콤플렉스를 마음에 품게 되었다.

프로이트는 도라가 K씨에 대한 욕망을 인식하게 되면 모든 치료가 성공적으로 되리라 믿고서 그걸 인정하라고 도라한테 강요하다시피 했다는 것이다. 이런 강요가 치료를 갑자기 중단하게 만든 원인이라고 본다. 프로이트의 마음 속에서 왜 이런 일이 벌어졌을까? "여자들은 남자들을 위해 만들어졌다"는 프로이트의 편견 때문이라는 것이다. 창세기(2 : 15)에 "사람이 독처하는 것이 좋지 못하니 내가 그를 위해 돕는 배필을 지으리라" 말씀하시고는 남자의 갈비뼈로 여자를 만들었다는 유대교의 믿음 때문이었을지도 모른다. 그러나 도라가 사랑하는 대상은 K씨가 아니라 K부인이었고, 도라는 K부인을 아버지라는 대리인을 통해 사랑하게 된다. 그러니까 도라가 욕망하는 것은 K씨가 아니라 "K씨의 욕망을 욕망하는" 것이다. 이렇게 해서 우리는 잘 알려진 임상사례를 통해 "욕망이 대타자의 욕망"이라는 수수께끼 같은 라깡의 말을 이해할 수 있게 된다.

도라 사례에서 프로이트가 이해하지 못했던 또 한 가지는 히스테리 욕망의 구조였다. 브루스 핑크의 '욕망의 삼각구조'에서 히스테리의 욕망은 "충족되지 않는 욕망"이고 강박증의 욕망은 "불가능한 욕망"이다. 히스테리의 환상 속에서 욕망하는 사람은 대타자이다. 히스테리한테는 아무런 욕망도 없고 그저 남자의 '욕망의 대상'이 될 뿐이다. 라깡이 여자를 '욕망하는 주체'로 보지 않고 여자를 대상화한다고 여성주의자들의 비난을 받고 있는데, 비난 받을 만하다. 하지만 핑크는 라깡이 임상체험을 통해 그런 현상을 기술했을 뿐이라고 분명히 밝혀준다. 이처럼 도라 사례를 보는 라깡의 핵심은 히스테리 환자가 대상으로서의 위치를 선택한다는 점이다.

그렇다면 라깡이 아버지의 중요성을 강조하는 까닭이 뭔지 궁금하다. 그가 클라인학파와 대상관계 이론에서 어머니와 아이의 관계를 분석이론의 핵심으로 삼는 경향에 대한 반작용으로 아버지를 부각시켰으리라는 주장에도 타당성이 있어 보인다. 그러나 그는 그 당시의 독특한 정신병리의 원인을 아버지의 부재나 굴욕적인 아버지처럼 부성 이마고의 사회적 쇠퇴로 보고 있다. 정신의학의 임상에서 희미해져 버린 사이코패스가 다시금 부각되는 요즘 세상에 아버지의 중요성을 강조하는 일은 의미 있는 작업이 될 것이다.

오이디푸스적인 아버지의 규범적인 기능은 남근의 소유자로서 어머니의 욕망을 규제시키고 자아 이상을 만들어내면서 주체의 동일시에 대한 지지자로 행동한다. 여기서 보듯이 아버지를 라깡식으로 이해하려면 남근에 대한 라깡식의 정의가 필요하고, 자아 이상과 초자아를 구별할 수 있어야 하며, 상상계·상징계·실재계라는 분석경험의 세 가지 범주에 대한 이해가 필요하다. 그래야만 '상징적 아버지'를 이해할 수 있기 때문이다.

그릭 교수는 프로이트의 저술들 속에 나오는 아버지 신화의 다양한 버전들을 클로드 레비-스트로스의 구조적인 신화분석을 통해 새롭게 이해시켜 주고 있다. 오이디푸스 콤플렉스의 아버지는 아이들한테 전달하는 법에 그 자신부터 복종하고 있다. 그와는 대조적으로 『토템과 터부』에서는 동일한 법에 하나의 예외가 되는 사람이 바로 그 아버지이다. 이런 원시종족의 아버지는 엄격한 아버지이고, 자기중심적이며 질투심이 많고 거세의 위협으로 아들들을 억제시키는 성적인 대식가이다. 다시 말해 향락의 아버지가 되는 것이다. 프로이트는 오이디푸스 콤플렉스를 히스테리의 임상에 대한 반응으로 보고 원시종족의 아버지 신화는 강박신경증의 임상에 대한 반응으로 보고 있다.

따라서 상징적인 아버지는 실질적인 존재가 아니고 하나의 위치나 기능이라서 부성기능과 동의어가 된다. 이런 상징적 아버지는 오이디푸스 콤플렉스에서 법을 정하고 욕망을 통제시키며, 어머니와 아이 사이의 이자관계에 개입하여 그들 사이에 '상징적인 거리'를 만들어 놓는다. 라깡은 이런 상징적 아버지를 '죽은 아버지'로 보고 아들들한테 살해된 원시종족의 아버지라고 말한다. 상징적 아버지를 '아버지의 이름', 즉 부명(父名/父命)이라 부른다. 이런 상징적 아버지는 그에 상응하는 아무런 표상도 없기 때문에 '순수한 시니피앙'이 된다.

자아 이상은 '상징적' 아버지를 동일시한 결과이고 법을 내재화한 결과이다. 그러나 초자아는 박탈하는 '상상적' 아버지와의 관계로부터 생겨나고 법을 임의적이고 무의미한 것으로 지각하는 유산이 된다. 따라서 라깡은 초자아를 '음흉한' 존재로 보는 것이다. 아버지에 대한 증오가 초자아에 전이될 때 분석치료에 대한 주요 장애물이 되고 이런 부정적인 치료반응은 치료를 새로운 위험으로 경험하도록 만드는데, 이것이 도라 사례에서 프로이트가 실패했던 원인이 된다.

도라의 두 번째 꿈에서 도라가 사랑하는 대상이면서도 걸림돌이 되는 아버지가 죽어 있다. 죽음을 둘러싼 탐정소설 같은 이런 이야기를 제대로 이해하려면 향락과 법과 위반에 대해서 알아야 한다. 위반이라는 것은 오이디푸스 법칙의 위반이 되고, 이런 법칙은 모든 사회의 중심부에 자리 잡고 있으며 누구나 이미 항상 이 법칙을 위반해 왔다고 보는 것이다. 특히 *jouissance*라는 개념을 칸트에게서 찾아내는 그릭 교수는 라깡을 '칸트학파'라고 말한다. 우연의 일치겠지만 일본에서도 이 주이상스를 향유가 아닌 '향락'(享樂)이라 번역한다. 레비나스의 향유와는 거리가 멀다.

라깡은 『정신분석의 윤리』라는 일곱 번째 세미나와 「사드와 함께 칸트」라는 논문에서 안티고네를 향락과 법 사이의 관계로 연결시켜 논의하고 있다. 상식적으로는 위반했기 때문에 죄책감을 느낄 것 같은데 프로이트는 거꾸로 죄책감을 느끼기 때문에 위반하게 되는 경우를 추론하고 있다. 적어도 위반함으로써 죄에게 대상을 가져다 준다고 말할 수 있다. 무의식적인 죄책감의 압박 때문에 자신도 모르게 지니고 있는 죄가 특수한 대상을 찾아내서 범죄행위를 저지르게 된다는 것이다. 라깡은 프로이트가 죄와 위반에 대하여 말할 때 그 위반은 도덕적 위반이 되고, 더욱이 오이디푸스적인 무의식의 죄에 상징적으로 연결되는 것으로 읽어내고 있다.

임상과 관련지어 칸트와 프로이트까지는 어느 정도 이해할 수 있었다. 거기에 이어 죄와 법과 위반도 얼마큼은 이해하게 되었다. 특히 제10장 「데카르트와 과학의 주체」는 고마운 장이다. 라깡의 「과학과 진리」라는 논문과 그를 해설한 여러 논문들조차 난해하기 그지없었는데 그릭 교수의 친절한 해설로 그 이해가 가능해졌다. 과학의 역사에서 인류의 순박한 나르시시즘에 세 번의 손상을 입힌 사건에 대해 프로이트는 멜로드라마처럼 애길 한다. 첫째는 지구가 우주의 중심에 서 있지 않다고 이야기하는 코페르니쿠스의 지동설이고, 둘째는 다윈이 인간을 동물의 왕국으로 초대한 사건이다. 셋째는 프로이트 자신이 "자아가 제 집의 주인이 아니다"라고 말함으로써 제3의 코페르니쿠스적 전회를 가져온 일이다.

그러나 라깡은 과학적 혁명에서 중요한 첫 단계는 뉴턴이 자연현상을 수학공식으로 표현해낸 일이라고 주장한다. $F = g \cdot mm'/d^2$라는 공식을 써서 상상적인 것에 대해 도전했던 것이다. 또한 과학의 발전에서 중요한 인물은 중세 교회의 편견에 대항하여 과학의 승리를 가져온 코페르니쿠스가 아니라 케플러라고 말한다. 지구가 완벽한 원의 궤도를 돈다고 말하는 코페르니쿠스의 주장은 상상적 개념이지만, 두 개의 초점을 가지면서 그 중 하나가 비어 있는 타원형의 궤도를 돈다고 주장하는 케플러가 상상계로부터 점진적으로 극복되는 모습을 보여줬기 때문이다.

라깡은 프로이트의 실증주의를 참조하는 것이 아니라 프로이트의 과학주의를 참조하고 있다. 그러니까 라깡에게 있어서 진정한 과학은 브뤼케-헬름홀츠학파의 과학들 대신에 언어학과 수학과 논리학이 된다. 이처럼 라깡은 과학과 코기토의 출현이 정신분석의 창안을 위한 전제조건이라고 본다. 이런 견해는 현대 과학의 출현을 관찰과 실험 덕분이라고 생각하는 경험주의적 설명에 대한 거부를 의미한다. 이 장을 읽고 나면 라깡의 「과학과 진리」라는 논문이 훨씬 쉽게 다가올 것이다.

라깡의 독특한 용어 때문에 곤욕을 치렀다. 그는 *quantificateur*(quantifier)라는 용어와 *quanteur*라는 용어를 한 페이지에서 동시에 사용하고 있기 때문이다. 알랭 바디우의 부전(不全, *pas-tout*)의 논리를 다루면서 나온 용어들이지만 quantifier를 우리에게 더욱 익숙한 '양화사'란 언어학적 용어로 번역했다. *quanteur*가 문제였다. 그릭 교수는 *Tresor de la langue française*까지 동원하여 *quanteur*가 양화사와 동의어임을 알려주었다. 따라서 우리는 *quanteur*를 한량논리학 혹은 술어논리학 용어인 '한량기호'로 정하였다. 동의어를 이렇게 임의대로 구분한 까닭은 라깡이 두 용어로 서로 다른 것을 의미하는지 그 여부를 해석의 문제로 보기 때문이다. 예를 들어 브루스 핑크는 '한량기호'가 양(quantity)과 관련되지 않는 것으로 생각하는 반면에 그릭 교수는 그에 동의하지 않는다. 비록 라깡이 그 두 용어 사이를 명백히 대조시킨 일은 없더라도 그는 둘 사이에 어떤 연결이 있다고 믿는다.

이미 짐작되겠지만 1부는 김아영이 번역하기로 하고 내가 2부를 맡았다. 그러나 의과대학 4년 그리고 인턴과 전공의 1년차 과정까지 모두 6년간 라깡을 접해볼 기회가 없었다고 엄살을 부리는 바람에 번역작업이 지연되었다. 특히 제5장 「정신분석의 규제」는 법적인 용어 번역이 어려워 국회 입법정보관인 이만우 박사의 도움을 받아가며 내가 번역했다. 언어학 공부와 논리학 공부까지 해가며 애는 썼지만 여기저기 오역이 눈에 띌 것이다. 무슨 마술처럼 홍성례 선생이 손을 보고 나면 매끄러운 문장이 되어 이해가 더 빨라진다. 여러분들이 무리 없이 이 책을 읽을 수 있는 것은 오로지 홍 선생의 덕분일 것이다. 그러나 그릭 교수의 이

귀중한 글들에서 오역이 발견된다면 앞으로도 계속 고쳐나갈 것이다. 그렇게 하는 것이 친구에 대한 예의일 테고 독자들에 대한 도리일 것이다.

2010년 봄
김종주_korlacan@hanmail.net

서문

자끄 라깡의 눈부신 발견은 그 이후로 어떤 발전이 이뤄지든 무의
식이 언어처럼 구조화되어 있다는 인식으로부터 시작되었다. 라깡은 단
한번 이러한 발견을 해냄으로써 그가 상상계라는 두 번째이고 의존적인
영역으로부터 정신분석에서 언어의 영역이라 부른 '상징적인' 것을 정
확하게 구분할 수 있었고, 이런 움직임 덕분에 그는 정신분석 경험에서
언어의 진정한 자리를 더 잘 분석할 수 있게 되었다. 특히 향락을 참조해
가면서 라깡의 후기 가르침의 초점이 되었던 세 번째 영역인 실재계는
정신분석에서 상징계가 해내고 있는 핵심적인 자리의 발견을 배경으로
삼아 출현할 뿐이었다.

언어와 논리에 관한 연구가 정신분석의 이론과 실행에 얼마나 적
절한가는 라깡 이전에는 인식되어 본 적이 없고, 무의식의 언어적 특성
에 대한 명백한 승인 없이는 그러한 연구가 인식되지 않은 채로 남아 있
으리라고 가정하는 것은 합리적일 수 있다. 따라서 라깡에 관한 최근의
수많은 작업들의 초점을 다른 곳에 두더라도 언어와 논리에 관한 연구

는 정신분석가와 철학자들뿐만 아니라, 정신분석이 인간 주체의 연구에 가져오게 된 통찰을 이끌어낸 다른 학자들에게도 핵심적인 관심사가 되었다.

본서의 각 장들은 라깡이 정신분석을 위해 언어와 논리에 관한 연구들을 이끌어 온 수많은 방법들을 검토하고 있다. 그 목적은 라깡 자신의 작업이든 그로부터 나온 작업이든 라깡 작업의 토대를 이루고 있는 언어적이고 논리적이며 철학적인 논제들을 명확화하고, 또한 필요하다면 비판도 가하려는 것이다. 또한 이 장들은 정신분석가들이 채택한 입장들뿐만 아니라 라깡이 글로 써왔거나 라깡에 관한 글을 썼거나 혹은 여기서 야기된 문제들에 대해 단지 생각만 품고 있을 그런 철학자들과 언어학자들에 의해 채택된 입장들과도 대개는 비판적으로 관련되어 있다.

제1부의 처음 세 장들은 라깡의 작업에서 아버지 문제에 대해 서로 다른 관점으로 접근하고 있다. 1장 「폐제」에서는 정신병에 관한 연구가 분석경험에서 상징계 자리의 발견이 가져다 주는 의미를 가장 설득력 있게 보여주는 것이라고 주장되어 있다. 신경증과 정신병에 대한 새로운 정신분석적 접근방법을 개시하기 위해 라깡이 도입한 억압과 폐제를 구분하면서 아버지의 이름(부명, 父名)이란 시니피앙(능기, 기표)의 폐제가 모든 정신병적 증상들로 나타나는데, 망상들로부터 타인들과의 관계에 이르는 그 범위는 '구어적' 환각들과 편집증 및 슈레버 판사의 『나의 신경질환에 대한 회상록』에 의해 생생히 묘사된 신체적 황폐까지 포함하고 있다.

「폐제」가 정신병과 관련된다면 2장 「아버지의 기능」은 신경증에서 부성기능의 상상적인 인물들과 상징적인 인물들 간의 상호작용에 대해 언급하고 있다. 이 장에서는 동일시 문제를 다루며 신경증에서 부성기능의 자리를 다루고 있는데, 프로이트의 작업에서는 동일시에 대하여 대체로 무시되어 있으면서 아직도 해결되지 않은 채로 남아 있다. 이것은 분석의 종결에 관한 문제를 제기하고 있으며, 또한 정신분석에서 죽음 욕동을 단순한 공격 본능으로 환원시키는 라깡 동시대인들의 경향에 대한 의미가 포함되어 있는데 그 점은 멜라니 클라인을 떠올리게 해준다.

3장 「오이디푸스 콤플렉스를 넘어서」에는 프로이트가 정신분석의 초석으로 생각했던 그 콤플렉스에 대한 라깡의 비판을 논의하고, 라깡이 오이디푸스 콤플렉스를 넘어서는 것처럼 그것을 이용하는 방법을 보여주게 된다. 이 장에서는 꿈과 증상 및 다른 '무의식의 형성물들'의 분석으로부터 레비-스트로스의 신화분석을 구별해냄으로써 프로이트의 신화로서의 오이디푸스 콤플렉스에 대한 비판의 근거를 마련하게 된다는 라깡의 주장에 대하여 논의하고 있다. 그때로부터 라깡은 초기의 견해에서 근본적으로 떠남으로써 오이디푸스 이야기를 프로이트의 어떤 시도로 간주하게 되는데, 그것은 프로이트가 자신의 허물어지는 권위 앞에서 아버지의 위치를 보존하고 프로이트의 히스테리 환자들로부터 오는 아버지라는 인물의 하락에 대한 반향을 유지하려는 시도이다. 오이디푸스 콤플렉스와 원시종족의 신화를 비교해 볼 때 아버지에 관한 프로이트 저술들의 매혹적인 어떤 측면들이 드러나게 되는데, 그 용어의 두 가지 의미에서 프로이트의 오이디푸스적인 아버지와 원시종족의 부친에서 묘사된 과잉과 향락의 아버지 사이의 관계에 대한 문제들로 이끌어 간다.

4장 「전이에서의 시니피앙과 대상」은 분석가의 개입에서 전이가 분석가에게 부여하게 되는 윤리적인 책임을 제시하고 있다. 라깡의 '알 것으로 상정된 주체'는 프로이트가 전이를 기술하는 다양한 방식들을 하나로 통일시키는 개념이 되며, 분석가가 차지하는 위치의 패러독스를 분명하게 드러내놓는데, 그것은 피분석자에게 이롭다 하더라도 결코 사용되어서는 안 될 권력의 위치이다.

제1부를 마무리하는 5장 「정신분석의 규제」는 현대 세계에서 정신분석에 관한 구체적인 문제와 관련된, 다시 말해 정신분석을 규제하려는 최근의 움직임과 관련된 정신분석가의 윤리적 입장을 다루고 있다. 프랑스에서 전개되었던 사건들, 2005년 세계 어느 곳에서도 뚜렷이 나타난 일이 없었던 급작스럽고 예기치 못한 규제에 대한 압박 때문에 정신분석과 정신치료의 실행에 대하여 수많은 관할권에서 벌어지고 있는 훨씬 더 큰 통제의 움직임들과 인지행동요법(CBT)처럼 점점 더 크게 경쟁해오는 치료들에 대한 관심이 더욱 커지고 있다. 나는 정신분석에서 규제에 저항하는 것이 무엇인지, 또한 만일 국가 통제에 따르게 되면 양보되거나 상실하게 되는 것이 무엇인지 논의하게 될 것이다.

제2부의 여섯 장들은 더욱 철학적인 논문들이어서 라깡이 칸트와 데카르트의 철학을 이용하는 방식이나 알랭 바디우와 슬라보예 지젝 같은 철학자들이 라깡의 작업에 대해 보여주는 반응들을 탐구하게 된다. 마지막 장에서는 은유와 환유에 대한 라깡의 작업을 통해 야콥슨과 맺어진 라깡의 관계에 대하여 언급하게 된다.

6장 「라깡과 바디우 : 부전의 논리학」은 『세미나 XX』에서 여성적인 성과 관련하여 발전된 '부전'(not all, 不全) 혹은 '~의 전부가 아닌'(not all of)이라는 라깡의 개념이 어떻게 이해되는지 밝혀보면서 라깡에 대한 바디우의 비판에 비평을 제공하려고 하는데, 그것은 논의의 여지가 있는 수학에서의 무한, 즉 최소에 대한 한 가지 견해에 의지하게 된다.

라깡의 주요 개념인 부명에 이르면 철학과 정신분석은 공통의 기반을 공유하게 된다. 이 개념은 프로이트의 오이디푸스 콤플렉스에 그 뿌리를 두면서 철학적인 문제에 뿐만 아니라 종교적·역사적·문화적인 문제들에 적중시키고 있다. 여기서 칸트와 프로이트에 관한 것 그리고 죄와 위반에 관한 것 두 장들은 프로이트의 초자아에 관한 라깡의 새로운 시각을 보여주면서 동시에 칸트의 도덕철학에 새로운 빛을 던져주고 있다. 7장「칸트와 프로이트」, 8장「죄와 법, 그리고 위반」은 모두 칸트의 윤리학과 프로이트의 초자아 간의 관계에 관련되어 있다. 첫 번째 것은 칸트의 철학에서 도덕법칙의 인식과 욕망의 억제 간의 관계에 대하여 논의하고 있고, 두 번째 것은 (프로이트 이후의) 정신분석이 무의식적인 죄와 위반을 향한 욕동 사이를 맺어놓은 연결을 통해 이러한 동일한 관계를 탐구하고 있다.

　　슬라보예 지젝은 라깡의 작업에서 끌어온 영향력 있는 철학적 입장을 구축해 놓았는데, 좁은 공간에서는 그 진가를 제대로 나타내 보일 수가 없다. 9장「지젝에 관하여 : 절대자유와 근본적 변화」에서는 다양한 종류의 고도로 급진적인 행위들에 관한 지젝의 주장들 가운데 하나에 대하여 비판적인 접근방법을 취해 본 것이다. 지젝은 진정으로 급진적인 행위를 수행했던 행위자가 그 결과로서 근본적으로 변화된다고 주장한다. 그의 주장에 대해 확신할 수가 없어서 나는 이 장에서 지젝이 논의하고 있는 각각의 사례가 좀 더 보수적인 독해에 열려 있음을 보여주려고 하는데, 더욱이 그것은 정신분석의 임상경험과 일치하는 독해가 될 것이다.

　　10장「데카르트와 과학의 주체」에서는 17세기 과학의 출현에 있어서 데카르트의 역할에 대하여 언급하고 있다. 라깡의 견해로는 코기토의 출현과 경험세계의 수학화가 현대 과학의 출현에 꼭 필요한 형이상학적 전제조건이었다는 것이다. 이런 견해는 현대 과학의 출현을 관찰과 실험 덕분이라고 생각하는 경험주의적 설명에 대한 거부를 의미하는 입장이다. 라깡은 알렉상드르 코이레와 함께 현대 과학에 대한 데카르트의 존재론적 변천의 의미를 강조하는데, 그가 데카르트의 코기토, 즉 이런 '텅 빈 주체'를 과학의 주체 그 자체와 동일시하는 지점까지 이르게 된다.

11장 「라깡과 야콥슨 : 은유와 환유」에서 나는 라깡 자신의 이론에 기초한 은유 이론을 구축하면서 그것이 라깡의 이론에 충실한 것으로 생각하고 있다. 비록 라깡이 자신의 작업에서 은유에 두드러진 역할을 부여하고 있지만, 은유의 속성에 대한 그 자신의 이론이 그에 의해 뚜렷하게 다듬어지지도 않았고 문학에서 만족하리만큼 발전되지도 않았다는 것은 주목할 만한 일이다. 나의 이론구성이 라깡학파적인 은유의 설명을 자세히 다루고 있을 뿐만 아니라, 그것이 어째서 데이비드슨과 블랙처럼 잘 알려져 있는 사람들의 견해보다 더 바람직한지 그 이유를 논의하게 된다.

어떤 장들은 원래 출간되었던 논문들과 근소한 차이밖에 없고 또 어떤 장들은 본서에서 개작되기도 했다. 그러나 대부분의 논문들은 이제 절판되었거나 구하기 힘든 출판물에서 나왔던 것들이다.

제1부

정신병, 신경증, 부명

Chapter 1

폐제

         라깡은 정신병과 신경증 사이에서 육중하고 전체적인 차이점들을 설명하기 위해 **폐제**(foreclosure)[1]란 용어를 소개한다. 즉 신경증은 **억압**에 의해 작용하는 반면에 정신병은 **폐제**에 의해 작용한다. 이런 구별은, 비록 처음의 두 가지보다 아마 덜 확실하고 더욱 의심스럽겠지만, 성도착증의 특수한 기제로서 **부인**(disavowal)이란 세 번째 범주에 의해 보완된다. 이 세 가지 용어들은 신경증과 정신병, 성도착증이란 세 부분으로 나뉜 구분과 함께 각각 프로이트의 *Verdrängung*과 *Verwerfung, Verleugnung*에 상응하는데, 이 용어들은 실제적으로 라깡의 작업에서 효과적인 감별진단의 기본을 형성한다. 그는 정신의학적 범주들로부터 아무 것도 이끌어내지 못하기에 진정으로 정신분석적인 것이 되길 열망하는 사람이다. 따라서 폐제라는 개념을 다듬어내는 그 기저에는 세 가지로 분리된 주체적 구조들 사이에 분명하고도 선명한 구별이 깔려 있다.

주목할 만한 가치가 있는 이런 정신분석적 질병분류학의 두 가지 특징들로서 첫째는, 한 가지 임상유형의 표현들이 되는 흔히 매우 다양한 증상들 뒤에 하나의 구조적 단일체를 가정하는 것이고, 둘째는 발견된 다양한 임상유형들 사이에는 아무런 연속체도 없다는 것이다. 한 가지 당연한 결과는 정신병이 스스로를 임상적으로 선언하기 이전이라도 정신병의 경우에 신경증의 경우와는 전혀 다른 구조가 존재한다는 것이다.

▪ 용어의 기원

폐제라는 용어는 흔히 사용되는 프랑스의 법률용어로서 그 의미는 상응하는 영어와 매우 가깝다. 그러나 라깡의 의도를 위해 그것은 분명히 프랑스의 언어학자인 자크 다무레트와 에두아르 피숑의 저서인 『사유를 위한 단어들』에서 더욱 직접적으로 끌어내 온 것이다.[2] 이 저자들은 자신들의 저서인 『문법』에서 진실하거나 혹은 단지 가능한 것으로 다뤄지는 사실들을 언술[3]이 거부할 때인 특정한 상황에서 '폐제'에 대해 말하고 있다. 그들의 말에서 어떤 것이 그 사례가 될 가능성을 '암점화하는'(scotomize : 르네 라포르그로부터 차용한 용어) 화자에 의해 보여준 것처럼 "가능성의 영역으로부터 쫓아내 버렸을" 때 명제는 '폐제되는' 것이다. 그들은 특정한 언어적 요소들의 존재를 폐제의 표시로 삼는데, 따라서 다음과 같이 말할 경우를 들어보자.

브룩 씨는 언제나 불평하고 있을 그럴 사람이 아닙니다.

다무레트와 피송의 분석에서 '언제나'라는 단어는 브룩 씨가 불평하게 될 바로 그 가능성의 폐제를 깃발로 알려주게 될 것이다. 다시 말해서 브룩 씨가 불평하게 되리라는 것은 가능성의 영역으로부터 축출되고 폐제된다.

이런 분석이 옳든 그르든 그 여부는 라깡이 관여하는 한 크게 상관할 바가 아닌데, 그 이유는 그가 그 용어를 다무레트와 피송에게서 가져왔다 하더라도 그것을 전혀 다른 용법으로 사용하기 때문이다. 라깡에게서 폐제되는 것은 어떤 사건이 일어날 가능성이 아니라, 제일 먼저 불가능성의 표현을 가능하게 만들어 주는 바로 그 시니피앙 혹은 시니피앙들이다. 따라서 '폐제'는 화자가 어떤 것이 불가능하다고 선언하는 언표를 만들어낸다는 사실―부인에 더욱 가까운 과정―을 가리키는 것이 아니라, 화자가 그 언표를 만들어내기 위한 바로 그 언어적 수단을 완전히 결여하고 있다는 사실을 가리키는 것이다.

이곳에 억압과 폐제 간의 차이점이 놓여 있다. 프로이트의 무의식에 대한 고전적인 연구들―『꿈의 해석』, 『일상생활의 정신병리』, 『농담 및 무의식과의 관계』―에 대한 라깡의 분석에서 억압과 피억압물의 회귀라는 기제들은 그 본성상 언어적이다. 무의식이 언어처럼 구조화되어 있다는 그의 논제는 어떤 것이 억압되려면 먼저 상징계에 등록되어야 한다는 주장을 의미한다. 따라서 억압은 상징계 내에 있는 피억압물에 대한 사전의 인식을 의미한다. 다른 한편, 정신병에서는 필요한 시니피앙이 송두리째 결여되어 있고, 따라서 억압에 필요한 인식은 불가능하다. 그러나 폐제된 것은 완전히 사라질 뿐만 아니라 다른 형태일망정 주체의 외부로부터 되돌아올 수 있다.

라깡은 프로이트의 'Verwerfung'을 번역하기 위해 '폐제'를 선택하는데, 이 용어는 색인에 들어 있지 않기 때문에 『표준영역본』에서 목록으로 만들기가 어렵겠지만 대개는 더욱 축어적으로 '거절'(rejection)이나 '거부'(repudiation)로 번역되어 있다. 라깡도 역시 수년 동안 더욱 축어적인 프랑스어 번역인 '거부'(rejet)를 사용하든가 간혹 '삭제'(retranchement)를 사용했다. 그가 마침내 그 이후로 그처럼 익숙해진 용어를 선택하게 된 것은 정신병에 관한 1955-1956년의 세미나 마지막 시간에 이르러서였다 : "내가 처음 시작했던 Verwerfung의 개념으로 되돌아가지 않을 것이고, 그 대신에 그것을 해결할 때까지 숙고해 봄으로써 내가 최고라고 믿는 이 번역어―폐제―를 명확히 채택하도록 여러분에게 제안합니다."[4]

라깡이 자신의 작업을 통해 프로이트에게서 그 의미가 덜 분명하고 그 사용이 더 애매한 채로 남아 있던 개념의 수준으로 끌어올렸다고 인정하는 의미로 이런 선택을 간주하는 것은 합리적이다. 프로이트는 정신병과 연결해서 오로지 Verwerfung이란 개념만을 사용하는 것은 아니다. 왜냐하면 간혹은 후기의 저술에서 그가 정신병에서 특히 현실의 부인이란 말로 이야기하길 더 좋아하기 때문이다. 수많은 경우에 프로이트는 언제나 만족할 만한 결론에 이르지 못하면서도 신경증과 정신병의 기저에 깔려 있는 서로 다른 기제들을 그 특징으로 삼는 방법에 의지하려는 것처럼 보였다. 라깡의 작업 덕분에 폐제의 기제와 정신병의 구조가 새로운 방식으로 이해된다고 말하는 것은 올바른 일이며, 그 방식은 정신병의 정신분석 치료에 더욱 확실한 기반을 부여하게 되었다.

실제로 라깡은 정신분석가들이 정신병에서 손을 떼지 말아야 한다고 두어 번 선언한 바 있었고, 정신병의 치료는 라깡의 방침에서 분석작업의 중요한 특징이 된다.[5] 그래도 라깡의 언급이 정신병 환자에 의해 부과된 임상적인 부담을 두려움 없이 짊어지라는 권고로 받아들여지지 않아야 한다는 것에 유의해야 한다. 그것은 차라리 정신병 환자에 의해 야기되는 문제가 정신분석에 핵심적인 것이며, 신경증에 관하여 가정된 주요 관심사에 대한 단순한 보충이 아니라는 라깡의 믿음을 반영해 주고 있다.

라깡은 슈레버 재판장의『나의 신경질환에 대한 회상록』에 관한 검토에서 프로이트의 해명이 정신병 환자의 담론과 괴이하고 분명히 무의미한 정신병의 다른 현상들을 꿈과 똑같이 해독하고 이해할 수 있음을 발견해냈다고 관찰하였다. 라깡은 이런 해명의 척도를 꿈의 해석에서 얻어진 것과 비교하고 있다. 그는 그것을 꿈 해석보다 훨씬 더 창의적인 것으로 간주하려는 경향을 보이면서 프로이트의 꿈 해석이 꿈의 의미에 대한 이전의 흥미와 아무런 공통점도 없지만 꿈이 의미를 갖고 있다는 주장 그 자체는 새로운 것이 아니었다고 논의하고 있다.

그러나 라깡은 또한 정신병 환자의 담론이 꿈과 똑같은 신경증적 현상들처럼 해석될 수 있다는 사실이 두 가지 장애들을 동일한 수준에 올려놓고서 그 둘 사이에 있는 질적인 주요한 차이점들을 설명해내지 못한다는 점을 지적해내고 있다. 따라서 만일 정신분석이 그 둘 사이의 차이점들을 설명하려면 의미 하나만을 기본으로 해서는 안 된다는 것이다.

라깡이 초점을 맞추고 있는 것은 정신병을 신경증과 구별하는 문제이다. 즉 우리는 어떻게 그 두 장애들 사이에 있는 육중한 질적인 차이점들을 설명하게 되는가? 라깡이 결국 프로이트의 설명까지 포함하여 정신병을 설명하려는 이전의 정신분석적인 시도들을 부적절한 것으로 간주하는 이유는 망상체계와 환각들이 주체에게 너무나 침해적이고 그의 세계와 그의 동료들과의 관계에 매우 파괴적인 결과를 가져온다고 확신하기 때문이다.

프로이트는 아버지에 대한 억압된 동성애적 관계에 의해 정신병을 설명하고 있다. 슈레버 사례에서 프로이트는 제일 먼저 피해망상을 가져오고 결국엔 신과 맺는 슈레버의 특별한 관계에 중점을 두는 충분히 발전된 망상체계를 가져오게 되었던 것은 그를 치료하던 의사인 플레흐지히 교수에 대한 에로틱한 동성애적 관계의 출현과 이런 욕망이 그에게 만들어낸 갈등이었다고 주장한다.

프로이트는 또한 신경증의 기제와 정신병의 기제를 다음과 같은 용어로 비교하고 대조시킨다. 그 둘 모두에는 이 세상에 있는 대상들로부터 투자의 철수 혹은 대상-리비도 부착(object-cathexis)의 철수가 있다는 것이다. 신경증의 경우에는 이런 대상-리비도 부착이 신경증 환자의 내부세계에서 환상화된 대상들에 유지되고 투자된다. 정신병의 경우에는 철수된 리비도 부착이 자아에 투자된다. 이런 일은 환상 속에서라도 모든 대상-리비도 부착을 희생해 가며 일어나고, 건강염려증과 과대망상증 같은 증상들을 설명하는 것은 자아에게로 향한 리비도의 전환이다. 정신병의 가장 현저한 특징인 망상체계는 두 번째 단계에서 일어난다. 프로이트는 망상체계의 구성을 회복에 대한 하나의 시도로서 그 특징을 삼는데, 그것은 주체가 자신의 망상에 의해 이 세상에 있는 사람들 및 사물들과 새롭고도 강렬한 관계를 맺게 해주는 것이다.

신경증 기제와 정신병 기제 사이의 차이점에 대한 프로이트의 상세한 설명에도 불구하고 그 둘은 여전히 본질적으로 억압에 의해 작동되는 것을 알 수 있다. 즉 신경증에서는 환상화된 대상에게로 리비도의 철수이고 정신병에는 자아에게로 대상 리비도의 철수이다. 라깡이 그것을 부적절한 것으로 알게 되는 것도 기본적으로는 바로 이런 이유 때문이다.

슈레버 재판장이 자신의 거창한 망상을 구성하게 되었던 것은 순수하고 단순하게 주어진 [동성애적] 경향의 억제, 즉 그가 플레흐지히를 향해 느꼈을 것 같은 다소 전이적인 어떤 욕동의 거부나 억압일 수 있는지 그 방법을 알기란 어려운 일이다. 실제로 관련된 결과에 더욱 비례하는 어떤 것이 있기 마련이다.[6]

■ 이리 군에게서 보는 거세의 폐제

그러나 라깡이 정신병에서 억압과는 다른 기제에 관하여 이미 생각하고 있었다는 것은 『세미나 III, 정신병』보다 앞선 그의 저술에서 분명해진다. 1956년에야 출판되었지만 1954년 초에 열린 그의 첫 번째 세미나의 논의로부터 시작되는 「프로이트의 부정(Verneinung)에 관한 장 이폴리트의 논평에 대한 반응」이라는 논문에서 라깡은 거세에 대한 이리 군(Wolf Man)[7]의 태도를 특징짓기 위해 프로이트의 'Verneinung'이란 용어 사용을 참조하고 있다.[8] 그 논의는 이 사례연구에 나오는 일련의 논평에 초점을 맞추고 있는데, 거기서 프로이트는 처음으로 억압과 폐제를 단호한 어조로 대조시키면서 "억압은 폐제와 매우 다른 어떤 것이다"라고 말한다.[9] 그런 다음 프로이트는 이렇게 관찰하고 있다.

[이리 군은] 거세를 거부했고[*verwerft*] … . 그가 그것을 거부했다고 내가 말할 때 그 구절의 첫 번째 의미는 그가 거세를 억압했다는 의미에서 거세를 처리할 일이 아무 것도 없겠다는 것이다. 이것은 실제로 그것의 존재에 관한 문제에 대하여 아무런 판단과도 관련되지 않았지만 마치 거세가 존재하지 않았던 것과 동일한 것이었다.[10]

거세에 대한 이리 군의 태도는 적어도 어린 시절에 거세가 폐제되는 것을 보여준다고 라깡은 생각한다. 그것은 존재한다고 판단될 수 있는 한계의 밖에 놓여 있는데, 그 이유는 그것이 말의 가능성으로부터 철수되어 있기 때문이다. 거세의 존재에 대해 아무런 판단도 내릴 수 없지만 그런데도 그것은 엉뚱하고 예상할 수 없는 방식으로 실재적인 것 내에서 나타나는데, 그 방식을 라깡은 "전이 없는 저항과의 관계 속에" 있는 것으로, 혹은 다시금 "텍스트 없는 구두점 찍기로" 묘사하고 있다.[11] 여기서 등록의 차이가 문제된다는 것을 분명하게 지적하지만 이런 공식화들은 은유적이다. 그 다음에 그것들은 폐제된 것의 변화에 관여하는 더욱 복잡한 위치로 발전하게 될 것이다.

프로이트에게서 그 의미는 폐제가 단순히 폐제된 것을 마치 그것이 존재하지 않았던 것처럼 취급하는 기제가 되고, 또한 피업악물이 증상적인 형성물들로 스스로를 드러내는 억압과 구별되는 것이 된다고 한다. 이런 사유 노선을 더욱 추구해 가면서 라깡은 프로이트의 「부정」이란 논문으로 방향을 돌리는데, 그것은 성 안나(Sainte Anne) 병원에서 1954년 2월 10일에 열린 라깡의 세미나에서 장 이폴리트와 논의하는 토픽이다. 이 논문에서 프로이트는 '나에게로의 편입'(*Einbeziehung ins Ich*)과 '나로부터의 제거'(*Ausstossung aus dem Ich*) 사이를 구별하고 있다. 라깡은 이것들을 각각 '주체에게로의 도입'과 '주체로부터의 배제'로 간주하면서 후자가 상징화의 외부에 존속하는 영역—다시 말해 '폐제되어' 있는 것—을 구성한다고 주장한다. 이러한 최초의 주요한 배제는 근본적으로 소외되거나 외래적이라는 의미에서 주체와 주체의 세계에 대해 외부적인 영역을 구성한다. 라깡은 이 영역을 '실재적인 것'이라 부른다. 그는 그것을 현실과 구별되는 것으로 간주하는데, 그 이유는 현실이 표상(프로이트의 *Vorstellung*)의 영역 내에서 식별되기 때문이다. 라깡은 프로이트의『과학적 심리학 초고』를 자신의 출발점으로 삼아서 그것이 최초의 지각의 상상적인 재생산에 의해 구성되는 것으로 생각한다. 따라서 현실은 이런 최초의 지각 대상이 존재할 가능성에 대한 문제가 제기될 수 있는 영역일 뿐만 아니라, 더욱이 이런 대상을 실제로 되찾고(*wiedergefunden*) 그 대상의 위치를 정할 수 있는 영역이 되는 것으로 이해되고 있다. 라깡의 해석처럼 주체 '에게로의 도입'과 주체 '로부터의 배제' 사이의 구별은 현실과 표상의 영역—칸트가 '나타난 모양의 세계'라고 부른 것—그리고 두 번째 영역인 실재계와의 사이에서 구별되는데, 만일 그에게나 그녀에게 어떤 보호수단도 없다는 것을 알게 되는 방식으로 이런 실재계가 주체의 경험으로 침투해 들어갈 수 있다는 사실이 없다면 그것(실재계^{역주})을 칸트의 물자체에 비교할 수 있다. 따라서 비록 현실에서 대상의 존재에 대한 질문이 제기될 수 있는 상징적 영역으로부터 실재계가 배제될지라도 그것은 현실에 나타날 수도 있다. 예를 들면 그것은 환각의 형태로 나타나게 될 텐데, 따라서 라깡의 언급은 "상징계에서 빛을 본 일이 없었던 것은 실재계에 나타난다"는 것이다.[12]

이런 효과에 관한 명백한 진술이 없다 하더라도 폐제된 것이 거세라고 말하는 진술은 라깡의 「프로이트의 부정에 관한 장 이폴리트의 논평에 대한 반응」이란 논문에 분명히 포함되어 있다. 이것은 『세미나 III』에서 다시금 거론되고 있는 문제이다.

> 내가 [폐제에 대하여] 말할 때 문제가 되는 것은 무엇일까? 그 문제는 외부의 그림자 속에서 원초적인 시니피앙의 거부가 되는데, 그 시니피앙은 그 이후로 빠져버리게 되고 … . 여기서 여러분은 내가 편집증의 기초에 두는 것으로 가정하는 근본적인 기제를 갖게 된다. 그것은 원래의 내부를 추방하는 원초적인 과정의 문제이지만, 그 내부라는 것이 신체적인 내부가 아니라 시니피앙들의 최초의 신체라는 내부가 된다.[13]

그러나 라깡은 이 세미나에서 그 기반을 바꿔서 다음과 같은 결론에 이르게 된다. 즉 거세의 폐제는 원초적 시니피앙인 부명의 본래적인 폐제에 부차적인 것이다.

▪ 슈레버의 방식

라깡은 1955-1956년까지의 세미나에서 슈레버의 『나의 신경질환에 대한 회상록』과 그 사례에 대한 프로이트의 논의를 재검토하는 데에 전념했다. 이미 억압(Verdrängung)과 폐제(Verwerfung) 간의 구별로 무장된 라깡의 의도는 정신병이 야기했던 임상적 · 질병기술학적 및 기교적 난제들을 탐구하기 위한 것이었다.

『세미나 III』에서 폐제의 성질에 대해 더 깊이 검토하는 동안 그 윤곽이 잡힌 초기의 견해들은 이미 수많은 수정을 겪게 된다. 폐제가 정신병을 수반한다는 것이 공통된 가정이 되는 것처럼 보이지만, 사실상 폐제가 정상적인 정신과정이 될 가능성을 배제시킬 만한 것은 아무 것도 없어 보인다. 라깡이 이것을 체계적으로 시행하지는 않더라도 그는 서슴없이 여성성의 폐제에 대해, 혹은 훗날 다른 문맥에서 과학의 주체의 폐제에 대해 이야기한다. 정신병에서의 폐제는 부명의 폐제로서, 그것은 시니피앙과 시니피에를 '정박시키거나' 혹은 '누비질하게' 된다. 따라서 정신병이 만들어지는 시기는 폐제된 것이 슈레버 사례에서처럼 특별히 아버지의 문제에 관련될 때이다. '부명'이란 용어는 문제가 되는 것이 사람이 아니라 시니피앙이라는 것을 가르쳐 주는데, 그 시니피앙은 문화적이고 종교적인 중요성으로 가득 차 있다.[14] 그것은 주체의 상징적 세계에 대한 중요한 시니피앙으로서 상징계를 규제하고 그 구조를 부여해 준다. 오이디푸스 콤플렉스에서 그것의 기능은 욕망―주체의 욕망과 어머니라는 인물의 전능한 욕망 둘 모두―을 규제하는 법의 매개물이 되는 것이다. 부명의 폐제는 오이디푸스 콤플렉스와 신경증, 성도착증이 타자들이 되어가는 하나의 가능한 결과이기 때문에 이런 구조들은 오이디푸스 콤플렉스를 극복해 가는 시기에 설정된다.

프로이트와 또한 부분적으로는 그의 초기 견해들에 대조되는 라깡은 거세의 폐제와 동성애적 동일시 둘 모두를 정신병의 원인이 아니라 결과로 보고 있다. 사실상 그는 슈레버의 증상들이 실제로 동성애적인 것은 결코 아니며, 그것들을 '성전환적'이라 부르는 것이 더욱 정확하다고 주장한다. 훗날 라깡이 '여성으로의 돌아남'(*pousse à la femme*)이란 신조어를 만들어내게 될 이러한 성전환적 현상과 다른 현상들은 부명에 대한 최초의 폐제의 결과가 되고, 또한 그에 상응하여 상상계에서의 남근적인 의미의 결여가 된다. 부성 은유는 부명이 어머니의 욕망을 대체하게 되어 새로운 종류의 의미, 즉 남근적인 의미를 만들어내게 하는 작용인데, 그런 의미는 주체에게 신경증 환자의 남근적인 경제를 처음으로 경험시켜서 거세로의 도입을 예고해 준다. 부성 은유의 산물이면서 동시에 성적인 동일성의 모든 문제에 대한 열쇠로서 이런 남근적인 의미는 정신병에는 부재한다. 부성 은유의 작용은 다음과 같은 공식으로 표현된다.[15]

$$\frac{\text{부명}}{\text{어머니의 욕망}} \cdot \frac{\text{어머니의 욕망}}{\text{주체에 대한 시니피에}} \rightarrow \text{부명}\left(\frac{A}{\text{남근}}\right)$$

그런 다음 정신병에서 부명의 폐제는 리비도적인 관계에 꼭 필요한 남근적인 의미의 상응된 부재, 즉 폐제와 동반된다. 이러한 남근적인 의미가 없으면 주체는 규제되지 않는 어머니의 욕망의 먹이가 되는데, 슈레버 재판장의 표현으로는 '궁지에 버려져서', 주체에게 이해될 수 있는 수단이 결여된 대타자의 향락의 수준에서 애매한 수수께끼에 봉착하게 된다. 그것은 이런 시니피앙의 부재, 즉 부명의 부재가 상징계로 하여금 전혀 기능할 수 없도록 방해하는 것이 아니다. 결국 슈레버는 상징계 내에 있게 된다. 실제로 그는 그의 『나의 신경질환에 대한 회상록』이 그처럼 분명하게 보여주는 바와 같이 매우 장황한 저자이다. 그런데도 그의 모든 문학적인 작품들은 그가 풀 수 없는, 서로 연결된 두 가지 근본적인 문제들의 주위를 맴돌고 있다. 즉 아버지의 문제와 그 자신의 성적인 동일성의 문제로서 상징계와 구체화에 관련되어 있는 그의 존재의 두 가지 차원들이다.

슈레버와 신경증 환자와의 차이점은 여기서 눈에 띈다. 신경증 환자는 대답을 구하는데, 신경증적인 타협의 형태로서 법의 문제와 성적인 동일성의 문제에 대해 다소 만족스런 해결책을 구하고 있다. 다른 한편으로, 슈레버는 자신이 그 문제들을 절대로 풀 수 없는 것으로 알고 있는데, 그 이유는 그가 그렇게 하는 데에 꼭 필요한 자료들, 즉 필수적인 시니피앙들이 빠져 있기 때문이다.

그런데도 상징계로부터 폐제되어 있는 것은 완전히 또한 단순하게 폐지되지 않는다. 그것은 오로지 피억압물의 회귀와는 다르게 되돌아오고, 그것은 실재계로부터 방출되는 것처럼 주체의 외부로부터 되돌아온다. 이후부터 라깡은 이렇게 표현하고 있다 : 상징계로부터 폐제되었던 것은 실재계에 다시 나타난다. 실재계에 되돌아온 것이 언어의 실제적인 작은 조각들일 뿐만 아니라, 이런 회귀의 효과들이 상징적인 수준과 상상적인 수준 모두에 위치해 있음을 인식하는 것이 중요하다.

대타자라는 것이 언어의 대타자와 주관적인 인식의 대타자로 이해되는 『세미나 III』에서 말의 기능에 대한 이러한 강조와 함께 라깡은 대타자가 상징계에서의 결여를 보상해 주는 상상적인 수단에 대해 매우 세심한 관심을 기울이고 있다. 예를 들어 라깡은 정신병에 관련된 한 가지 형태의 퇴행이 있다고 생각하는데, 그 퇴행은 연대기적인 퇴행이라기보다 오히려 상징적 영역에서 상상적 영역으로 가는 지형학적 퇴행이 된다. 따라서 그가 상징계로부터 폐제되었던 것이 실재계에 다시 나타난다고 선언할 때 그것은 상상계의 특성들에 의해 드러나게 된다.

상징계는 그 본성상 언어적인데, 그에 비해 상상계는 일련의 현상들을 한데 모아서 거울단계가 되는 것의 초석으로 삼고 있다. 거울 속에 있는 자신의 이미지에 매혹되는 유아의 초기 경험을 가리키는 거울단계는 어린 아이가 자신의 이미지의 반영을 보는 것에 대해 환희와 쾌락으로 반응하게 되는 방식을 알려주고 있다. 라깡은 아이가 자신의 이미지에 매혹되는 이유는 바로 여기에서 그 아이가 처음으로 그 자신을 하나의 전체로, 즉 하나의 통일체로 경험하게 되기 때문이라고 주장한다. 더욱이 자기 통일체의 경험은 자아에 대한 기본을 마련해 주는데, 자아는 이런 이미지에 대한 주체의 동일시를 통해 형성된다. 물론 거울에 대한 참조는 필수적인 것이 아니다. 오히려 그 참조는 자아와 타자 둘 모두가 함께 존재하게 되고, 더구나 자아와 타자[혹은 더욱 엄밀하게 말해 라깡의 저서에서는 타자의 이미지인 i(a)이다]가 서로 간에 의존하면서도 분명하게 분화되어 있지 않다는 사실을 파악하려는 의도이다. 자아가 다른 사람의 관점으로 지각될 자신의 신체 이미지 위에 설정된다는 것을 강조함으로써 거울에 대한 참조는 이런 애매성을 파악할 수 있게 해준다.

자아와 그의 타자는 그들이 함께 존재하게 되고 그들의 정체감을 위해 서로에게 의존한다는 느낌 속에 갇혀 있게 된다. 라깡에게는 이런 이중적인 관계가 상상적인 관계를 요약해 주는데, 그러나 실제로 그 관계는 상상적인 동일시와 소외로 그 특징을 삼으며 타자에 대한 공격적인 경쟁과 에로틱한 애착이란 양가적인 관계에 의해 표현되고 있다. 정신병에서 이것은 타자와의 관계가 상상계의 특징인 에로틱한 애착과 공격적인 경쟁에 의해 표현된다는 것을 의미한다. 따라서 플레흐지히 교수는 슈레버에게 에로틱한 대상일 뿐만 아니라 슈레버를 박해하는 행위자도 되는 것이다.

「정신병의 그 어떤 가능한 치료보다 앞선 문제」라는 논문에는 말의 기능으로부터 언어의 법칙으로 가는 변화가 있는데, 거기에는 '간주체성'으로부터 언어의 대타자로서 대타자와의 관계로 이동하는 동시적인 변화가 동반된다. 하나의 결과로서 정신병에서 보게 되는 언어 현상과 언어 장애에 대한 더욱 세밀한 분석이 들어 있다. 라깡이 정신의학에서 자신의 '유일한 스승'이라 말했던 프랑스의 정신과의사 드 클레랑보에 의해 소개된 '기본적인 현상'이란 정신의학적 용어에 대한 라깡의 분석에서 이것은 매우 분명하게 나타난다.

라깡은 자신의 저서 곳곳에서 이러한 기본적인 현상들을 반복하여 참조하고 있는데, 그 용어에는 사고-반향, 행동의 언어적 언술 및 다양한 형태의 환각이 포함되어 있다. 『세미나 III』에서 라깡은 그것을 정신병에서 실재계에 나오는 시니피앙들의 출현에 의해 만들어진 현상들에 대한 일반적인 용어로 사용하고 있다. 이것들은 고전적으로 정신병의 발병에서 도구적인 것으로 생각되는 '일차적 현상들'로 언급되고 있지만 그것들 자체에는 명백히 외부적인 그 어떤 원인도 결여되어 있다. 라깡이 이 용어를 사용했던 시기는 의학에서의 1932년 논문으로 거슬러 올라간다. 거기서 그는 다음과 같이 관찰하고 있다.

이 명칭으로, 실제로 정신병리에서 흔히 받아들이는 도식에 따르면 … 저자들은 증상들을 명명하는데, 즉 그 증상에는 정신병의 결정적인 요인들이 원초적으로 표현되어 있다고 말하며, 그 증상을 기본으로 하여 이차적인 정동반응들과 그 자체로는 합리적인 연역들에 따라 그 망상이 구성된다고 말하는 것이다.[16]

『세미나 III』에서 그의 과제는 이러한 기본적인 현상들이 어떻게 실재계에 나오는 시니피앙들의 출현으로 생기는지를 설명하는 일이다. 라깡은 이렇게 주장한다. 즉 만일 그것들을 '기본적'이라고 부를 수 있으려면 이것은 충분히 발전된 정신병의 요소들 모두가 그것들에 포함된다는 의미로 이해되어야 한다는 것이다.[17] 모든 정신병적 현상들이 사실상 상상계 속에서 상징계 내의 결여에 대한 주체의 반응이라기보다는 오히려 말의 현상들로 분석될 수 있다는 것을 인식함으로써 이러한 접근방법은 가능해진다.

「정신병의 그 어떤 가능한 치료보다 앞선 문제」라는 논문에서 기본적인 현상들(더 이상 이렇게 부르지 못한다 하더라도)은 시니피앙의 구조를 반영해 주는 것으로 분석되는데, 그 결과로서 부호 현상과 메시지 현상으로 나뉘는 환각의 분석을 가져온다.[18]

부호 현상은 다음의 것들을 포함하고 있다.

● 슈레버의 기본언어(*Grundsprache*)[19]와 그것의 신조어증 및 '본명' 이다. '본명적인'(autonymous) 것은 표현들이 사용되기보다는 오히려 언급되는 문맥에 대한 야콥슨의 용어이다. 즉 이 문장에서 첫 단어가 한 가지 예가 된다. 이것을 야콥슨은 부호를 가리키는 메시지의 사례로 기술하고 있다. 그것은 일상적인 언어에서 흔히 발생하지만 슈레버의 경우에는 매우 발전된 부호–메시지 상호작용이 존재하고, 더구나 그것은 역시 말하고 있는 '광선들'이나 '신경들' 사이의 관계에 반영되는 것이다. 라깡은 이런 광선들은 언어 그 자체의 구조와 현상의 구체화일 뿐이라고 말한다.[20]

● 정신병적인 확신과 함께 정신병에서 흔히 부딪치는 수수께끼의 현상은, 라깡에 따르면 그것(확신^{역주})으로부터 발전되어 나온다.[21] 라깡은 이런 현상들 사이에는 시간적인 순서가 있다고 주장한다. 첫째, 수수께끼의 최초 경험이 있는데, 그것은 반드시 의미가 있어야 하는 장소에서 발생하는 의미의 부재나 결여로부터 야기

된다. 수수께끼가 생기는 이유는 그 시니피앙이 만들어내는 의미에 대한 기대가 철저하게 어긋나기 때문이다. 수수께끼는 의미의 부재일 뿐만 아니라 의미가 반드시 존재해야 될 그곳에서의 부재이기도 하다. 따라서 이미 첫 번째 단계에 필연적으로 포함되어 있었던 것이 두 번째 단계에서 전면에 나타나는데, 다시 말해 시니피앙이 그 자체의 성질에 의해 만들어내는 확신이며, 의미가 있다는 확신 혹은 슈레버의 광선들이 표현하듯이 "모든 무의미가 그 자체를 삭제해 버린다"[22]는 확신이다.

두 종류의 사례들에는 결국 의미('메시지')를 만들어내지 못하는 언어의 실패('부호')가 있게 된다는 것을 주목해 봐야 한다. 첫 번째에는 언어구조의 소통이 있지만 아무런 의미도 전달되지 않는다. 두 번째에서는 의미의 부재가 정신병 환자의 확신을 불러일으켜 준다.

메시지 현상의 실례로서 라깡은 슈레버가 신으로부터 받은 중단된 메시지를 보여주는데, 그에 대해 슈레버는 그 메시지를 완성시키는 대답을 요청받게 된다. 예를 들어 "이제 나는 … 내 스스로 … 하게 될 것이다"라는 메시지에 대해 슈레버는 " … 내가 바보라는 사실에 마주하게 된다"로 대답하게 된다. 라깡은 그 문장의 지표적인 요소들이 발화되었던 바로 그 지점에서 그 문장이 중단된다는 것을 기반으로 삼아 이것들을 '메시지 현상'이라 부르면서, 그는 "연동자의 일반적인 의미가 메시지에 대한 참조 없이는 규정될 수 없다"[23]는 야콥슨의 의견을 마음에 두고 있는 것처럼 보인다.

양쪽 유형의 현상들은 실재계로 시니피앙이 회귀하는 실례들이 된다. 두 유형 모두 의미화 연쇄에서 떨어져 나온 시니피앙이 실재계에 나타나는 것을 보여주는데, 다시 말해 S₁이 S₂ 없이 실재계에 나타나는 것을 보여주고, 그 결과로서 정상적으로 의미를 만들어낼 '누빔'이 일어날 수 없게 된다. 그러나 이것은 의미의 완전한 소멸을 가져오는 것이 아니라, 정신병 환자가 경험하는 수수께끼와 확신처럼 실재계에서 그 자체를 언어적 환각들의 형태로 나타내는 의미심장함의 증식을 가져오게 된다.

특별히 주목할 것으로서 실재계로의 시니피앙의 회귀라는 실례들은 정신병 환자의 흔히 박해적인 언어적 환각들이 되는데, 그것은 『세미나 III』와 「정신병의 어떤 가능한 치료보다도 앞선 문제」에서 논의된 사례에서 환청으로 들리는 "암퇘지!"라는 모욕과 같은 것이며, 거기서 상상적인 장애와 상징적인 장애가 모두 발견될 수 있다. 라깡의 분석에서 그 실례는 부호의 장애를 내보여 주기도 하지만, 또한 무의식의 신경증적인 형성물들에서 다른 방식으로 표현되는 동일한 내용의 정신병적인 형태로 그 모습을 드러내 보이기도 한다. 즉 그 언술은 신체 파편화의 상상적인 의미를 표현해 준다. 아마도 다른 점이 있다면 그것은 남근적인 의미가 폐제되었던 장소에 이것이 출현한다는 점일 것이다.[24]

부명이란 시니피앙의 폐제가 그에 상응하는 남근적인 의미의 부재를 가져온다면 이것이 정신병 환자의 성적인 동일성에 특별한 결과를 갖게 되리라고 기대되는 것이다. 라깡은 정신병의 다른 사례들처럼 슈레버의 망상에서 섹슈얼리티의 점진적인 변화를 묘사하기 위해 여성에로의 추동에 대해 말하고 있다. 슈레버는 정신병이 발병되기 이전에는 여성화의 명백한 흔적도 없이 이성애의 남자로 살았다. 이런 여성으로의 돌아남의 첫 번째 암시는 정신병 발병 직전에 보여준 슈레버의 의식적인 환상에서 보게 되는데, "성교를 하는 여자가 된다는 것이 얼마나 멋진 일일까"라는 말이다. 뒤이어 슈레버의 '사내다운 체면'은 신에 의해 그에게서 '남자다움을 잃게 하고' 그를 여자로 변화시키려는 점점 더 터무니없는 시도에 대항하게 된다. 그러나 그는 마침내 이런 변화에 순응하게 되면서 만일 어느 날 그가 신에 의해 수정되고 이 세계를 새로운 존재들로 다시 채우려 한다면 그의 거세가 필요하다는 것을 인정하게 된다. 그동안 그는 불가피하게 여성화를 강화하고 증진시키기 위해 자신의 벌거벗은 몸을 작은 장신구들과 값싼 보석으로 치장하게 될 것이다.

라깡은 이런 발전 속에서 상상적인 구조의 회복에 대해 서로 분리된 두 가지 측면들을 보게 된다. 그 둘은 프로이트에 의해 찾아졌고, 라깡에게는 상상계에서 남근적인 의미의 부재에 직접 혹은 간접적으로 연결되어 있다. 첫 번째 측면은 이미 언급되었다. 그것은 슈레버의 '성전환증'이다. 두 번째 측면은 "주체의 여성화를 신성한 교접과 동등한 것에" 연결시킨다.[25] 여자로 변하려는 이런 정신병적 욕동은 여자를 신의 아내라는 인물로 구현하려는 시도이다. 라깡은 아버지로부터 보증과 동의를 받아내려는 요구에 정상적으로 연결되어 있는 정신병에서 성전환증이 흔한 것임에 주목하고 있다.

무엇이 정신병을 발병시키는가? 라깡은 정신병의 개시가 대체로 예상될 수는 없다 하더라도 정신병적 구조는 늘 거기에 있어왔을 것이라고 주장하는데, 그것은 마치 유리에 생긴 눈에 안 보이는 흠집처럼 임상적인 정신병이 출현하기 이전부터 존재해 있다가 갑자기 또한 극적으로 그 자체를 드러내게 된다는 것이다. 또한 우리는 이것을 슈레버에게서도 볼 수 있는데, 그는 51살까지는 비교적 정상적인 생활을 영위해 오면서 성공적인 생애를 즐기기도 하고 사법부의 수석 위치에서 요구되는 의무들도 수행했다.

라깡은 정신병의 방아쇠, 즉 촉발 원인이 되는 것은 부명이 "주체에 대하여 상징적 대립이 되는 그런 자리[대타자]로 소환되는" 특정한 유형의 조우라고 주장한다.[26] '주체에게 상징적 대립'이란 무엇을 의미하는가? 그 문제는 정신병에 관한 세미나에서 라깡이 '소환'(*l'appel*, the call, the calling), 호소(the appeal) 혹은 '(국회의) 질의'(the interpellation)라고도 부르는 것에 대하여 수많은 강의시간에 걸쳐 지속된 기다란 논의 속에서 탐구되고 있다. 그 논의는 특별히 정신병에 관련된 것이 아니라 오히려 언어의 극히 일반적인 기능에 연결되어 있다.

라깡은 일상적인 불어에서 수많은 사례들을 취해오면서 "*Tu es celui qui me suivras*"와 "*Tu es celui qui me suivra*" 사이의 차이점을 빌려오는데, 거기서 종속절은 각각 이인칭과 삼인칭이 된다. 기본적인 생각은 영어에서 'shall'과 'will' 사이의 구별에 의해 암시되고 있다. 이런 두 가지 진술들을 생각해 보자.

당신은 나를 따라올 사람이다
You are the one who will follow me.

당신은 나를 따르게 될 사람이다
You are the one who shall follow me.

여기서 첫 번째는 일어나게 될 어떤 일에 대한 서술이나 예언으로 받아들일 수 있다. 즉 "나는 당신이 나를 따라오리라고 예언한다." 다른 한편, 두 번째는 호소로 작용할 수 있는데, 거기서 말이 건네지는 사람인 대화자는 결심하도록 요구되고, 그 혹은 그녀가 받아들이거나 거절해야 할 행동방침을 따르도록 요구된다. 예를 들어 후자의 경우는 장래의 제자들에게 나사렛 예수의 기원, 즉 그의 호소로 예증된다. "내가 너희에게 말하노니, '너희는 나를 따르게 될 자들이다.' 이제 너희의 대답이 무엇이냐? 너희는 이에 대해 무엇이라 말할 건지 내게 말하거라. 너희의 대답을 주거라. 지금이 선택할 때이니라." 이 사례에서 우리는 예수가 그의 제자들에 대하여 '상징적 대립 속에' 있다고 말할 수 있거나 혹은 그가 '상징적 인정'을 그들에게 요구하고 있다고도 말할 수 있는데, 그 이유는 그들이 그를 메시아로 인정하려 하는지 그 여부에 대하여 그들로 하여금 실제적인 결과가 실려 있는 그런 결정을 내리게 하는 방식으로 반응하게끔 그의 말이 그들에게 요구하고 있기 때문이다.

그렇다면 슈레버에게는 그가 부명에 의하여—혹은 아마도 '그 안에서'가 더 좋을 듯함—소환되고 질의되는 시기가 있다. 이것은 시니피앙의 결여가 스스로를 밝히게 되는 때이고, 그것으로 정신병을 발병시키기에 충분하다.

이런 상징적인 대립, 즉 상징적 인정에 대한 이러한 요구는 정신병에서 어떻게 야기되는가? 라깡은 다음과 같이 답하고 있다 : '실재적 아버지'와의 조우에 의해서이고, "반드시 주체 자신의 아버지에 의해서가 아니라 한—아버지[Un-père]에 의해서이다."[27] 이것은 두 가지 조건 하에서 생기는 상황이다. 하나는 주체가 강력한 자기애적인 요소에 관련되는 특별히 강력한 관계 속에 있을 경우이고, 또 하나는 이런 상황에서 아버지의 문제가 에로틱한 관계의 외부에 있는 제3의 위치에서 발생하는 경우이다. 예를 들어 그 실례는 라깡의 것으로서, 그것은 "남편의 면전에서 방금 아이를 낳았던 여자에게, 그녀의 고해신부라는 사람에게 그녀의 죄를 뉘우치는 참회자에게, 혹은 '그 젊은이의 아버지'와 우연히 만나서 사랑에 빠진 소녀에게" 스스로를 드러내게 된다.[28] 또한 잘 알려진 바와 같이 그것은 분석에서도 일어날 수 있는데, 거기서 전이의 발달이 간혹은 정신병을 촉발시킬 수 있다. 라깡은 이렇게 말하고 있다.

> 우리는 전(前)정신병 환자들을 분석하는 일이 간혹 생겨나고 그 일이 만들어 내는 것—그 일이 정신병 환자들을 만들어내는 것—을 알고 있습니다. 우리의 실행에 있어서나 혹은 우리 동료들의 실행에 있어서 어떤 특별한 경우를 전혀 상기시키지 않는다면 분석의 금기라는 문제는 일어나지 않을 텐데, 거기서 만개한 정신병은 … 일들이 조금 격해지는 첫 번째 분석시간에 촉발되는 것입니다.[29]

실제로 분석에서 환자치료에 문제가 되는 것은 정신병의 예상 불가능성인데, 다시 말해 정신병이 누구에게서 촉발될 수 있는지 아는 일이 불확실하다는 것과 발병 전에 정신병의 진단기준이 결여되어 있다는 것을 말한다. 그러나 만일 정신병의 구조에 관한 라깡의 견해가 옳다면, 정신병적 구조를 갖고는 있지만 임상적으로 정신병적이지 않은 환자들의 경우에 '전정신병'이라고 부르는 것을 이해할 수 있을 것이다.

일단 정신병이 발병되면 모든 것이 좋은 쪽으로 변하게 되겠지만 발병 이전에는 어떻게 될까? 전정신병에 관한 모리츠 카탄의 작업과 '양체'[30] 현상에 관한 헬레네 도이치의 작업이 논의되는 것은 이런 문제를 추구하는 데 있다.[31] 신경증보다 전정신병을 더 닮은 것은 없다는 농담처럼 라깡은 전정신병적인 기간에 대한 카탄의 특성화를 설득력이 없는 것으로 알고 있지만 그는 도이치의 작업에, 특히 그녀가 '양체' 현상이라 언급한 것에 더 큰 흥미를 갖게 되는데, 거기서는 예를 들어 어떤 청소년이 동성애적 애착처럼 보이지만 정신병의 전구체로 판명되는 점에서 다른 젊은이를 동일시하게 된다. 여기에는 상징계의 수준에서 놓친

것의 대체물이거나 대리인이 되는 보충법(혹은 완전교체 suppletion, supplé-ance)의 역할을 해내는 것이 있다. 라깡은 다리 세 개의 의자라는 유비를 사용하고 있다.

> 모든 의자가 다리 네 개를 갖는 것은 아닙니다. 세 개 위에 올바로 서는 것도 있습니다. 여기서는 그래도 그것들 가운데 어떤 것이 결여되어 있다는 문제가 없긴 하지만, 그렇지 않다면 참으로 일들이 매우 나쁜 쪽으로 되어가고 … . 애초에 그 의자는 충분한 다리들을 갖고 있지 않을 수도 있지만, 그런데도 어떤 지점에선 서 있게 될 것이고, 그때 그 주체는 자신의 자서전적 개인사의 특정한 교차로에서 항상 존재해 왔던 이런 결여와 직면하게 됩니다.[32]

보충법은 다양한 형태를 취할 수 있다. 도이치의 사례는 상상적 보충법의 좋은 예가 되는데, 타자와의 동일시로부터 유래된 지지는 시니피앙의 부재를 보충해 주기에 충분하다. 따라서 정신병은 그때까지 주체가 해올 수 있었던 상상적인 보충법이 부적절한 것으로 판명되는 바로 그 순간에 촉발된다. 주체가 가족적인 네트워크의 보호적 지지를 상실하게 되는 성인기의 출발시점에 이런 일이 일어나는 것은 드물지 않은데, 라깡은 '상상적 삼발이'의 안정성을 유지시키는 수단으로서 어머니의 욕망과의 상상적 동일시를 환기시키기까지 한다.

또한 라깡은 망상 그 자체가 정신병 환자에게 어느 정도의 안정성을 제공해 주고 이것이 보충법의 두 번째 형태로 간주될 수 있다고 생각한다.[33] 프로이트에 의해 치유에 대한 시도로 생각되었던 망상적 은유의 안정성이 라깡학파의 어떤 사람들에게는 정신병 환자들의 치료목표로 여겨지는데, 그것은 정신병이 어떠한 치료로도 치유되지 못할 분리된 주관적 구조가 된다는 주장의 관점에서 중요한 고려사항이 된다.

보충법의 세 번째 형태는 그 역설적 분위기에도 불구하고 상징적 보충법이라 부르기에 가장 적합하다. 어떤 정신병 환자들이 중요한 과학적 혹은 예술적 기여를 할 수 있었다는 것은 호기심을 돋우는 일이다. 수학자인 칸토르는 유명한 예가 되지만 그와 같은 사례들은 무수히 많다. 우리가 그들을 알게 되는 까닭은 이 사람들이 기록으로 증명된 정신병적 삽화를 겪었기 때문이다. 그러나 정신병이 스스로를 전혀 언명하지 못하고 임상 현상들이 결코 생겨나지 않는 그런 사례들이 있을 수 있다고 추측하는 것도 역시 흥미로운 일이다. 아마도 이런 사례들에서는 (전)정신병적 주체가 그 주체로 하여금 정상적인 기능을 위해, 심지어 매우 기발하고 창조적인 기능을 위해 꼭 필요한 최소한의 상징적 연결을 유지할 수 있도록 해주는 폐제된 시니피앙을 대신하여 어떤 형태의 대체물을 발견해낼 수도 있을 것이다. 라깡은 1975-1976년의 세미나에서 제임스 조이스가 바로 그런 사례였다고 주장한다.[34] 또한 정말로 조이스가 아마도 정신병의 발병을 예방해 주는 효과적인 대체물로서 자신의 글쓰기를 이용할 수 있었던 정신병 환자라는 주장을 뒷받침하는 데에 지적해낼 수 있는 수많은 표시들이 있다. 이것은 흥미로운 생각이고, 나는 나중에 그것으로 되돌아갈 것이다. 그런 사례들에 대해 반드시 추론할 수 있는 어떤 것이 있으며, 조이스 자신은 분명히 타자들에게 하나의 모델로 작용하기 힘든 특별한 사례이다. 그런데도 여기에는 정신병의 진단과 관련된 중요한 문제들이 있다. 예컨대 소위 경계선 장애들이 여기에 위치될 수 있을까? 그것들은 선언되지 않은 정신병으로 간주되고 있는가? 분명히 라깡식의 모델은 만개한 임상적 정신병의 시작과는 무관하면서 그런 시작에 앞선 정신병적 징후들에 대한 연구를 포함하고 있다.

무엇이 부명의 폐제를 일으키는가? 정신병적 구조가 오이디푸스 콤플렉스의 시기에 설정된다면 이런 폐제는 어떤 조건 하에서 만들어질까? 라깡은 특정한 견해들에 대해 비판하면서 자신의 몇 가지 긍정적인 관찰들을 제공해 주고 있을지라도 이 문제에 관해서는 할 말이 많지 않은 것 같다. 그의 비판은 오로지 아이-어머니의 관계나 아이-아버지의 관계에 초점을 맞추는 것만으로는 충분치 못하다는 것이다. 즉 우리는 삼각관계인 오이디푸스 구조를 들여다 보아야 한다. 따라서 아이와 어머니와 아버지를 들여다 봄으로써 '지배하는' 아버지나 '한가로운' 아버지라는 관점에서 생각하는 것으로 충분치 못한 것과 마찬가지로 '좌절시키는' 어머니나 '질식시키는' 어머니라는 관점에서 생각하는 것으로도 충분치 못한데, 그 까닭은 이런 접근방법이 오이디푸스 콤플렉스의 삼각구조를 무시하기 때문이다. 아이의 욕망의 맨 처음 대상으로서 어머니가 아버지의 권위에 부여해 주는 그 자리를 생각해 볼 필요가 있거나 혹은 라깡의 표현대로 "그녀가 법의 증진을 위해 부명에 지정해둔 장소"를 생각해 볼 필요가 있다.[35] 라깡은 법 그 자체와 맺는 아버지의 관계도 생각해 볼 필요가 있다고 첨부해두고 있다(또한 이것이 두 번째 관점이다). 여기서의 문제점은 아버지 그 자신이 법의 적절한 매개자인지 그 여부이다. 아버지가 법에 관하여 과분하고 부적절하며 사기적인 사람이라서 부명의 비효과적인 매개자가 된다는 것을 더 쉽게 알 수 있는 상황이라고 그는 말한다. 그 덕분에 그는 아버지가 실제로 법을 만드는 사람으로든 혹은 높은 이상의 화신으로 가장하는 사람으로든 "입법자로서 기능할" 때에 정신병이 '특히 더 흔하게' 발생한다고 말하게 된다.[36]

▪ 거룩한 조이스

슈레버에 관한 세미나 이후 약 20여 년 뒤에 벌어진 조이스에 관한 논의는 공교롭게도 폐제에 관련된 보충법의 문제를 더 깊이 탐구하게 될 기회가 되지 못했다. 그것의 결과는 신경증과 정신병 간의 차이점에 접근하게 되고 또한 편집증과 정신분열증 간의 차이점을 이해하는 데에 도움이 되는 바로 그 방법의 재구성을 가져오게 되었다.

그러한 논의로부터 처음엔 신경증이 증상의 형성과 주체의 구성을 위한 모델로 취급된다는 것을 알 수 있다. 라깡이 1959년에 "주체의 조건이 … 대타자에게서 전개되는 것에 달려 있다"고 기록할 때 정신병의 구조가 신경증 구조의 한 가지 변형으로 개념화되는 것은 분명하다.[37] R 도식과 그에 대한 라깡의 논평을 검토해 보면 부명이 남근적 의미작용인 Φ를 입증해 주고 하나의 결과로서 모든 대상관계들을 뒷받침해 준다는 것은 명백하다.

그렇다면 정신병적 구조는 부명의 폐제와 그에 상응하는 신경증적 구조의 남근적 의미의 결여에 의해 만들어진 변화이다. 이런 논제는 R도식이 I도식으로 옮겨가는 변화에서 명백해진다.

제임스 조이스에 관한 세미나에서 라깡의 접근방법은 또 다른 시각을 제공해 주는데, 그로부터 콜레트 솔레는 자크-알랭 밀레를 따라 '증상의 일반론'이라 불렸던 것을 추출해내고 있다.[38] 이런 일반론은 신경증과 정신병 둘 모두에 적용될 수 있지만, 신경증적 은유의 이론은 부명의 기능에 덧붙여서 만들어지는 특별한 경우가 된다. 따라서 신경증을 최초의 구조로 본다든지 정신병을 부명의 폐제에 의해 만들어지는 것으

그림 1.1_ R도식

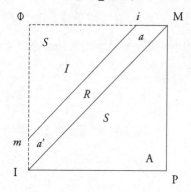

그림 1.2_ I도식

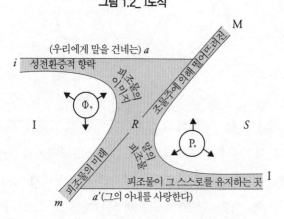

로 생각하기보다는 오히려 그 이후로 신경증은 특수한 시니피앙의 개입에 의해 만들어지는 특별한 경우로 생각하게 된다. 결국 이 단계는 폐제의 개념을 일반화시킨다. 정신병의 망상적 은유는 이런 폐제에 대한 한 가지 반응이다. 신경증의 증상-은유는 또 다른 것이다.

라깡은 위상수학이란 방법에 의해 이런 견해들을 발전시켜서 상징계와 상상계, 실재계가 보로메오 매듭의 고리들처럼 연결되어 있다는 초기의 논제를 개정하게 되는데, 다시 말해서 그 방법은 어떤 것이든 하나의 연결을 단절시키면 다른 두 개의 연결들로 풀려버리게 되리라는 것이다(그림 1-3 참조).

그림 1.3_ 보로메오 매듭

그러나 이 세미나에서 그는 선언하기를, 세 고리들의 보로메오 매듭이 세 가지 범주들을 연결시키는 정상적인 방법이라고 생각하는 것은 올바르지 못하다는 것이다. 따라서 세 고리들의 분리가 어떤 결함의 결과라고 말하는 것은 사실이 못 되는데, 왜냐하면 그 세 고리들은 이미 분리되어 있기 때문이다. 그것들이 결합되어 있는 곳에서 그것들은 병증(*sinthome*)[39]이란 네 번째 연결에 의해 결합되어 있고, 라깡은 그것을 ∑로 쓴다(그림 1-4 참조).

따라서 부명은 병증의 특정한 형태일 뿐이다. "그처럼 오이디푸스 콤플렉스는 하나의 증상이다. 아버지의-이름(부명 the Name-of-the-Father)이 또한 성함(姓衡)의 부친(the Father of the Name)이 되는 한에 있

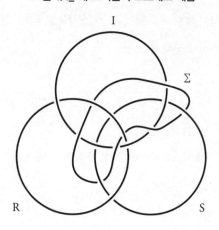

그림 1.4_ 네 고리들의 보로메오 매듭

어 모든 것들이 서로 달라붙게 되는데, 그것은 그래도 역시 증상을 필요한 것으로 만든다." 『율리시즈』에서 이 아버지는 "아버지가 존속하도록 하기 위하여 조이스에 의해 유지되어야" 한다.[40]

그렇다면 라깡의 논제는 조이스가 비록 정신병적일지라도 자신의 저술을 통하여 정신병의 발병을 회피하는 일에 성공했다는 것이다. 이렇게 해서 조이스에게는 그의 병증이 역할을 해내게 된다. 정말로 조이스는 자신의 저술을 통해 분석에서 해낼 수 있는 데까지 이르게 되었다고 라깡은 말한다.[41] 자신의 정신병을 예방하는 일에서 조이스의 성취는 자신에게 있어 정신병적인 현상들이 신경증과 공연한 정신병 양쪽 모두와는 다른 형태로 나타나게 된다는 것을 의미한다. 라깡은 기본현상과 수수께끼 같은 경험을 예를 들어 조이스의 '현현'에 위치시키는데, 엿듣게 된 실제적인 대화의 단편들이 그것들의 문맥으로부터 빠져나와 각기 다른 종이 위에 조심스럽게 기록되어 있다.[42] 이 모든 것은 조이스의 첫 번째 소설보다 먼저 완성되었고, 따라서 수많은 조각들은 훗날의 텍스트들 속에 알려지지 않은 채로 재삽입되었다. 현현들은 그 자체의 텍스트에서 떨어져 나와 무의미하고 수수께끼 같은 조각들로 남아 있으며, 부조화와 무의미라는 특성이 뚜렷해진다.

> 조이스_ 나는 당신이 그를 의미한다는 걸 알고 있었어요. 하지만 당신은 그의 나
> 이에 관해선 틀렸군요.
> 매기 쉬히 _ (몸을 앞으로 기울여 신중하게 말함). 어째서요? 그이가 몇 살인가요?
> 조이스_ 일흔 둘.
> 매기 쉬히 _ 그이가요?[43]

매우 인상적인 것은 현현들이 그 자체의 문맥에서 취해온 조각들에게서 기대할 수도 있는 많은 의미를 만들어낸다기보다는 오히려 조이스 혹은 스티븐이 담론 밖에서, 또 의사소통에서 단절된 이런 무의미하고 수수께끼 같은 조각들을 '갑작스런 영적인 출현' 으로 기술해야 한다는 점이다. 라깡은 현현의 의미 부재를 그의 정반대인, 말로 표현할 수 없는 뜻밖의 사실의 확실성으로 변화시키는 이런 과정이 슈레버에게서 수수께끼 같은 경험에 비교되고 또한 정신병적 확신으로 바뀌는 경험의 전환에 비교될 수 있다고 주장한다. 물론 조이스는 슈레버와 다르고, 그가 그 현상을 다듬어서 창조적인 작업으로 변화시킨다는 점에서 다르다. 『피네간의 경야(經夜)』에서 예술가인 조이스는 언어적인 의미를 '넌센스' 로, 또한 그 역으로도 변화시켜서 그에 따라 슈레버 같은 사람의 수수께끼 같은 경험에 상응하는 것을 예술과정의 수준으로 끌어올리게 된다.

따라서 정신병에서의 향락의 문제가 조이스에 관한 세미나에서 약간 다르게 취급되어야 할 것으로 기대된다. 슈레버의 경우에 남근적 의

미의 폐제는 동성애적인 충동과 성전환적인 충동으로 이끌어 가게 된다. 우리가 봐왔던 것처럼 프로이트에게서 이것은 억압된 수동적 동성애의 결과로 간주되지만 라깡은 이것이 정신병을 적절히 설명해 줄 것으로 생각하지 않는다. 슈레버의 남성다움 그 자체는 상징계로부터 폐제된 거세가 실재계로 되돌아옴으로써 공격을 받게 된다고 말하는 것이 더 정확하다. 슈레버에게서 향락에 대한 장벽은 극복되고 향락은 더 이상 신체 밖에 위치하지 않는다. 이렇게 해서 슈레버의 신체는 더 이상 신경증에서 그런 것 같은 사막이 아니며, 따라서 그의 신체는 말로 표현되지 않고 설명되지도 않는 향락에 의해 포위되고 마는데, 그 향락은 슈레버에게서 자신의 충족을 구하는 신성한 대타자의 탓으로 돌려지게 된다.[44]

조이스의 저술은 문학이 정상적으로 문자의 향락으로 옮겨놓는 '의미-향락'(enjoy-meant)[45]을 의미작용의 외부에 있는 향락으로 변화시킨다. 그러나 훨씬 더 놀라운 것은 그가 담론의 외부에 있는 이런 생소한 문학을 강요하거나 소개하는 이차적인 방법을 통하여 자신의 저술로 폐지된 사회적 연결을 회복시키고 자신을 예외의 자리로 승격시키게 된다는 점이다. 더구나 그는 대개 망상의 작업에 의해 책임을 떠맡게 되는데, 그 책임은 불투명한 작업에서 의미를 만들어내고 논평자들에게 전달하게 됨으로써 그의 이름의 존속을 확인하게 되는 책임이다.

마지막으로 중요한 고려사항은 『세미나 XXIII』에서 정신병적인 경험 가운데 문자의 기능을 각별하게 드러낸 일이다. 라깡이 증상을 꿈, 농담, 실착행위와 동일한 무의식의 형성물이라고 말했던 초기 작업에서 증상은 담론으로부터 제외된 시니피앙들의 매듭으로 여겨지고, 따라서 그 어떤 소통의 범위에도 포함될 수 없는 것으로 취급된다. 그러나 그처럼 시니피앙에 놓인 이런 강조점과 함께 문자의 기능에 관한 수많은 중요한 관찰들이 존재하게 된다. 사실상 일찍이 1957년에 라깡은 증상이 "이미 쓰기과정 중에 새겨져" 있다고 말한 바 있다.[46] 문자의 물질성에 대해서는 「문자의 심급」이란 논문에 논의되어 있지만, 라깡이 조이스의 '문자, 잡동사니' (a letter, a litter)에 대해 처음으로 언급했던 「〈도둑맞은 편지〉에 관한 세미나」의 중요한 논제는 문자가 시니피앙일 뿐만 아니라 대상도 된다는 것이다. 그 자체로서 그것은 그것이 전달하는 메시지의 자국을 따라 남겨진 나머지, 잔여, 흔적이 될 수도 있다. 문자는 물신적(페티시) 대상과 다르지 않는 위상을 차지하는데, 앙드레 지드의 경우와 같은 것으로서 젊은 사내들에게 보인 그의 성적인 착취를 그의 아내가 더 이상 모른 척할 수 없는 증거와 맞닥뜨렸을 때 그의 편지들을 불태워 버렸다. 지드의 붕괴는 그 편지들이 전달하는 메시지에 대해 보충적인 향락의 운반도구였다는 사실을 왜곡하고 있다.[47] 그와 비슷하게 조이스에 관한 세미나에 나오는 가정은 증상이 단지 소통의 범위로부터 배제된 메시지로 더 이상 간주되지 못할 뿐만 아니라 향락의 장소로도 간주되지 못한다는 것이다. 다시 말해 이것은 시니피앙의 이론을 장황하게 만들지 않는 반면에 그것은 문자의 물질성이란 국한된 효과를 강조하고 있다.

무의식이 언어처럼 구조화되어 있다는 논제의 추론으로서 『세미나 III』에서 슈레버의 정신병에 대해 논의되기 이전부터 근본적인 어떤 것이 상징계로부터 배제될 수 있다는 생각과 이것이 정신병의 이해에서 해낼 수 있는 역할은 라깡에 의해 즉각적으로 파악되었다. 이런 생각은 정신의학적 기반을 갖는 라깡에게 정신분석이 이전에 해내고 있었던 것보다 더 나은 정신병의 이론을 발전시킬 수 있는 수단을 제공해 주었을 뿐만 아니라, 슈레버 사례에 대한 상세한 작업도 라깡이 그때까지 신경중 하나만의 문맥에서 발전시켜 왔던 이론적인 위치의 확인으로 보일 수 있다. 슈레버 사례는 폐제되는 것—부명—이 무엇인지 그 특성을 부각시켜 주었다. 그러나 그것은 또한 초기의 세미나들에서 명백해진 것보다 더 예리한 초점을 실재계의 범주에 맞춰주었는데, 거기서는 의심할 여지없이 신경증적인 구조에 맞춰진 초점의 결과로서 상상계와 상징계 사이의 경계가 더욱 강조되고 있었다. 이런 문맥으로 볼 때 조이스에 관한 세미나에서 정신병과 폐제에 대한 논의로의 회귀는 매우 중요해지며, 정신병의 총체적인 설명에서 실재계가 새롭고도 더욱 분지된 역할을 떠맡게 된다. 조이스에 관한 논의에서 특별히 흥미로운 것은 그것이 새로운 이론을 보여주는데, 그 이론에 의거해서 폐제가 증상의 보편적인 조건이 된다는 것이다.

Chapter 2

아버지의 기능

오이디푸스 콤플렉스가 18개월쯤 된 어린 아이들에게서 일어나는 일들을 설명해 준다고 널리 인정되고 있다. 이러한 견해에서 아이와 그 아이의 실제적인 어머니와 아버지는 삼각관계에 관련되는 세 사람이 되는데, 그 삼각관계의 역동이 프로이트의 저술 속에서 다양한 위치에 할당되어 있다. 만일 오이디푸스 콤플렉스가 핵가족 속에 태어난 어린 아이에게 벌어지는 일을 본질적으로 기술해 준다는 이런 견해를 공유하게 된다면, 원시종족과 최초의 아버지 살해와 그에 따른 사회문화적인 제도들의 모든 발달을 다루는 데에 있어 『토템과 터부』나 『모세와 일신교』 같은 작품들이 불필요할 뿐만 아니라 여하튼 비논리적이기도 하다는 생각이 꽤나 자연스럽게 뒤따라 오게 된다.[1] 결국엔 이를테면 아버지가 무엇이냐는 질문이 가족들의 자리배치 역동에 의해 철저히 연구된다면 어째서 인류의 선사 시대에 관한 애매하고도 비과학적인 추측으로 들어가게 될까? 세기말 비엔나의 신경증 환자들이 유아적인 환상세계를 펼쳐보였던 카우치 위에서 자신에 대한 탐구로부터 문명의 여명기에 호모사피엔스의 사회적 조직에 이르기까지 프로이트가 추정해 가는 방식에 대해 많은 사람들이 그랬듯이 프로이트를 비판하는 일은 완전히 정당화될 것이다.

그러나 이런 일은 프로이트에게 가혹한 처사가 될 것이다. 『토템과 터부』와 『모세와 일신교』는 응용정신분석이 아니라 아버지가 무엇인지 그 질문의 연장으로 간주되어야 하는데, 그 질문은 오이디푸스 콤플렉스의 사건들에 의해 철저히 연구되기는커녕 오히려 그 사건들을 대상애와 경쟁, 그리고 거세의 위협―혹은 인정―과 관련시키고 있다.

오이디푸스 콤플렉스의 아버지를 핵가족의 아버지로 받아들이게 되는 꽤나 자연스런 두 번째 결과는 정신분석 이론에서 아버지에 관하여 이미 언급되어 왔던 것에 덧붙일 만한 것이 별로 없어 보인다는 점이다. 그렇다면 오이디푸스 구조로부터 돌아서서 비교적 탐구되지 않았던 다양한 문제들을 들여다 보는 것은 자연스런 일이었다. 따라서 예를 들어 전(前)오이디푸스 구조로 되돌아가고 클라인학파처럼 어머니의 문제로 되돌아가는 것은 가능한 일이다. 또 다시 자아심리학은 점차 오이디푸스 콤플렉스의 바깥에서 공격성과 같은 현상들에 대한 설명들을 찾아가고 있었다. 그에 따라 만일 라깡이 정신분석에서 자신의 '프로이트에게로 회귀'의 일부로서 아버지의 문제로 되돌아간다면 그 이유는 그의 의견 가운데 이 문제에 관한 최후의 말을 하지 않았기 때문이고, 또한 프로이트의 견해들 자체의 중요성이 1950년대와 1960년대라는 프로이트 이후의 시대에서 상실되었거나 아마도 결코 완전히 알게 되지 못했기 때문일 것이다. 라깡은 바로 이 시기에 자신의 궤도를 따라가고 있다. 처음엔 오이디푸스 콤플렉스와 아버지의 기능—그의 표현대로 '부성기능'— 을 자신의 정신분석 학설의 핵심으로 만들었다가 1960년대 말에 가서 그는 프로이트 유산의 이런 측면에 대해 이따금 경멸적인 비판자가 되기도 했다.

또한 오이디푸스 콤플렉스 내에서 아버지의 기능이 욕망을 규제하는 것이라고 흔히 믿고 있는데, 그런 견해가 틀리지 않으면서도 불완전한 까닭은 아버지가 욕망의 규제를 해제시키기 위해 작용한다고 말하는 것도 똑같이 사실이기 때문이다. 즉 그것은 라깡의 '부친판' (*père-version*)이다.

아버지가 갖고 있는 가장 중요한 기능은 프로이트의 초자아와 자아 이상에 관련되어 있다. 그 두 가지는 모두 오이디푸스 콤플렉스의 상속자가 되라고 요구할 수 있는데, 그 과정에는 동일시가 핵심적이다. 그래도 여기에는 한 가지 문제점이 있는데, 동일시 과정을 이해하는 방식에 불명확성이 들어 있다는 것이다. 즉 프로이트는 한 가지 관점에서 세 가지 유형의 동일시를 구별하고 있으나 그 구별이 항상 세심하게 도출되는 것은 아니다.

라깡은 상징적 동일시와 상상적 동일시를 더욱 분명하게 구분하면서 후자를 거울단계의 문맥 속에, 또한 그에 따라 자아형성의 문맥 속에 위치시키고 있다. 전자는 아버지의 기능에 핵심적이다.

▪ 상징적 동일시

따라서 상징적 동일시라는 이 용어는 정신분석 이론에 의해 다양한 위치들 중에서도 핵심적인 자리가 부여된 동일시의 기능을 거울단계에 관한 라깡의 저술에서 이론화된 '상상적 동일시'로부터 구분시켜 준다.

이제 프로이트가 『집단심리학과 자아분석』의 「동일시」라는 장에서 기술하고 있는 동일시의 세 가지 서로 다른 형태들을 다시 보도록 하자.[2]

첫째는 프로이트가 대상과 맺는 감정적 결합의 최초 형태라고 기술한 원초적 동일시이다. 그것은 오이디푸스 콤플렉스의 변증법에서 적개심과 상냥함의 근본적인 양가적 혼합으로서 사후적으로 나타나는 결합이다.

우리가 이러한 원초적 동일시를 아버지와의 동일시로 봐야 할지 혹은 어머니와의 동일시로 봐야 할지 불분명하다. 틀림없이 이 점에 관해서는 프로이트에게도 일관성이 없다. 그는 남근의 소유자로서 아버지와의 동일시에 대해 말하다가도 이따금 아버지와 어머니 둘 모두와의 동일시에 대해 말하기도 하기 때문이다. 한편으로는 다음과 같이 주장할 수도 있었는데, 그는 1925년의 「두 성 간의 해부학적 구별의 정신적 결과」라는 논문에서 오이디푸스 상황이 남녀의 성화(sexuation)의 역동에 관해 대칭적이지도 그렇다고 상호적이지도 않았다는 것을 알게 되었기 때문에 그런 상황에서 동일시는 아버지와의 동일시가 되고 어머니는 아이의 사랑의 대상으로 받아들여진다는 것이다. 다른 한편, 프로이트는 『집단심리학』에서 동일시를 '다른 사람과 맺는 감정적 결합의 최초 표현'으로 기술한 다음에 훗날(1931년) 여성성에 관한 논의에서 여성의 경우에 아버지와의 강렬한 동일시보다 먼저 '어머니에 대한 독점적인 애착 단계'가 선행하게 된다고 덧붙이고 있다. 또한 우리가 나중에 보게 되겠지만 프로이트의 설명에는 또 다른 애매성들이 존재한다.

라깡은 멜라니 클라인의 발견을 지적해내면서 그녀의 연구 대상이었던 그 환자들이 아무리 어리다 해도 아버지는 변함없이 상상적 대상인 남근을 포함하는 환상의 형태로 나타난다는 것이다. 클라인의 경험에서조차 아무리 '멀리 돌아서' 간다 해도 아버지의 존재는 결코 우회하여 피해지지 않는다. 즉 '아버지의 음경'은 '어머니의 내부에서 소년의 구강가학적(oral-sadistic)인 경향성의 대상'이 된다는 것이다.[3]

동일시의 두 번째 형태는 오이디푸스 콤플렉스의 쇠퇴나 해소에서 발생하고 자아 이상과 초자아 둘 모두의 형성을 가져오게 되는데, 나는 라깡이 이 두 가지 형성물들 간의 구별에 부여한 중요성으로 되돌아갈 것이다. 이런 두 번째 형태는 남성성과 여성성의 구성과 그 둘 사이의 차이점에서, 그리고 신경증과 정신병 및 성도착증이라는 임상적인 감별진단의 가장 일반적인 세 가지 범주들의 구조에서 매우 중요하다. 더욱이 두 번째 형태는 역시 히스테리와 강박신경증이라는 두 가지 일반적인 형태로서 신경증 그 자체의 임상적 감별진단에도 매우 중요하다.

끝으로 동일시의 세 번째 형태는 진단에서 중요한 역할을 해내는데, 실제로는 히스테리적인 동일시의 특수한 기제를 그 특징으로 삼는다. 이것은 어떤 사람이 제3의 일반적인 리비도 대상과의 관계에서 다른 사람을 동일시하게 만드는 그런 동일시이다. 동일시의 세 번째 형태는 히스테리적인 현상에 의해 잘 예시되는데, 그것은 그런 현상 속에서 다른 사람의 성적인 대상에 대하여 그 사람과의 동일시에 의해 특히 두드러진다. 설사 프로이트가 도라를 분석하던 시기에 히스테리적인 동일시를 실제로 이해하지 못했다 하더라도 이것은 히스테리라는 한 사례에 대해 프로이트의 가장 풍부한 설명이 되는 도라 사례에서 매우 분명해지며, 프로이트가 이것을 바로잡게 된 것은 세 번째 형태의 동일시가 『집단심리학』에서 자세히 설명되고 난 뒤였다. 라깡의 「전이에 대한 개입」이란 논문에는 도라가 남녀관계에 흥미를 가질 수 있게 된 이유가 자세히 설명되어 있는데, 그녀가 그 관계들로부터 대상으로서의 그녀 자신을 도피시킬 수 있고 따라서 성적인 파트너에 대한 자신의 욕망을 희생시키는 그런 조건에서이다.[4] 프로이트는 상상적 동일시로부터 상징적 동일시로 미끄러져 가는데, 그때 그는 대상선택(K부인)을 히스테리적인 동일시의 대상(K씨)으로부터 구분하지 못하게 된다. 상징적 동일시는 주체의 순전히 리비도적인 부여를 넘어서 애증관계의 진정한 근원을 확대시켜 자아 이상을 설정하기에 이른다. 도라 사례에서 이것이 의미하는 바는 그녀가 스스로를 사랑스러운 사람으로 볼 수 있는 장소를 가리키고 자아 이상을 낳게 했던 시니피앙들과 자신을 동일시할 수 있는 장소를 가리키는 것이다.

K씨와 형성하는 도라의 이런 동일시는 남성적인 대상과의 동일시가 되며, 이런 이유로 그녀가 그 남자를 사랑하는 것으로 쉽게 잘못 생각될 수도 있는데, 그것이 프로이트가 피하지 못했던 오류이다. 그러나 도라의 역동에서 오직 그녀 자신이 그 남자의 대상이 되지 않는 경우에만 K씨는 그녀를 대신하여 이 자리를 차지하게 될 것이다. 사실상 여기서 욕망이 대타자의 욕망이라는 라깡의 공식을 볼 수 있는데, 그 이유는 그녀가 그 남자의 대상이 되는 것을 피할 수 있다면 도라가 욕망하는 것은

K씨가 아니라 그의 욕망이 되기 때문이다.

이러한 동일시는 그녀의 자아 이상인 K씨와의 '남성적인' 동일시가 되고, 그것은 그녀에게 어떤 수단을 제공해 주는 그녀의 자아의 형성물로 이끌어 가는데, 그 수단에 의해 그녀는 자신의 사랑의 대상인 K부인과의 관계에서 '남자처럼 행동할' 수 있게 된다. 이상과의 이런 동일시는 오이디푸스 콤플렉스로부터 빠져나가는 출구를 상징화하려는 그녀의 시도이다. 더욱이 그녀는 사랑의 대상으로 취급당하고 남근적인 시니피앙으로 취급당하는 것에 대해 자신의 분노를 표현하는 상상적 경쟁 속에서 남자들에게 대항하고 있다.

그것이 그녀가 K씨와 맺는 관계의 본질이다. 만일 우리가 이제 K부인에게로 돌아가 본다면, 도라가 자신의 욕망을 충족되지 않은 채로 유지하고 있듯이 그녀는 자신의 여성성인 K부인의 신비를 벗겨낼 수 있는 그런 여자를 욕망하도록 하기 위해 한 남자를 유혹한다.[5] 그리고 사실상 그녀의 진정한 사랑의 대상이 되고 그녀가 자신의 아버지를 통하여 '대리인으로서' 사랑하는 사람이 바로 K부인이다. 그녀는 아버지에게 K부인을 알선해 주기 위해 많은 일들을 처리하는데, 그에 따라 자신의 음모를 통해 그 남자의 욕망에 대한 지지자로서 행동하게 된다.

그때까지 맞춰져 왔던 비교적 안정된 평형상태는 K씨와의 사건으로 깨지게 되는데, 그 사건은 그녀가 그의 뺨을 때리는 것으로 끝나게 된다. 아내가 그에게는 아무 의미도 없다는 그의 말을 통해 도라는 다음과 같은 결론을 내린다. 즉 그는 도라를 대신해 도라의 아버지에게 그의 아내를 바쳤다는 것이고, 또한 이것이 도라로 하여금 자기 자신을 '추악한 교환'의 대상, 즉 물물교환의 대상으로 보게 한다는 것이다.[6]

도라 사례에서 프로이트의 오류는 훗날 그 자신이 깨닫게 되었듯이 "소녀들은 소년들을 위해 만들어진다"는 그의 '편견'이라고 라깡이 부르는 그것이었다. 다시 말해서 프로이트는 소녀가 아버지에게 다정다감하게 기울어지고, 따라서 그의 대리인이 되는 남자에게 기울어지는 것은 자연스런 일이라고 가정한다. 프로이트는 1925년이 되어서야 소녀에게 오이디푸스 단계가 남근적인 시니피앙에 의해 이해되어야 한다는 것을 충분히 깨닫게 되었는데, 그 남근 시니피앙은 그녀의 어머니가 그녀에게서 빼앗아 갔으며 그녀는 다른 곳에서 찾아내야 하는 그런 것이다.[7]

프로이트가 처음으로 원초적 대상인 어머니로부터 멀어져서 아버지에게로 향하는 이런 전환의 변화에 대해 분명하게 설명했던 것은 바로 1925년의 논문에서였다. 아버지에게로 향하는 이런 전환과 그 뒤의 동일시는 훗날의 신경증적 형성물들에서 인과론적 역할을 하고 있다. 남성에서 뿐만 아니라 여성에게도 원래부터 대타자의 성(the Other sex)이었던 것과 이뤄지는 여성의 동일시가 히스테리의 결정에 중대한 요점이 된다. 다른 한편, 남성의 편에서는 부명의 매개물에 대한 동일시와 거세 콤플렉스의 상상적 효과들의 근원에 대한 동일시는 특히 강박신경증에 걸리기 쉽게 만들어 줄 것이다.[8]

프로이트의 이론에서 세 가지 형태의 동일시 모두가 아버지와 관련되어야 한다는 것은 주목할 만한 일이다. 또한 동일시와 다른 현상들과 관련해서 라깡은 아버지의 문제가 프로이트에게서 해결되는 것과는 거리가 멀다는 사실을 알게 되었다. 실제로 그는 정신분석적 논쟁을 원래 프로이트의 문제였던 것에 다시금 집중시키게 되었다. 아버지란 무엇인가? 그러나 이 문제를 프로이트에게서 해결되지 않은 문제로 보는 데에는 어떤 근거가 있을까? 나는 이와 같은 문제를 논의한 다음에 라깡이 프로이트에게서 생각되지 않은 채로 남겨진 것을 어떻게 밝혀보는지 그 방법으로 되돌아갈 것이다.

▪ 아버지 : 프로이트에게서 해결되지 않은 문제

만일 우리가 오이디푸스적인 아버지로부터 『토템과 터부』에 나오는 원시종족의 아버지를 거쳐 『모세와 일신교』의 아버지에 이르기까지 아버지에 관한 프로이트의 작품들을 들여다 본다면 제일 먼저 그의 기능에서 애매성을 찾아보게 될 것이다. 한편으로, 오이디푸스적인 아버지는 규범적인 기능을 갖는다. 남근의 소유자로서 그의 기능은 전능한 대타자인 어머니의 욕망을 규제시키는 일이다. 즉 그는 자아 이상을 만들어내면서 주체의 동일시에 대한 지지자처럼 행동한다. 이것에 지불하게 되는 대가는 어머니를 두고 아버지와 벌이는 상상적 경쟁이며, 그에 뒤이어 그의 죽음에 대한 욕망이 된다. 다른 한편, 그 뒤에 따라오는 신경증에서 그의 행동처럼 인과론적 역할을 해내는 병인(病因)으로서의 아버지의 기능이 있다.

아버지의 규범적인 기능과 병인적인 기능에서 아버지의 이러한 애매성에 근본적으로 놀랄 만한 것은 아무 것도 없다. 결국 정신분석 이론에는 그러한 수많은 현상들이 존재하게 된다. 그래도 아버지에 관한 프로이트의 저서에서 두드러진 것은 아버지 기능의 양가성과 중요한 차이점을 점차 강렬하게 강조하는 일인데, 그 차이점들은 아버지 신화의 다양한 버전들에서 오직 세부사항의 차이점들이 되는 것만은 아니다. 예를 들어 자신의 아이들에게 전달하는 그 법에 그 자신이 복종하게 되는 오이디푸스 콤플렉스의 아버지와 대조되어 『토템과 터부』에서 우리는 이런 동일한 법에 대해 하나의 예외가 되는 아버지라는 인물을 찾아보게 된다. 원시종족의 아버지는 '엄격한 아버지'(père sévère)가 되는데, 그는 자기중심적이고, 질투심이 많으며, 거세의 위협으로 아들들을 억제시키기도 하는 성적인 대식가이다. 이것은 향락의 아버지라는 인물이 되는데, 그는 자신에게 초월적인 질서의 법에 대한 그 어떤 복종에 의해서도 제한되지 않는다. 더욱이 그의 죽음은 아들들에게 해방이 되지 못한다. 왜냐하면 금지시키는 힘이 그의 실종으로 오직 증가될 뿐이기 때문이다. 그의 죽음을 통해 아들들은 그에 대한 아들의 동일시 형태로 되돌아오는 금지의 법에 훨씬 더 강력하게 구속되어 있다.

오이디푸스 콤플렉스로부터『토템과 터부』와 훗날의『모세와 일신교』에 나오는 아버지의 신화로의 발전은 매우 현저하다. 처음부터 아버지의 기능은 분명히 어머니라는 인물의 전능함을 누그러뜨리고 규제하며 승화시키는 일인데, 이는 프로이트가 '여성적인 성의 이해하기 어려운 힘'이라 불렀던 것이다. 그러나 결국에 아버지 자신은 그의 기능이 제일 먼저 사라지게 하리라고 가정되었던 전능함의 힘과 불명료함과 잔인함을 떠맡게 되었다.

▪ 실재적 아버지, 상징적 아버지, 상상적 아버지

프로이트의 아버지 문제를 계속 추구함으로써 우리의 관심사에 대해 앞에서 언급된 관찰을 해왔던 사람이 라깡이다. 그는「신경증 환자의 개인적인 신화」라는 논문에서 아버지의 병인적이고 또한 규범적인 역할을 지적해내고 있다.[9] 그러나 그는 이보다 훨씬 더 많은 일을 해내고 있다. 그는 상징적—상상적—실재적이란 구분을 소개함으로써 아버지 문제의 철저한 명확화를 완성해낸다.

라깡에 따르면 **상징적** 아버지는 죽은 아버지—원시종족의 죽은 아버지—이고, 그는 역시 강박신경증의 환상 속에 구현되고 있다. 상징적인 부채를 통해 주체는 아버지 살해의 결과로서 법에 묶여 있게 되고, 『토템과 터부』는 신화적인 표현이 된다. 라깡의 표현대로 "상징적 아버지가 이와 같은 법을 의미하는 한 그는 진정으로 죽은 아버지이다."[10]

또한 상징적 아버지는 부명으로 명명되기도 하는데, 거기서 라깡은 상징적 아버지가 그에 상응하는 아무런 표상도 없다는 의미에서 순수한 시니피앙이 된다는 사실을 주장하고 있다. 이런 측면에서 부명은 그 어떤 의미화 네트워크라도 그 모두의 최소한의 요소들 가운데 하나가 되는데, 라깡은 프로이트처럼 부명을 '선사 시대'에 위치시켜 둔다. 한 가지 관점에서 그는 그것을 '초험적'이라 부르는데, 그 어떤 의미화 연쇄의 가능성에 대한 조건이라는 칸트의 의미에서 그렇게 부른다.[11] 이러한 시니피앙을 초험적이라 부르면서 그는 그것이 그 어떤 표상에서도 상관물을 갖지 않지만 그럼에도 그 어떤 표상의 기능성에 대한 조건이 된다고 주장하는 것이다. 프로이트가 "아버지, 제가 불타고 있는 모습이 보이지 않으세요?"라고 말한 꿈이 아버지의 꿈이 아니라 아들의 꿈이듯이 거기에는 부성(父性, paternity)의 주관적인 표상이 없다. 순수한 시니피앙으로서 부명은 전반적인 상징적 체계를 지지해 주고 있다. 즉 그것은 초석, 고정점(*point de capiton*)이나 누빔점(quilting point)이 된다. 그것은 응용된 것의 정반대라는 의미에서도 순수하다. 이런 의미에서 순수한 시니피앙은 그 동일성이 형식적인 체계 내에서 그 위치에 의해 정립되며 그 어떤 특수한 의미작용이 그것과 결합됨을 의미하지 않는 그런 것이다. 그렇다면 그것이 현실에 적용되는지 그 여부와 함께 어떻게 적용되는지 그 방법에 관한 또 하나의 문제가 된다. 이것은 유클리드 이후의 기하학에서 선이나 점이란 용어에 관련된 경우와 유사한데, 말하자면 특정한 정의가 주어진 것으로서 그렇게 정의된 '선'이나 '점'이 실제로 정신적 공간에 응용되는지 그 여부와 만일 그렇다면 어떻게 적용되는지 그 방법에 관한 또 다른 '경험적인' 문제가 되는 것이다.

부명과 남근 시니피앙인 Φ와의 사이에는 밀접한 관계가 존재한다. 부명이 순수한 시니피앙이 되는 반면에 오이디푸스 콤플렉스의 변화들은 남근이 결코 그의 상상적 연결과 분명히 구별되지 않는 '불순한' 것임을 보여주고 있다. 주체가 오이디푸스 상황에서 되고 싶어하는 상상적 대상, 다시 말해 어머니의 욕망을 충족시켜 줄 남근은 부성 은유의 작용에 의해 하나의 시니피앙으로 변하게 되는데, 그때 부성 시니피앙은 어머니의 시니피앙으로 치환되고, 그럼으로써 남근의 의미가 되는 새로운 의미작용이나 의미(*Bedeutung*)를 만들어낸다.[12]

상상적 남근에서 남근 시니피앙으로의 통과는 상징적 거세에 의해 야기되는 부성 은유로부터 나온 결과이다. 프로이트에 의해 오이디푸스 콤플렉스에 대한 설명에서 자세히 묘사되어 있는 상징적 거세의 상상적 결과들이 분명하게 존재하면서 그와 동시에 상징적 거세는 자신의 성에 대한 질문(나는 남자인가 여자인가?)뿐만 아니라, 자신의 실존에 대한 질문(나는 죽어 있나 살아 있나?)의 가정에 꼭 필요한 남근적 의미작용에 접근할 수 있도록 허용해 준다. 이런 질문들은 다름 아닌 그의 존재에서 신경증 환자에 의해 제공된 대답이 라깡의 표현대로 '반응의 일종'이 되는 히스테리와 강박신경증에 다시 나타나게 된다.[13]

상상적 아버지는 라깡이 '아버지의 형상들'이라 부른 것으로 다양하게 변장되어 나타난다. 이것들은 부성 은유에서 부명의 올바른 기능을 보증해 주는 그의 상징적인 역할과 실재적 아버지 사이에서 생겨나는 부조화나 불일치의 결과로서 출현한다. 다시 말해서 원초적 대상으로서의 대타자 혹은 어머니와 주체 간의 관계에서 출현한다. 상상적 아버지라는 형상의 모범적인 표현이 아버지의 책임회피(*carence*) 혹은 태만(defaulting)이 되며, 그것은 오이디푸스 콤플렉스의 아버지에게 병인적이면서도 단지 규범적이지 않은 역할을 부여해 주는 이런 형상의 표현이 된다.

어머니의 욕망 속에서 실재적 아버지의 기능인 부명과 아버지의 상상적 형상들 사이의 관계에 대한 묘사 덕분에 라깡에 의한 이러한 근본적인 구별이 지속되면서 아버지의 기능에 관한 프로이트의 논의를 상당히 명확하게 만들어 주는 방식에 대하여 어떤 아이디어를 얻을 수 있다.

▪ 자아 이상과 초자아

내가 지금까지 말해왔던 것은 라깡이 자아 이상과 초자아 간의 구별을 해석하는 독특한 방식을 이해하는 데에도 도움이 된다. 자아 이상은 부성 은유에 의해 만들어진, 다시 말해 상징적 아버지의 효과로서 만들어진 아버지와의 동일시 결과이다. 그것은 프로이트가 『토템과 터부』에서 묘사한 '법의 내재화'의 침전물이다.[14] 다른 한편, 초자아는 약간 다른 역동에서 나온 결과이다. 우리는 프로이트가 자신의 후기 저술에서 점차 초자아의 현상에 몰두해 갔음을 잘 알고 있다. 『문명과 그의 불만』에 나오는 유명한 구절에서 프로이트는 죄책감과 실제로 죄를 짓는 행위들과의 사이에 비례관계가 있음을 부정하고 그와 반대로 양심의 역설을 환기시켜 준다. 즉 "어떤 사람이 더욱 도덕적일수록 [초자아의] 행동은 더욱 더 가혹하고 의심스러워져서 결국엔 가장 심한 죄책감으로 스스로를 자책하는 사람들은 정확히 최고의 성인다움을 실행해 왔던 사람들이 된다."[15]

비록 현상학적으로는 이러한 견해가 완전히 정당한 것은 아닐지라도 여기에는 논의를 위해 풀어줄 가치가 있는 이론적 관점이 하나 있다. 다시 말해 공격성의 금지는 공격성을 자아 쪽으로 되돌려 놓은 결과로서 자아가 다른 사람들에게서 충족시키려 했던 동일한 공격성을 자아에 대하여 내보이게 된다는 것이다.[16] 이것은 그 안에서 오이디푸스 콤플렉스와 아버지—상상적 아버지—의 자리에 대하여 특별한 관계를 갖게 된다. 다시금 『문명과 그의 불만』에는 프로이트가 존스와 클라인에 의해 제안되었던 것에 호의를 느끼기 시작하면서도 어떤 견해를 반박하는 구절이 나온다. 그 두 사람은 어떤 욕동이든 욕동 충족의 좌절이나 방해 (Versagung은 프로이트의 용어임)가 죄책감의 증가를 가져오게 되리라고 제안했다. 전(前)오이디푸스 구조들의 가능성에 이미 관심을 기울였을 당시에는 이런 견해에 흥미가 없었던 것은 아니지만, 실제로는 욕동들이 오이디푸스 상황의 역동에 대한 어떤 관계와도 상관없이 고려될 수 있는 변화에 따른다는 것을 암시해 주고 있었다. 프로이트는 이런 견해에 대해 명백히 반박하면서, 그 대신에 공격성이 억제될 때 초자아에게로 넘어가고 주체에게로 되돌아가면서 죄책감은 더욱 악화되는데, 그런 공격성은 에로틱한 충족의 금지에 책임을 지는 사람에게로 향해간다고 주장한다. 그가 '평균적인 근사치'라고 기술하는 곳에서 다음과 같이 말한다. "본능적인 경향이 억압당하게 될 때 그것의 리비도적인 요소들은 증상들로 변하고 그것의 공격적인 요소들은 죄책감으로 변하게 된다."[17]

다른 곳에서 프로이트가 아버지에게 향한 공격성을 가혹한 초자아의 핵심에 있는 내재화된 공격성에 명백히 연결시켰던 견해와 그 비슷한 견해들은, 지적해 왔던 바와 같이, 죽음 욕동이 점차 공격성의 현상들에 연결되어 나타나지만 『쾌락원칙을 넘어서』에서의 반복 강박과는 보다 흔치 않게 나타난다는 것을 암시해 준다. 그러나 더욱이 이런 견해들은 내가 라깡의 입장으로 제시해 왔던 입장과는 반대되는 것처럼 보이는데, 그것에 의하여 법에 대한 욕망을 반대하기보다는 오히려 그 욕망과 결합하려는 상징적 아버지는 그의 욕동 충족의 좌절을 통해 주체의 공격성을 초래하고 아버지의 상상적 형상이 되는 그런 박탈의 아버지가 아니다.

확실히 이런 박탈의 아버지는 신경증, 특히 강박신경증의 원인론에 결정적으로 중요하다. 박탈의 아버지는, 예를 들어 서생원(Rat man)의 개인사에서 제일 중요하며, 라깡은 여전히 아버지의 이런 형상이 상상적 아버지의 형상이라고 주장한다.

사실상 우리가 만일 프로이트의 텍스트를 조금 더 자세히 들여다본다면 상징적 아버지와 아버지의 다양한 상상적 형상들 사이에서 라깡의 구별이 한낱 우아한 혁신만이 아니라, 오히려 우리가 프로이트의 이론 그 자체의 핵심에 놓여 있는 이론적인 난제를 극복하고 싶다면 꼭 필요한 구별이라는 것을 알게 된다.

이를 설명하기 위해 나는 두 가지 사례들을 보여주려고 한다. 첫째, 프로이트가 『애도와 멜랑콜리』에서 애도에 대해 암시해 준 기제는 대상 상실이 퇴행을 가져온 다음 상실된 대상과의 자아 동일시를 만들어내서 그 이후부터는 초자아의 질책들이 자아 쪽을 향하게 된다는 것이다.[18] 프로이트가 말한 것처럼 그 대상의 그림자는 자아에게 드리워지고, 이제

자아가 따르게 되는 자책들은 이전의 대상에게로 향했던 억제된 공격성에 그 근원을 두고 있다. 그러나 『자아와 이드』의 제3장으로 돌아가 보면 우리는 아버지와의 동일시에 대한 다음과 같은 설명을 찾아볼 수 있다. 오이디푸스 콤플렉스의 해소에 동반되는 것은 아이가 대상 선택으로서의 어머니를 포기하고 아버지와의 동일시를 동시에 **강화시키는** 일이다. 프로이트 자신은 이것이 우리가 예상해야 하는 것, 즉 주어진 정신분석 이론이 아니라고 매우 정확하게 관찰하고 있다. 왜냐하면 우리는 포기된 대상이 결국 좌절의 행위자인 아버지라기보다는 오히려 자아에게 도입될(즉 동일시하게 될) 사람이라고 가정하게 되기 때문이다.[19]

둘째, 『토템과 터부』와 『모세와 일신교』에 따르면 원시종족의 아버지를 살해한 아들들에게 찾아오는 결과는 아들들이 기대했던 것—주로 무제한적인 향락에의 접근—이 아니라는 것이다. 그 까닭은 비워진 위치의 전능함을 아무도 차지하지 못하기 때문이다. 살해 이전의 금지들이 그 이후로도 그처럼 강력하게 지속되는 이유는 아들들이 자기네들 사이에서 그것들에 동의함으로써 전반적이고도 상호적인 파멸이 일어나지 않도록 한다는 것이다. 프로이트는 『모세와 일신교』에서 이렇게 쓰고 있다. "각각의 개인들은 그들 스스로 아버지의 위치를 획득하고 어머니와 자매들을 소유하게 되는 자신들의 이상을 포기했다. 따라서 근친상간에 대한 터부와 족외혼에 대한 명령이 생겨나게 되었다."[20]

아버지의 위치를 획득하려는 이상과 관련하여 아버지에 대한 아들의 동일시를 참조함으로써 다음과 같은 것을 암시해 준다. 즉 이런 신화 속에서 근친상간의 터부가 어떻게 생겨나는지 그 질문에 대한 답은 아버지와의 동일시에 의해 찾아져야지 단순히 대등한 사람들 간의 사회계약에 대한 애매한 사회학적 이론에 의해 찾아져야 하는 것은 아니다. 더욱이 프로이트는 또한 금지의 설정에서 중요한 역할을 최초의 아버지에 대한 아들의 사랑에 두고 있다. "[최초의 아버지는] 금욕을 [아들들에게] 강요하고 그에 따라 자신과 또 서로 간에 감정적 유대를 강요했는데, 그것은 그들의 성적인 목표에서 금지되었던 충동들을 가진 사람들에게서 야기될 수 있다."[21] 여기서 다시 우리에게는 첫 번째 사례에서 봤던 것과 비슷한 관찰력이 필요해진다. 대상관계에서 다정함과 감정이입으로 인도해 가는 목표—금지된 욕동에 관한 프로이트의 견해들은 어떤 대상과의 직접적인 성적 충족의 포기가 대상의 이상화를 초래하고 그것과 함께 다정한 관계의 출현을 초래하게 되지만 좌절의 실제적인 매개물이 주체의 증오와 공격성을 스스로에게 가져오게 된다는 것이다.[22] 그러나 앞에서처럼 여기서 '강요된 금욕'은 행위자와의 감정적 유대를 만들어내는데, 그 방식은 그 이론에서 우리가 기대하게 되는 것과 반대를 이룬다.

나는 이 두 가지 사례들이 동일시에 관한 프로이트의 견해에 벌어져 있는, 다시 말해 아버지가 역시 주체에게서 그의 에로틱한 충족을 빼앗아 버리는 행위자가 되는 바로 그 순간에 그런 아버지와의 동일시에 관한 프로이트의 견해에 벌어진 이론적인 틈새를 분명하게 설명해 주는 것으로 생각한다. 물론 오이디푸스 콤플렉스에 대한 이런 동일시의 중요성은 분명하다. 라깡은 다음과 같이 말하고 있다. "아버지가 거세의 매개자가 되는 덕분에 사랑은 아버지와 관련된다. 이것이 바로 프로이트가 『토템과 터부』에서 제안하고 있는 것이다. 아들들이 아버지를 사랑하게 되는 것은 그들이 여자들을 빼앗기는 한에 있어서 그러한데, 프로이트 같은 사람의 통찰에 의해 시인되는 깜짝 놀랄 만한 의견이다."[23]

라깡이 프로이트의 견해를 아버지의 기능 속에 위치시키는 방식은 계몽적인 것만은 아니다. 그것은 또한 꼭 필요한 혁신도 된다. 또한 그 어떤 실재적인 혁신처럼 그것의 분지들이 그 이론의 다양한 측면들 속으로 침투해 들어가는데, 여기서는 동일시의 문제 속으로 침투해 들어가듯이 그것들이 다양한 임상 측면들 속으로 확장해 가는 것과 똑같다.

이러한 혁신은 분지들을 갖게 되는데, 예를 들어 정신분석 치료의 종결에 관한 것이다. 치료를 성공적인 종결로 이끌어가는 기회들에 관하여 『문명과 그의 불만』과 다른 곳에 표현되어 있는 프로이트의 비관주의를 상기해 보자. 이것에 반대되는 행동이 부정적인 치료반응이 되고, 또한 거세의 위협과 음경선망이라는 분명히 극복할 수 없는 장애가 되기도 한다.

아버지의 증오와 아들들의 죄책감이 『문명과 그의 불만』의 주된 테마이다. 아버지의 증오는 초자아에게로 전이되었을 때—여기서는 정신분석 치료의 효과에 대한 바로 그런 주요한 장애가 되는데—부정적인 치료반응의 형태로서 그 극복이 가장 어려운 그런 증상들을 강화시켜 주기 때문이다.

세르주 코테는 다음과 같이 지적했다. 즉 이런 부정적인 치료반응은 치료의 전망을 새로운 위험으로 경험하게 되는 사실에서 발생하기 때문에 이런 위험의 근원은 분명히 거세를 받아들이지 않으려는 거부가 된다.[24] 분석가는 아버지의 대리로 경험되어서 치료되지 않으려는 거부는 그에게 머리를 숙이지 않으려는 거부를 의미하게 한다. 프로이트는 이것을 정신분석 치료의 효과에 대한 최종적이고 아마도 극복할 수 없는 장애로 간주했으며, 참으로 그 대안들은 매력 없는 것으로 보인다. 어떤 사람이든 공격성이 사실상 오이디푸스 콤플렉스와 거세에 연결되어 있으며 아버지에게로 향하고 있음을 인정한다. 이런 경우에 이것이 극복될 수 없을 것 같다는 프로이트의 견해는 당연해 보이고, 심지어 불가피할 수도 있다. 그게 아니라면 이러한 공격성을 거세시키는 아버지에 연결시키기보다는 오히려 그 공격성에 대해 충분히 고려해 본 다음 그것을 다른 곳에서 끌어내 보라. 이것이 영국학파에 속해 있는 많은 사람들이 취하는 노선이다.

그러나 라깡은 프로이트를 따라 다음과 같이 주장하고 있다. 즉 문제의 그 공격성이 오이디푸스 콤플렉스에 근원을 두지만, 오이디푸스 콤플렉스를 상징적–상상적–실재적 구분이라는 맥락에서 본다면 그것은 초자아가 상징적 아버지와의 관계로부터 나오는 것이 아니라 박탈의 상상적 아버지와의 관계로부터 나온다는 것을 보여준다는 것이다. 이것은 자아 이상과 초자아의 구별에 의해 더욱 지지를 받는데, 여기서 자아 이상은 '법의 내재화'의 산물이면서 동시에 상징적 아버지에 의해 지지되는 동일시의 산물이 되며, 초자아는 라깡이 『기교에 관한 프로이트의 논문들』이란 세미나에서 법의 전달과 이해에서의 결점이라 부른 것의 유산, 즉 법을 임의적이고 무의미한 것으로 지각하는 유산이 된다.[25]

따라서 어떤 문화주의적인 해석이 그랬을 것처럼 초자아를 주체로 하여금 '내부의 도덕률'을 획득하게 만드는 기관으로 간주하기는커녕 오히려 라깡은 초자아가 '음란하고 흉악한' 것이라고 주장하며, 초자아의 참화가 상징적 아버지에 의해 만들어지는 것이 아니라 아버지의 상상적 형상에 의해 만들어진다는 사실을 주장하고 있는데, 프로이트의 이리 군(Wolf Man) 사례가 보여주듯이 그런 형상은 참으로 실재적 아버지와 거의 무관할 수도 있다.

Chapter 3

오이디푸스 콤플렉스를 넘어서

오이디푸스 콤플렉스가 라깡에게서 핵심적인 역할을 해낸다는 것은 잘 알려져 있다. 『정신병』, 『대상관계』, 『무의식의 형성물』을 포함한 그의 초기 세미나들에서 그는 끊임없이 반복해서 오이디푸스 콤플렉스를 참조하고 있다. 실제로 그의 개념적인 구축물은 그 주위를 맴돌고 있다. 어머니의 욕망, 어머니의 욕망의 대상으로서의 남근, 처음엔 남근이 **되고** 싶다가 그 다음엔 남근 **갖기**를 받아들이게 되는 아이, 아버지의 이름(父名), 이것은 그 어느 것도 오이디푸스 콤플렉스의 기능을 참조하지 않고서는 아무런 의미를 만들어내지 못한다. 이 모두는 오이디푸스 콤플렉스에 의존하고 참으로 그 일부가 되는 매우 웅대하고 복잡한 기관이고, 라깡에게서 정신분석과 관련된 어떤 것을 우리가 꽤나 잘 설명하고 싶다면 오이디푸스 콤플렉스를 불러낼 필요가 있는 것으로서 그것은 소아의 공포증이든가 히스테리와 강박신경증의 성질, 신경증이 아니라 정신병이 되어야 하는 이유, 절편음란증(fetishism)과 성전환증(transsexualism)이 정해지는 조건, 또한 물론 남성성과 여성성의 발생과 관련된 것들이다. 이 모든 것들에서 각각의 사례에 해당하는 오이디푸스 콤플렉스의 특별한 역동이 환기되는데, 이것이 정신분석가의 일상적인 양식이 되는 다양한 임상구조의 근원과 성질을 이해하기 위해 들여다 봐야 하는 곳이라는 끊임없는 믿음 속에서 환기되고 있다. 오이디푸스 콤플렉스 없이는 신경증이나 정신병 혹은 성도착증을 이해할 수 있는 가능성도 없으며, 성화(sexuation)에 대해 생각해 볼 수도 없다. 오이디푸스 콤플렉스로의 끊임없는 회귀는 정신분석의 초석으로서 그것에 대한 참조가 부재하면 아무 것도 이해할 수 없다는 라깡의 믿음을 보여주고 있다. 프로이트는 그것을 '신경증의 핵심'이라 불렀던 반면에, 라깡은 한 걸음 더 나아가 오이디푸스 콤플렉스가 분석경험의 모든 영역을 포괄한다고 주장하면서 우리의 훈련이 주체성에 배당한 한계를 설정하게 해준다는 것이다.[1]

　　라깡은 오이디푸스 콤플렉스에 대한 프로이트의 이론을 초기 세미나에서 상당히 길게 논의하고, 정교하게 다듬으며, 발전시킨다. 예를 들어 『세미나 V』에서 오이디푸스 콤플렉스의 '세 가지 시기'에 관한 논의를 보라. 또는 『세미나 IV』에서 실재적 아버지와 상상적 아버지, 그리고 상징적 어머니에 의한 오이디푸스 콤플렉스의 상세한 분류를 볼 수 있으며, 또한 상징적 거세, 실재적 발탈 및 상상적 좌절에 의하기도 하고 상상적 남근, 상징적 남근 및 실재적 젖가슴에 의하기도 한다.[2] 이 모든 것은 1950년대에 논의되고 다듬어지며, 보기에 따라서 그것은 매우 강요적이라고 말해야 할 것이며, 정신분석에서 굉장히 많은 문제들을 명확하게 해주고 임상적으로 유용한 것이다.

■ 오이디푸스 콤플렉스에 대한 비판

그렇다면 예기치 않은 일들이 벌어질 수 있다. 대략 『세미나 XVI』,
『세미나 XVII』, 『세미나 XVIII』가 열리던 당시(즉 1968-1971)에 라깡은
오이디푸스 콤플렉스를 기껏해야 소용없고 부적절한 것이라 하여 차츰
물리치고 있으며, 최악의 경우에 우리를 임상상황에서 판단의 중대한 실
수로 이끌어가기 쉬운 것이라 여기고 있다. 대부분의 분석가들, 심지어
그의 학파에서 수련을 받은 분석가들까지도 그것을 송두리째 무시한다
고 그는 말한다. 또한 그것을 그들의 작업의 참조 지점으로 삼고 있는 사
람들은 갖가지 괴로움에 시달리고 있는데, 프로이트의 사례들 이외의 것
을 더 이상 찾아볼 필요도 없다. 이러한 전환은 특히 열일곱 번째 세미나
인 『정신분석의 이면』과 열여덟 번째 세미나인 『모사가 되지 못할 담론』
에서 분명해지는데, 거기서 라깡은 오이디푸스 콤플렉스에 대하여, 또한
그때에야 핵심 시니피앙인 부명이 되었던 것에 대하여 놀라울 만큼 새
로운 접근방법을 취하고 있다. 라깡은 매우 급작스럽게 오이디푸스 콤플
렉스를 '프로이트의 꿈'이라 부르기 시작한다. 또한 만일 그것이 꿈이라
면 그것은 더 이상 꺼내놓고 분석해서 재구축되는 이론적인 구성이 될
수 없다고 그는 말한다. 다시 말해 그것은 더 이상 정신분석의 기반이 될
수 없다는 것이다. 만일 그것이 프로이트의 꿈이라면 그것은 무의식의
형성물로서 해석이 필요하게 된다는 것을 의미한다.[3]

오이디푸스 콤플렉스를 정신분석의 기반으로 보는 관점에서 그것

이 프로이트의 꿈이라는 판단으로 옮겨가는 이런 전환의 이유는 무엇인가? 아마도 수많은 이유들이 있겠지만 매우 중대한 하나의 요인이 있을 것인데, 1960년대 말에 네 가지 담론에 대한 이론의 소개로서, 특히 네 가지 담론들 내에서 해내고 있던 주인과 주인 시니피앙인 S_1 그리고 주인의 담론이란 개념들의 역할이다.

$$\frac{S_1}{\$} \rightarrow \frac{S_2}{a}$$
주인의 담론

여기로부터 많은 것들이 따라 나오는데, 특히 하스테리의 담론과 분석가의 담론 그리고 대학 담론이며, 이것들은 주된 담론인 주인의 담론의 파생물들이다.

라깡이 오이디푸스 콤플렉스를 프로이트의 꿈이라 부를 때 우리는 그가 하고 있는 일들 가운데 하나가 그것을 신화와 구별하는 일이라는 것을 이해해야 한다. 그것도 역시 하나의 신화로서 프로이트의 작업에서 두 가지 형태를 취하는 것이다. 즉 소포클레스의 희곡에서 끌어온 오이디푸스 콤플렉스와 프로이트 자신이 만들어낸 신화인데, 그것은 처음으로 『토템과 터부』에 내놓았던 최초의 아버지의 신화이다. 그러나 그것을 꿈이라 부름으로써 그는 그것이 인류학적으로가 아니라 정신분석적으로 취급될 자리가 마련되어 있음을 의미하고 있다.

인류학과 정신분석 간의 차이는 중요하고 또한 라깡이 항상 그것의 진가를 인정하고 있었더라도 그 중요성을 충분히 알아차리는 데에는 어느 정도 시간이 걸렸다. 처음에 라깡은 정신분석이 신화에 대한 레비-스트로스의 인류학을 이용할 수 있다고 생각하고서 개인적인 분석사례에 관한 그 자신의 작업에 레비-스트로스의 작업을 이용하려는 신중한 노력을 기울였다. 1957년의 『세미나 IV』에서 꼬마 한스의 분석에 대한 그의 접근방법은 레비-스트로스의 신화연구와 오이디푸스 신화 혹은 특히 신화들의 분석을 대대적으로 이용하고 있다. 그는 「신경증 환자의 개인적인 신화」라는 논문에서도 비슷한 접근방법을 취하고 있는데, 그가 강박신경증을 신경증 환자의 개인적인 종교라고 여길 때 종교에 대한 프로이트의 논제와 유사하게 생각되고 있었다. 여기서 분석가는 신화분석에 대한 인류학자의 방법으로부터 많은 것을 배워야 하는 것처럼 보이는데, 그 분석은 존재하는 것으로 알려진 신화의 다양한 모든 버전에 관한 비교연구로 구성되어 있다. 만일 라깡이 그랬던 것처럼 이 방법을 꼬마 한스에게 적용해 본다면, 이런 공포증의 발전은 어린 소년이 자신의 존재와 자신의 성적 동일성에 관한 문제들과 씨름하면서 핵심적인 오이디푸스 신화의 수많은 버전들을 드러내는 것으로 간주될 수 있다.

레비-스트로스는 「신화의 구조적 연구」에서 신화의 근본적인 구조를 발굴해내는 방법으로 발전시켜서 오이디푸스의 신화를 사례연구로 삼는다.[4] 다양한 방식으로 변장되었더라도 그 신화는 세계 도처에서 찾아볼 수 있다고 하면서 그는 분석을 위해 알려진 모든 변형들을 수집하고 있다. 레비-스트로스에게 그 신화의 의미는 서술된 이야기 속에 있는 것이 아니라 신화의 요소들인 '신화소들'이 결합되는 방식 속에 있다. 신화소는 한 구이거나 명제인데, 환상과 다르지 않고 적어도 라깡이 이해하고 있는 것처럼, 예를 들어 "한 아이가 매를 맞고 있다"와 같은 것이다.

레비-스트로스의 방법은 신화의 테마들을 왼쪽에서 오른쪽으로 써 내려 가는 것으로 구성되어 있는데, 마치 그것들 각각이 하나의 오케스트라 악보의 일부가 되는 것처럼 여러 가지 신화들 가운데 하나를 다른 것 위에 위치시키는 방식이다. 그는 여러 가지 신화들에서 나온 요소들이 동일한 테마나 생각을 표현할 때 하나 위에 다른 것을 올려놓는 식으로 그것들을 위치시키는데, 요소들이 원래의 신화에 나오는 순서는 전혀 고려하지 않는다. 실례로서 소포클레스의『오이디푸스 왕』과 소포클레스의『안티고네』를 들어보면 레비-스트로스는 그것들을 동일한 신화의 변형들로 생각하고 있다(표 3.1 참조).

표 3.1_ 오이디푸스의 신화

1	2	3	4
오이디푸스는 자신의 어머니인 조카스타와 결혼한다.	오이디푸스는 자신의 아버지인 라이우스를 죽인다.	오이디푸스는 스핑크스를 희생시킨다.	'랍다코스'는 절름발이를 의미한다. '라이우스'는 왼쪽을 의미한다.
안티고네는 법을 무시하고 자신의 오빠인 폴리니케스를 묻는다.	에테오클레스는 자신의 형인 폴리니케스를 죽인다.		'오이디푸스'는 부어오른 발을 의미한다.
혈연은 과대평가된다.	혈연은 과소평가된다.	괴물들의 파괴	단정하게 걷기의 어려움
정반대		정반대	
인간적인 근원		토착적인 근원	
정반대			

표 3.1에 나오는 네 칸들에 대해 다음의 것들을 주목해 보자. 첫째 칸과 둘째 칸은 정반대이고 셋째 칸과 넷째 칸도 역시 그렇긴 한데, 그것이 덜 분명한 까닭은 그 대조가 상징적인 형태로 나타나기 때문이다. 넷

째 칸에서 걷기의 어려움은 인간들의 세속적이거나 토착적인 근원을 내보이지만, 반면에 셋째 칸에서 괴물들의 파괴는 이러한 토착적인 근원의 부정을 의미한다. 따라서 한편으로 첫째 칸과 둘째 칸, 그리고 다른 한편으로 셋째 칸과 넷째 칸은 서로 반대되는 두 쌍들을 형성한다.[5] 이제 만일 우리가 역시 첫째 칸과 둘째 칸이 인간적인 근원의 문제에 관여하고 셋째 칸과 넷째 칸이 '토착적인' 근원의 문제에 관여한다는 사실을 고려하게 된다면 우리는 다시금 왼편의 한 쌍에서 반대관계가 맴도는 대조에서의 핵심 용어가 오른편의 반대들이 맴도는 대조에서의 핵심 용어와 '반대'라는 것을 알 수 있다. 따라서 신화들은 이러한 '가교' 기술을 이용하게 되는데, 인간 재생산의 불가피한 문제와 수수께끼가 되는 "사람은 하나에게서 태어나는가 아니면 둘에게서 태어나는가?"와 같은 최초의 문제로부터 "동일한 사람은 동일자에게서 태어나는가 아니면 다른 어떤 것에게서 태어나는가?"와 같은 또 다른 파생적인 문제로 옮겨가는 데 이용된다.

　레비-스트로스에 따르면 이것은 우리에게 오이디푸스 신화의 구조법칙을 가져다 준다. 그것은 인간들의 토착적인 근원에 대한 믿음으로부터 두 부모들에게서 태어난 출생의 인식에게로 옮겨갈 수 없는 불가능성에 봉착하게 된다. 신화는 이와 같은 모순을 해결하기 위한 일종의 논리적 도구가 된다. 그것은 전형적으로 그 모순을 해결하지 못하는데, 그것이 직면하게 되는 모순들은 실재적인 것들이 되기 때문이다. 그러나 레비-스트로스에게서 신화에 대한 동기가 모순을 해결하기 위한 것이라는 단순한 사실은 신화적 추리와 과학적 추리가 본질적으로 아무런 차이도 없다는 것을 의미한다. 즉 신화적 추리는 과학적 추리가 대신해 왔던 '원시적인' 형태의 사유가 아니라는 것이다.

프로이트의 오이디푸스 콤플렉스에 대해서는 정신분석이 관여하는 한 레비-스트로스의 분석이 다소 모호하다는 점을 주목해 보자. 한편으로 그 분석은 오이디푸스 콤플렉스가 보편적이고 또한 서로 전혀 접촉이 없었던 매우 다양한 문화들에서 찾아볼 수 있다고 주장하고 있다. 그런데도 외관상으로 정신분석이 만들어냈다고 주장할 수 있는 이러한 발견은 정신분석의 인식론적 요구들이 부당하다는 신호임을 드러내는데, 그 까닭은 프로이트의 오이디푸스 콤플렉스가 다른 모든 것들과 함께 이런 신화의 또 다른 버전일 뿐이라는 것을 드러내기 때문이다. 그것의 모든 변형들과 함께 오이디푸스 신화에 대한 레비-스트로스의 분석에서 프로이트의 버전은 인류학자에게 꽤나 큰 이득이 된다. 다시 말해 정신분석은 신화의 '진실', 즉 진정한 의미를 드러내 보였다고 주장할 수 없다. 오히려 정신분석적인 버전은 그저 또 하나의 변형이 됨으로써 다른 모든 것들로부터 구별되지 않는 단지 그 신화의 현대적인 버전이 될 뿐이다. 프로이트의 버전에서 토착성의 문제가 사라진다는 것은 사실이지만 한 사람이 어떻게 둘에게서 태어나는가?라는 다른 테마는 그대로 남아 있다. 레비-스트로스에게서 이것은 단지 다른 문화적인 문맥과 사회적인 문맥들을 가로질러 오이디푸스 신화의 계속적인 중요성과 관련성을 보여주고 있을 뿐이다.

라깡은 과학과 신화 간의 관계에 대하여 레비-스트로스와는 다른 견해를 취하고, 또한 프로이트의 오이디푸스 콤플렉스의 위치에 대해서도 다른 견해를 갖고 있다. 그는 신화의 핵심에 불가능성의 지점, 즉 '모순'이 있다는 데 동의하고 있다. 이런 불가능성에 라깡이 붙인 이름은 실재적인 것이고, 오이디푸스 콤플렉스에서는 이러한 '실재적인 것의 조각'이 남녀 간의 성적인 관계의 불가능성이다. 그러나 그가 레비-스트로스와 달라지는 지점은 신화가 허구의 형태로 하나의 의미, 즉 '의미의 한 조각'을 부여함으로써 이러한 불가능성의 조각을 감춘다고 생각하는 데 있다. 따라서 그 신화는 불가능성의 이러한 지점 혹은 실재적인 것의 주위에 엮어진 허구적인 이야기가 되는데, 그것이 바로 라깡이 신화 속에 진정으로 진실이 들어 있다고 말하지만 허구의 구조를 갖는 진실이라고 말하는 이유이다.

라깡은 과학이 불가능성의 지점들을 감춰주는 신화의 이런 활동과 반대로 행한다고 생각한다. 신화는 그의 기능이 되는 의미와 의미화를 만들어내는 어떤 것이 되는 반면에, 과학의 경향성은 의미화와 의미를 그것들의 제거 지점으로까지 축소시키는 것이다. 과학은 불가능성을 표시할 수 있는 지점까지 그것들을 벗겨낸다. 라깡은 또한 쓰기가 이런 과정에 필수적이며 거기에는 과학이 없다고 주장한다. 또한 그는 쓰지 않고도 이것에 수학을 포함시킨다. 따라서 다른 한편으로 신화는 말에 의해서 생겨난다는 사실이 중요한데, 말은 신화가 진실을 표현하는 방법에 대해 결정적이다. 라깡에게서 신화는 상상적인 것과 상징적인 것의 혼합이 되는 어떤 것을 만들어냄으로써 레비-스트로스의 용어인 이러한 '가교'를 성취하게 된다. 또한 그것은 사실상 불가능한 것, 즉 실재적인 핵심을 감추려고 하는 방식이며, 신화는 실재적인 핵심의 주위에 구성되고 원래부터 그것을 위해 공식화되었다. 신화가 불가능성에 대해 **말할 수 없**는 것처럼 과학은 불가능성을 기록할 수 없다. 즉 여기서 그 둘은 공동의 기반 위에 서 있게 된다. 그러나 과학이 불가능성을 표시하고 노출시키기 위하여 상징적인 수단을 이용할 수 있고 또 이용하게 된다는 점에서 신화와 달라지는데, 신화는 대답을 갖지 않는 문제를 해결해 보려는 반복된 시도들 속에서 불가능성 주위를 끊임없이 맴돌고 있다.

라깡에게는 레비−스트로스의 신화분석이 실제로 신화를 과학보다는 환상에 훨씬 더 가깝게 만드는 것으로 보인다. 적어도 우리가 라깡과 같은 방식으로 환상을 생각한다면 신화는 환상에 가까워지는데, 그의 방식은 한 구절이나 명제—예를 들어 "한 아이가 매를 맞고 있다"—와 같은 것으로서 남녀 간의 성적인 관계처럼 불가능성의 지점, 즉 '모순'의 자리를 차지하고 불가능성의 자리를 가리키면서 동시에 환상적으로 풍부한 의미에 의해 그것을 폐쇄시켜 버린다.

그렇다면 우리는 네 가지 영역들을 구분해 볼 필요가 있다. 즉 신화와 환상, 과학 및 정신분석이다. 한편으로 과학과 다른 한편으로 환상과 신화 사이의 차이점은 실재적인 것에 대한 각자의 반응이 되어가고 있다. 라깡의 통찰 덕분에 이것은 정신분석이 과학과 공동의 기반 위에 서 있는 지점으로 보게 되었고, 그의 야망은 정신분석을 이 지점에서 더욱 과학적인 것으로 만들어 가는 일이었다.

그러나 꿈은 신화가 아니고, 만일 오이디푸스 콤플렉스가 '프로이트의 꿈'이었다는 라깡의 생각이 옳다면 오이디푸스 콤플렉스는 역시 신화가 아니다. 만일 그것이 꿈이라면 그것은 다른 법칙들에 따라 형성되었을 것이다. 우리가 프로이트를 통해 아는 바와 같이 꿈은 무의식의 산물, 즉 형성물이다. 꿈작업은 두 가지 과정들에 의해 무의식적인 욕망을 위하여 꿈의 잠재내용을 왜곡하고 변장시키는데, 압축과 전치라는 두 과정들에 의해 잠재적인 자료가 암호화되며, 그 둘은 은유와 환유의 언어작용과 등가적이다. 이러한 무의식적인 과정들은 모두 신화에겐 알려져 있지 않다. 이것이 라깡이 레비−스트로스의 분석의 한계를 정확하게 지적해낼 수 있었던 이유이다. 『세미나 XVII』의 강의 중에 준비된 1970년의 라디오 방송인 「라디오포니」에서 라깡은 다음과 같이 말하고 있다.

"레비-스트로스에 의해 다듬어진 정교화에서 신화들은 제가 무의식에서 문자의 심급으로 승격시켜 왔던 모든 것을 거부하고 있어요. 그것들은 어떤 은유도 실행하지 않고 그 어떤 환유도 실행하지 않아요. 그것들은 압축하지 않아요. 그것들은 설명하고 있어요. 그것들은 이동하지 않으면서 텍스트의 순서를 바꾸는 지점에까지 박혀 있게 됩니다."[6]

꿈 형성의 기제들은 꿈들이 꿈을 꾸게 되는 언어(혹은 간혹 일어나는 것처럼 언어들)에 따라 특수해진다고 가정하는 것이다. 꿈들은 한 마디로 말해서 '응언어'(llanguage, *lalangue*)[7]로서의 언어를 구성하는 언어의 자질들, 그의 다의성, 애매성, 기타 등등에 의존한다. 이러한 꿈의 언어 특유의 성격은 오이디푸스 신화의 보편성과 대조된다. 라깡은 앞서 언급한 문장에서 신화는 '번역할 수 없는' 것이라는 말을 덧붙이고 있다. 이 말은 이상하게 들리기도 하는데, 그 이유는 동일한 신화를 거의 변동 없이 서로 다른 언어공동체들에서 찾아볼 수 있다면 그 신화에 대한 어떤 보편적인 것을 지니고 있어서 신화들은 정말로 어느 언어공동체에서 다른 언어공동체로 '번역될' 수 있기 때문이다. 그러나 라깡이 마음 속에 품고 있는 생각은 신화가 어떤 주어진 언어에 뿌리를 내리고 있지 않다는 것이다. 신화는 특별한 언어 속에 깊이 새겨져 있지도 않고 그 언어의 표현도 아니다.

라깡이 겨우 1970년에야 정신분석과 인류학 사이에 벌어진 거리를 충분히 깨닫게 되었으며, 그 가늠자로서 라깡이 레비-스트로스의 관점으로부터 떠나는 중요한 발전이 부성 은유라는 이론의 발전과 더불어 1958년에 이루어지고 있는데, 거기서 어머니의 욕망을 대신하는 부명의 치환이란 은유적인 과정이 무의식의 형성물이란 영역 내에 우리를 굳건하게 위치시켜 주고 있다. 라깡은 1970년에야 은유와 환유의 중요성을 알게 되고, 그것들이 신화들의 구성에서 놀고 있는 작용들과 어떻게 다른지 알게 된다. 우리는 라깡이 한편으로 은유와 환유 이론의 정교화와 『세미나 IV』에서 꼬마 한스에 대한 레비-스트로스의 분석, 그리고 다른 한편으로 1970년에 이루어진 레비-스트로스에 대한 비판 사이에 지연된 시간의 정도에 따라 이해하는 데 걸리는 시간의 개념을 얻을 수 있게 된다.

■ 거세와 오이디푸스 콤플렉스

꿈은 변장되고, 꿈작업은 왜곡의 작업이다. 라깡에 따르면 프로이트의 작업에서 아버지에게 주어진 자리는 그것의 기본적인 구조를 변장된 형태로 제시하면서 그 구조를 덮어버리고 감추려고 한다. 그런데도 아버지는 프로이트의 작업에서 오직 한 자리만 차지하는 것이 아니라 오이디푸스 콤플렉스의 한 버전에서 다른 버전으로 변하게 되는데,『꿈의 해석』으로부터 시작하여 『토템과 터부』와『문명과 그의 불만』을 거쳐 프로이트의 마지막 작품인『모세와 일신교』에 이르기까지 변하고 있다. 그럼에도 불구하고 그 신화의 모든 버전들은 일관성 있게 불가능한 것으로서 실재계, 즉 남녀 간의 성적인 관계라는 동일한 형태를 감추려고 한다. 프로이트에게는 아버지의 역할의 일부가 되고 오이디푸스 콤플렉스에 대한 프로이트의 설명에서 반복되는 한 가지 요소가 더 있는데, 모든 버전들에 나타나지만 원래의 오이디푸스 신화에는 부재한 것이다. 이것이 바로 거세 콤플렉스인데, 나는 이제 그쪽으로 방향을 돌리려 한다.

프로이트 이래로 정신분석에서는 거세 콤플렉스를 처리하거나 이해하는 방법을 알아내는 데에 어려움을 느껴왔고, 거세의 위협이나 두려움의 근원으로서 수많은 후보자들을 제안해 왔다. 이들 가운데 가장 인기가 높은 것은 거세의 외상이 두 성 간의 해부학적 차이의 등록에 근원을 두는 일이고, 그 뒤로 '결여'의 인식이 뒤따르며 아버지에 대한 아이의 공격성이 따라오는데, 그것은 거세의 위협이란 형태로 그(혹은 설득력이 적지만 그녀)의 주위로 되돌아오게 된다.[8] 게다가 원시종족의 아버지의 경우에는 특별히 거세를 환기시킬 만한 실재적인 이유가 없다. 어째서 최초의 아버지의 위협이 거세의 위협이 되어야 한단 말인가? 또한 오이디푸스 신화에서 프로이트의 버전이든 소포클레스의 버전이든 엄격히 말해서 거세에게 주어진 특별히 눈에 띨 만한 자리가 없다는 것이다.

거세와 신화적인 오이디푸스 장치 사이에는 고유한 연결이라는 것이 없다. 이런 사실이 가정되면 그 점을 인정한다는 것은 유익할 수 있으며, 그것들을 분리되고 명확한 것으로 취급하기 시작할 수도 있다. 이것이 바로 라깡이 『세미나 XVII』에서 착수하게 된 것이다. 따라서 한편으로 라깡은 거세 콤플렉스가 새겨져 있는 오이디푸스적인 문맥과는 상관없이 거세 콤플렉스라는 문제를 탐구하게 된다. 그것이 결국 우리가 스무 번째 세미나인 『앙코르』에서 친숙하게 된 성화의 공식으로 그를 이끌어간 접근방식의 노선이다. 다른 한편으로 우리는 프로이트가 오이디푸스 콤플렉스에 그처럼 강력하게 매달리게 된 이유를 알아볼 수 있다. 만일 우리가 프로이트를 충분하리만치 잘 따라가 본다면 프로이트는 자신의 오이디푸스 콤플렉스가 '아버지를 구하기' 위해 디자인되어 있다고 생각하는 이유를 알 수 있을 것 같다.

라깡에게서 거세는 환상이 아니고, 더욱이 거세시키는 아버지에 대한 환상이나 혹은 반대 섹스와의 어떤 가정된 조우에 관한 환상도 아니다. 이것들은 기껏해야 실재적인 작용에 대한 촉발 원인들로서 언어 그 자체에 의해 야기된다. 프로이트에게서 어린 소녀의 경우에 거세 콤플렉스는 오이디푸스 콤플렉스로 넘어가는 방아쇠 역할을 하는 반면에, 어린 소년은 거세와 조우하는 결과로서 오이디푸스 콤플렉스를 빠져나가게 된다. 라깡에게서 거세는 언어에 의해 야기되고 주인 시니피앙인 S_1에 의해 결정되는 작용이며, 거세는 시니피앙과 향락 사이의 직면으로부터 야기된다.

『정신분석의 이면』에서 라깡의 네 가지 담론들은 모사(semblant)의 형태로서의 시니피앙과 향락 사이에 있는 이런 관계의 구조를 공식화하려는 시도이다. 네 가지 모든 담론들, 특히 주인의 담론은 프로이트의 『토템과 터부』에 나오는 원시종족의 신화와 공통의 목표를 공유하고 있으며, 거기서 프로이트의 작업은 사람들을 분리시키는 것에 대한 설명과 함께 사람들을 한데 묶어주는 사회적 유대에 대해 설명해 주려는 시도인데, 그것은 종교의 기원에 대한 설명과 마찬가지이다.

프로이트에게 있어서 이 모든 것은 아버지의 살해를 기본으로 하여 구성된다. 물론 실제적인 역사적 사건으로 묘사된 아버지의 살해에 대해서는 아무런 의문점도 없는데, 비록 프로이트가 그것을 사실에 바탕을 둔 것으로 믿었더라도, 또한 이것이 그가 아마도 최대의 자랑거리로 여겼던 작업이었을지라도 아무런 의문점도 없다. 원시종족의 이야기는 정확히 신화의 자리를 차지하고 있는데, 완전히 영원불변으로 투사되고 더욱이 현재로 투사되는, 레비-스트로스의 표현처럼 "폐지된 과거를 환기시키는" 무역사적인(ahistorical) 사건을 행하는 것처럼 기술되어 있다. 만일 아버지의 살해가 역사적인 사건으로서 해내는 역할을 갖는다는 논제를 거부한다면, 만일 그것의 위상이 신화의 위상이 된다고 생각한다면, 또한 더 나아가서 만일 거세가 상징계에서 나온 언어의 실재적인 작용이라고 생각한다면 아버지의 살해가 프로이트의 작업에서 어떤 역할을 해내는지 그런 의문이 제기된다.

『세미나 XVII』에서 이런 질문을 제기하는 라깡은 자신의 대답으로서 다음과 같은 논제를 제시해 주고 있는데, 법과 환상 두 가지 **모두**를 마련해 주는 거세를 덮어 가리기 위해 아버지의 살해가 신화로서 적절한 곳에 자리잡게 된다는 논제이며, 그것은 법의 결과라는 것이다. 여기서 문제가 되는 근본적인 환상이 있는데, 즐기고 있는—또한 특히 모든 여자들을 즐기는—아버지의 환상이다. 즐기고 있는 아버지의 이런 환상은 당연히 하나의 불가능성이다. 라깡의 언급처럼 일반적으로 한 남자는 단지 한 여자만을 충족시키는 것도 굉장히 어려운 일이라는 것을 알고 있으며, 또한 그렇더라도 그는 그것을 자랑스러워해서는 안 된다. 환상은 역시 향락의 금지에 대한 설정의 소급효과로서, 라깡이 아버지의 살해라는 신화에 '불가능한 것의 언표' (*énoncé*)[9]라는 위상을 부여할 때 그것은 라깡이 말하기 어려운 언급의 의미라고 생각하기 쉽다. 즐기고 있는 아버지로서 사후적으로 만들어진 아버지는 라깡이 실재적 아버지라 부른 것이다. 이것이 『토템과 터부』에 나오는 실재적 아버지이다.

그러나 라깡은 오이디푸스 콤플렉스에 대한 모든 참조를 완전히 포기한 것은 아니다. 적어도 원시종족의 아버지에 대한 참조를 버리지 않는다. 『세미나 XVII』에서 그의 생각이 완전히 갖추어진 일격을 가해온다면 이것은 조금 놀라운 일이 될 텐데, 그의 생각은 처음엔 거세 콤플렉스와 오이디푸스 콤플렉스 사이의 연결을 제거하는 것이었지만 그 다음엔 오이디푸스 콤플렉스 그 자체의 가족 로망스를 버리는 일이었다. 라깡은 죽은 아버지로부터 거세 콤플렉스를 분리시키고 있을지라도 죽은 아버지가 신화 속에, 특히 『토템과 터부』의 신화 속에서 그 기능을 유지하고 있는데, 그것은 향락자(즉 즐기고 있는 사람)의 기능이면서 동시에 향락 금지자의 기능이 된다. 만일 거세가 주인의 형태로서 언어의 기능이라면 어째서 그는 다소 애매하게 불가능한 것의 언표라고 부르는 사람인 아버지의 이러한 흔적을, 즉 이런 잔여의 아버지를 유지하고 있을까?

주느비에브 모렐은 다음과 같은 추리를 암시해 왔다.[10] 만일 거세가 말하면서 즐기는 그 어떤 주체에게도 작용하게 되는 언어의 보편적인 기능이라고 가정한다면, 이런 기능이 간혹은 작동하다가도 간혹은 작동하지 않고 간혹은 다른 것들보다 더 잘 작동한다는 사실을 우리는 설명할 길이 없다. 나는 마음 속에 정신분석의 임상을 품고 있는데, 거기에는 한편으로 정신병에서 남근적인 의미의 폐제에 대한 발견이 포함되어 있고, 정신병 환자가 즐기는 방식에 대해 이것이 지니는 의미가 포함되어 있으며, 다른 한편으로 신경증적인 성화와 정신병리의 가능한 모든 변화들이 포함되어 있다. 그런데 만일 거세가 자동적이고 단순한 언어의 사실이라면 어째서 그 효과는 모든 경우에 동일한 것이 아닐까? 거기엔 언어의 자동적인 작용과 함께 개인적인 요인들, 즉 우연한 요소들이 끼어 있음에 틀림없다. 『정신분석의 네 가지 기본 개념』에서 보이는 튀케(ty-che)와 오토마톤(automation)에 대한 논의처럼 다른 문맥에서 본다면, 라깡은 우연적인 것을 위한 자리가 있다는 것이 얼마나 중요한지에 대해서도 잘 알고 있으며, 그와 동시에 정신분석에서 내재설의 한 형태로 기울어지는 경향에 대해서도 잘 알고 있다. 라깡이 실재적 아버지라 부르는 것은 거세와 조우하는 우연성을 설명하는 데에 꼭 필요한 행위자로서 환기되고 있다. 즉 실재적 아버지는 보편적인 작용의 우연한 행위자인데, 그것이 모든 경우에 통하는 동일성이 존재하지 않는 이유, 즉 언어의 보편성에 우연성이 존재하는 이유를 설명해 준다.

라깡은 더욱이 그 어떤 주체도 이런 실재적 아버지를 알 수 없다고 주장한다. 실재적 아버지가 각각의 주체에게 특수할지라도 주체는 그에게 접근하지 못한다. 거세의 보편적인 작용 속으로 들어가지는 못하지만 주체에게 알려지지 않은 작용자로 남아 있게 될 어떤 것이 있다는 것이다.

라깡은 이런 실재적 아버지를 주인-행위자와 향락의 수호자라고 부른다.[11] 그는 『텔레비전』에서 말하기를, 분석하기가 불가능할지라도 실재적 아버지를 상상하는 일은 능히 가능하다는 것이다.[12] 또한 주체가 분석에서 접근하게 되는 것은 그의 수많은 표상들에 나오는 상상적 아버지의 형상들이다. 즉 거세시키는 아버지와 전제군주적인 아버지, 허약한 아버지, 부재하는 아버지, 결여하는 아버지, 너무나 강력한 아버지 등등이다.

▪ 아버지 구하기

나는 앞서 이 세미나에서 탐구하게 될 두 번째 문제가 있다고 말했는데, 그것은 프로이트가 왜 오이디푸스 콤플렉스 그 자체에 그처럼 집요하게 매달리는지 그 이유에 대한 것이었다. 이제 그것은 '아버지를 구하고' 싶어하는 프로이트와 관련되기 마련이라고 라깡이 주장하는 이유를 탐구해 볼 필요가 있다.

주목할 만한 첫 번째 것은 프로이트에게서 아버지 신화의 두 가지 형태들—즉 오이디푸스 콤플렉스와 원시종족의 신화—사이에 중요하면서도 종잡을 수 없는 어떤 차이점들이 있다는 것인데, 그 중에서 가장 뚜렷한 것은 욕망과 법 사이에서 관계의 반전이다. 오이디푸스 콤플렉스는 욕망과 향락이 법에 의해 규제되는 방법에 대한 설명으로 표현되어 있다. '소포클레스에게서 빌려온' 오이디푸스 신화와 원시종족의 신화 둘 모두는 아버지의 살해와 관련되지만 이런 살해의 결과는 두 경우에 정반대가 되고, 그렇게 된 이유는 각각의 경우에서 법이 차지하게 된 장소가 다르기 때문이다. 둘 모두 라깡이 이전부터 부명이라 불러왔던 것을 다루는데, 시니피앙으로서 그것은 향락과 법에 의한 그것의 규제와 밀접하게 묶여져 있지만 충분하리만큼 이상하게 각각의 경우에 전개되는 법과 향락 사이의 관계가 뒤집힌 채로 끝나고 있다. 프로이트의 오이디푸스 신화에서 법은 처음부터 그곳에 있다. 그것은 냉혹한 법이라서 그 위반이 자신도 모르는 사이에 혹은 무의식적으로 저질러졌을 때일지라도 처벌을 요구하며, 그것은 주체에게 무의식적인 죄책감으로 존재한다. 법은 향락을 선행하고 그에 따라 향락은 위반의 형태를 취한다. 그 관계는 『토템과 터부』에서 이것의 반대가 되는데, 거기서 최초에 존재하는 것은 향락이고 법은 그 뒤를 따라오게 된다.

오이디푸스의 두 가지 형태들 사이의 대조 때문에 라깡은 '하나의 분열'(une schize), 『토템과 터부』로부터 오이디푸스의 신화를 분리시키는 분열이 있다고 말하며,[13] 두 가지 버전들에 대한 동기의 문제를 제기하고 있다. 프로이트는 어째서 처음에 오이디푸스 콤플렉스를 소개하고 그 다음에 뒤이어 향락과의 관계가 전혀 다른 원시종족의 아버지를 강조하는가? 한 가지 암시는 우리가 그것들을 각각 히스테리와 강박신경증의 임상경험에 대한 반응으로 봐야 한다는 것이다. 이런 견해에서 보면 오이디푸스 콤플렉스는 프로이트가 히스테리의 임상에 대한 반응으로 만들어낸 신화가 될 것이고, 『토템과 터부』에 나오는 원시종족의 아버지 신화는 강박신경증의 임상에 대한 그의 반응이라는 것이다. 대충 말해서 이것이 『세미나 XVII』에 나오는 라깡의 견해라고 생각한다.

『세미나 XVII』에서 볼 수 있는 라깡의 논제는 오이디푸스 콤플렉스가 히스테리와의 조우에 대한 반응으로 프로이트에 의해 만들어졌다는 것이다. 그것은 오이디푸스 콤플렉스가 히스테리 환자에 의해 만들어지고 소개된 것이 아니라는 것이다. 오이디푸스 콤플렉스는 히스테리에 대한 프로이트의 반응이고, 더욱이 아버지의 위치를 보호하기 위해 디자인된 반응이다. 이에 대해 도라의 사례를 참조해 가며 설명해 보려고 한다.

애초부터 라깡은 도라에 대하여 논의할 때마다 프로이트의 치료에 대해 항상 비판적이었다. 그는 프로이트가 도라의 욕망의 대상이 여자인 K부인이라는 사실을 놓쳤다고 비판했지만, 반면에 프로이트는 그녀의 실재적인 대상이 남자인 K씨였던 것처럼 그 사례를 사정없이 몰아갔던 것이다. 프로이트의 관점에서 볼 때 도라의 문제는 히스테리 환자로서의 그녀가 이 남자에 대한 자신의 욕망을 알아차릴 수가 없었다는 것이고, 반면에 만일 그녀가 이것을 진실로 인식하게만 된다면 모든 것이 성공적으로 해결될 훌륭한 기회를 맞이하게 되었으리라는 것이다. 분석과정 전체를 통하여 프로이트는 이 사실을 고집스럽게 반복해서 강조하고 있다. 즉 당신이 욕망하는 사람은 K씨라는 것을 당신은 인정하지 않으려고 한다. 그러나 프로이트가 수년 뒤에 깨닫게 되었던 것처럼 도라의 대상이 이성(異性)적인 사람이라는 것을 가정하면서 도라의 욕망의 대상이 여자인 K부인이라는 중대한 사실을 놓쳐버렸던 것이다.

공교롭게도 히스테리와 직면한 프로이트의 혼동은 거기서 끝나지 않았는데, 그가 역시 파악하지 못했던 것은 히스테리에서 욕망구조의 장소와 중요성이었고, 특히 충족되지 못한 욕망에 대한 욕망에 의해 그 안에서 떠맡고 있던 역할이었다. 프로이트가 이것을 깨닫지 못했다는 것은 히스테리의 치료에서 히스테리의 욕망의 대상으로서 어떤 특별한 대상이나 다른 대상을 변함없이 찾으려고 했다는 것을 의미했다. 프로이트에게서 이런 대상이 전형적으로 남자라는 것은 사실이고, 따라서 프로이트가 히스테리 환자에게서 여성의 중요성을 놓쳐버린 것도 사실이다. 내가 관철시키고 있는 주장은 조금 다른 것인데, 히스테리의 욕망이 충족되지 않는 욕망이라는 것을 인식하지 못함으로써 히스테리 환자의 욕망의 대상에 대한 그의 탐구는 항상 환자에 의해 강요되는 어떤 것과 이런저런 방식으로 거부되거나 저항되는 어떤 것을 생각해내는 것으로 항상 끝나버린다. 또한 이것은 도라라는 사례에서 굽이마다 명백해진다.

우리는 결여가 여성의 성에서 해내고 있는 중대하고도 본질적인 역할에 대한 첫 번째 실재적인 통찰을 프로이트 덕분이라고 생각한다. 그러나 이것으로부터 나온 그의 결론은 한 여자가 남근을 받아들임으로써, 또한 더욱이 아버지에게서 그것을 받음으로써 그녀가 이러한 결여를 채울 때까지는 결코 충분히 만족될 수 없다는 것이다. 여성의 결여에 대한 프로이트의 해결책은 모성이었고, 또한 이 해결책은 히스테리에 대한 그의 치료에서 계속 강조되고 있다. 히스테리 환자가 아버지에게서 남근을 받아내려는 이런 욕망을 갖고 있을 때까지는 적절히 '치유되지' 않을 것이라고 그는 생각한다. 차라리 프로이트는 그녀가 참으로 이런 욕망을 갖게 되는 것은 그것을 인정할 때라는 생각에 아무런 의심도 없기 때문이다. 이렇게 된 이유는 우리가 도라로 하여금 아버지의 대리가 되는 K씨에 대한 그녀의 욕망을 인정하도록 만들려는 노력을 냉혹하게 추구하는 프로이트의 모습을 보고 있기 때문이고, 결국 이것이 조기에 갑자기 치료를 종결하게 만드는 지점에까지 이르게 한다. 이것만은 분명하고 프로이트의 사례 이야기에서 드러날 수 있다.[14]

그렇다면 이러한 아버지에 대한 도라의 태도는 어떠한가? 라깡은 도라의 아버지가 해내는 역할의 중요성을 강조하고 있다. 그녀에게 그의 성불능증은 여자를 마주대할 때 거세의 의미를 갖게 된다. 이제 라깡은 이러한 사실이 그녀의 아버지를 이런 식으로 결함 있는 사람으로 봄으로써 아버지의 상징적이고 이상적인 어떤 기능에서 그를 낮춰 평가하는 것을 보여준다고 생각한다. 아버지는 자신이 누구이거나 무엇인지를 보여주기도 하고 또한 직함을 갖거나 재직하는 어떤 사람이 된다. 그의 표현처럼 그는 이전의 생식자(*ancien géniteur*)가 되는데, 불어로는 재향군인(*ancien combatant*)이라 부르는 것과 약간 비슷한 칭호이며, 호주에서는 퇴역군인이나 귀환병이라 부른다. 그는 이전의 생식자(*ancien géniteur*)라는 직함을 갖는다. 또한 그가 '전력을 상실할' 때일지라도 여성과 관련하여 이런 위치를 유지하고 있다. 불어로는 이용될 수 없는 영어의 자원을 이용하여 우리는 아버지에 대한 이러한 강조를 설명할 수 있다. 즉 "아버지는 아버지가 된다"(The father fathers)는 중복어법에 의지하여 그는 자식을 보든가 생겨나도록 하는 사람이 된다. 또한 사실상 '아버지가 된다'를 의미할 새로운 불어 동사인 *perrier*를 암시해 줄 수도 있다. 이것은 이미 존재해 있는 어떤 단어를 재순환시킬 뿐만 아니라 다른 이점도 갖게 될 것이다. "아버지는 아버지가 된다"는 말은 *Le père perrie*로 나타날 것이다.[15] 어쨌든 라깡은 이처럼 아버지가 되는 아버지, 즉 자식을 보거나 생겨나게 하는 아버지를 '이상화된 아버지'라고 부르며 히스테리 환자가 아버지와 맺고 있는 관계의 핵심에 위치한다.

한편으로는 이상화된 아버지라는 인물이 있고, 다른 한편으로는 충족되지 못한 욕망에 대한 히스테리 환자의 욕망이 있다. 정신분석에 오이디푸스 신화의 소개는 히스테리 환자의 욕망을 아버지의 방향으로 인도함으로써 히스테리 환자의 욕망이란 문제를 간단하게 만든다. 라깡은 이런 의미에서 오이디푸스 콤플렉스가 이상화된 아버지라는 인물에게 정합성을 부여한다고 말하며 임상적 배경에서 부여하게 된다고 말한다.

라깡의 결론은 오이디푸스 신화의 소개가 "히스테리 환자의 불만족에 의해 프로이트에게 명령되었고", 또한 그가 '그녀의 연극'이라 부른 것에 의해서도 명령되었다는 것이다.[16] 그러한 역동이 아버지와 그의 죽음을 맴돌고 있는 그 신화에서 끌어내온 오이디푸스 콤플렉스는 이상화된 아버지라는 인물에 단지 정합성을 부여해 줄 뿐이다. 그 콤플렉스는 의심 없이 설명적 가치를 지니고 있지만, 이것은 단지 진실이 된다고 주장할 수 있는 지식을 만들어내고 싶은 히스테리 환자의 소망을 배가시켜 줄 뿐이다. 히스테리 환자에게 부명은 주인 시니피앙인 S_1의 자리를 채워주게 되는데, 거기서 그것은 그것(주인 시니피앙^{역주})을 결정해 주는 이 담론에 대한 봉쇄 지점으로 작용한다.

나는 앞에서 강박신경증과 원시종족의 신화 사이에 어떤 연결이 있다고 암시했다. 우리는 『토템과 터부』가 '신경증적인 산물'이 된다는 라깡의 논평으로 시작할 수 있다. 이 말은 그 작품이 프로이트의 신경증의 산물이라는 것을 의미하고, 또한 프로이트에게서 '분석될 수 없는 어떤 것'이 다시금 강박신경증과의 조우에서 갑자기 나타난다는 것도 의미한다. 만일 이것이 그렇다면 『토템과 터부』는 이런 조우로부터 나온 것이다. 즉 오이디푸스 콤플렉스가 히스테리와 조우했던 산물이듯이 그것은 강박신경증의 임상에 대한 프로이트의 반응이다. 또한 오이디푸스 콤플렉스에서처럼 그것은 해석될 필요가 있다.

나는 원시종족의 신화와 오이디푸스 콤플렉스 사이의 의미 있는 차이점으로 되돌아가 보려고 한다. 앞에서 그 윤곽을 그려봤던 첫 번째 차이점은 『토템과 터부』에서 법과 향락 사이의 관계가 오이디푸스 콤플렉스에 비해서 반대로 되어 있다는 것이다. 왜냐하면 여기서 모든 여성들을 즐기는 최초의 아버지의 향락이 그의 아들들의 손에 의한 그의 살해와 법의 설정을 **선행하기** 때문이다. 그의 향락은 어떤 의미로는 법의 설정에 대한 조건이 된다. 다른 한편, 오이디푸스 콤플렉스에서는 법이 위반을 선행한다.

오이디푸스 콤플렉스와 최초의 아버지와의 사이에서 첫째 것과 관련되어 있지만 서로 다른 두 번째 차이점에 주목해 보자. 당연히 오이디푸스 콤플렉스의 아버지는 자신의 아이들에게 전해지는 법에 스스로 복종하지만 최초의 아버지라는 인물에게서 우리는 바로 이 법의 예외를 보게 된다. 원시종족의 아버지는 '엄격한 아버지' (*père sévère*) ($\exists x \Phi x$)가 되는데, 그는 자기중심적이고, 질투심이 많으며, 성적인 대식가이고, 즐기고 있는 아버지로서 그에게 초월적인 질서의 법에 대한 그 어떤 복종에 의해서도 제한되지 않는다. 더욱이 그의 죽음은 아들들에게 해방이 되지 못한다. 왜냐하면 금지시키는 그의 힘이 그의 실종으로 증가될 뿐이기 때문이다. 그의 죽음을 통하여 아들들은 그에 대한 아들들의 동일시의 형태로 되돌아오는 금지의 법에 훨씬 더 강력하게 구속된다.

오이디푸스 콤플렉스로부터 『토템과 터부』와 그 뒤의 『모세와 일신교』에 나오는 아버지의 신화에 이르기까지 괄목할 만한 발전에 주목해 보자. 이것이 세 번째 관점이다. 처음부터 아버지의 기능은 분명히 어머니라는 인물의 전능함을 진정시키고 규제하며 승화시키는 것인데, 프로이트는 그것을 '여성적인 성의 애매한 권능'이라고 불렀다. 그러나 마지막에 가서 아버지는 자신의 기능이 맨 먼저 분리된다고 생각되었던 전능함의 권능과 애매성, 그리고 잔인성을 스스로 떠맡게 되었다.

라깡이 네 가지 담론을 소개하는 것은 오이디푸스 콤플렉스에 대한 이러한 비판의 문맥 가운데에서 이루어진다. 또한 네 가지 담론의 중심에는 주인의 담론 혹은 더욱 특별히 주인 그 자체의 개념이 있다. 네 가지 담론에 대한 관심은 라깡이 오이디푸스 콤플렉스―그는 그것을 프로이트의 꿈이라 부른다―와 원시종족의 신화를 배제하길 원한다는 것이고, 담론에 대한 참조로서 그것들을 대체하고 싶어한다는 것이다. 라깡은 말하기를, "한 아버지는 주인과 가장 먼 관계를 맺고 있을 뿐이다"는 것이다. 또한 그는 계속해서 "사실상 프로이트가 유지하는 것은, 고의적인 것이 아니라면, 정확히 그가 종교에서 가장 본질적인 존재, 즉 만인을 사랑하는 아버지의 관념으로서 가리키고 있는 것이다"라고 말한다.[17]

프로이트의 『토템과 터부』에 관하여 꼭 언급되어야 할 또 한 가지 고려사항이 있다. 이 문장에서 아버지의 위치를 획득하려는 이상적인 것과 관련하여 아버지에 대한 아들의 동일시를 참조함으로써 다음과 같은 것을 암시해 준다. 즉 이런 신화 속에서 근친상간의 터부가 어떻게 생겨나는지 그 질문에 대한 답은 아버지와의 동일시에 의해 찾아져야 하는 것이지, 대등한 사람들 간의 사회계약에 대한 애매한 사회학적 이론에 의해 찾아져야 하는 것은 아니다. 원시종족의 신화에서 프로이트는 금지의 설정에서 중요한 역할을 최초의 아버지에 대한 아들의 사랑에 두고 있다 : "[최초의 아버지는] 금욕을 [아들들에게] 강요하고 **그에 따라 그**

와 또 서로 간에 감정적 유대를 강요했는데, 그것은 그들의 성적인 목표에서 금지되었던 충동을 가진 사람들에게서 야기될 수 있다."[18] 이제 포기된 대상과의 동일시가 있어야 하는데, 반면에 좌절의 실제적인 매개물은 스스로에 대한 주체의 증오와 공격성을 끌어내게 된다. 그러나 여기서 '강요된 금욕'은 행위자와의 감정적 유대를 만들어내는데, 그 방식은 그 이론에서 우리가 기대하게 되는 것과 정반대를 이룬다.

내가 다른 곳에서 논의했던 동일시에 관한 프로이트의 견해에는 틈새가 벌어져 있다. 즉 그것은 그가 역시 주체에게서 에로틱한 충족을 빼앗아 버리는 행위자가 되는 바로 그 순간에 아버지와의 동일시에 관련되는 틈새이다. 오이디푸스 콤플렉스에서 이것의 중요성은 분명해져야 한다. 라깡은 다음과 같이 말하고 있다.

> 사랑은 … 아버지가 거세의 매개자가 되는 덕분에 아버지와 관련된다. 이것이 바로 프로이트가 『토템과 터부』에서 제안하고 있는 것이다. 아들들이 여자들을 빼앗기는 한에 있어서 그들은 아버지를 사랑하게 되는데, 프로이트 같은 사람의 통찰에 의해 시인되는 놀랄 만한 의견이다.[19]

이것은 우리를 원시종족의 신화와 강박신경증 간의 관계로 되돌아가게 해주는데, 그 이유는 만일 그것이 강박신경증과의 조우의 산물이라면 만인을 사랑하는 아버지라는 개념도 역시 그렇기 때문이다. 그런데도 이러한 아버지 사랑은 강박증 환자의 주인, 즉 그의 애증화(hainamoration)의 대상을 형성하기 위해 즐기고 있는 아버지와 결합하고 있다.

원시종족의 아버지의 살해가 아들들에게 가져오는 결과는 아들들이 기대했던 것—주로 무제한적인 향락에의 접근—이 아닌데, 그 까닭은 비워진 위치의 전능함을 아무도 차지하지 못하기 때문이다. 살해 이전의 금지들이 그 이후로도 그처럼 강력하게 지속되는 이유는 아들들이 전반적이고 상호적인 파멸이 일어나지 않도록 그들 사이에서 그것들에 동의하기 때문이다. 프로이트는 『모세와 일신교』에서 이렇게 쓰고 있다. "각각의 개인들은 그들 스스로 아버지의 위치를 획득하고 어머니와 자매들을 소유하게 되는 자신의 이상을 포기했다. 따라서 **근친상간에 대한 터부와 족외혼에 대한 명령**이 일어나게 되었다."[20]

라깡의 결론은 오이디푸스 콤플렉스가 임상장면에서는 '정확하게 사용될 수 없'으며, 따라서 은연중에 모든 히스테리에 대해서도 사용될 수 없다는 것이다. 또한 그는 다음과 같이 덧붙인다. "이것이 더욱 빠르게 더 분명해지지 못했다는 것은 이상한 일이다."[21] 이것은 만일 라깡이 수년 동안에 걸쳐 오랫동안 그리고 상세하게 오이디푸스 콤플렉스를 다뤄왔다면 우선 첫째로 그 자신에게로 향했을 가능성이 가장 크다는 의견이다. 오이디푸스 콤플렉스의 자리를 대신하는 것은 이 세미나에서 전개되는 새로운 참조 지점들이 된다. 지식이라는 S_2의 새로운 개념, 그것과 진실 사이의 분리, 그리고 중요하게는 주인의 개념인데, 주인은 아버지의 개념에 대해 '오직 가장 먼 관계'를 맺을 뿐이다. 이런 발전으로 인하여 오이디푸스 콤플렉스는 진실이라고 주장되는 지식의 역할을 해낼 수 있는데, 다시 말해서 분석가의 담론이란 도형에서 지식은 진실의 위치에 놓여 있다.

$$\frac{a}{S_2} \rightarrow \frac{\$}{S_1}$$
분석가의 담론

오이디푸스 콤플렉스는 히스테리 환자의 욕망을 규제하지 못한다. 오히려 히스테리의 담론은 그것을 결정해 주는 담론의 결과, 즉 산물—진실임을 주장하는 지식의 형태로서—이며, 라깡은 다음과 같은 방식으로 쓰고 있다.

$$\frac{\$}{a} \rightarrow \frac{S_1}{S_2}$$
히스테리의 담론

히스테리 환자는 그(녀)의 증상들($\$$)에 의해 분할되어 있는 주체로서 나타낸다. 그(녀)는 지식(S_2)을 만들어내고 타자(S_1)에게서 주인 시니피앙을 요구해낸다.

> 그녀는 자신의 지식을 포기하지 못한다. 그녀는 … 주인의 기능을 드러내는데, 그녀는 그 기능과 결합되어 있고 … [또한] 그녀는 그의 욕망의 대상으로서 그녀의 능력 속에서 그것을 회피하게 된다. 이것이 … 이상화된 아버지의 … 기능이다.[22]

그녀는 타자가 주인이 되기를 바라고 그가 많은 것들을 알고 있길 바라지만, 그래도 역시 그녀가 그의 모든 지식 가운데 최고의 가치라는 것을 믿지 않을 만큼 그가 충분히 알고 있는 것은 아니다. 달리 말해서 라깡의 표현처럼 그녀는 그녀가 지배할 수 있는 주인을 원한다. 즉 그녀가 지배하길 바라고 또한 그가 다스리지 않기를 바라고 있다.

Chapter 4

전이에서의 시니피앙과 대상

라깡의 정신분석에서 흔히 자크-알랭 밀레에 의해 환기되는 시니피앙과 대상의 이원론은 전이에서 두드러지게 나타난다.

프로이트는 전이를 다양하게 기술하여 암시, 반복, 저항, 사랑, 그리고 이 모두의 조합이 된다는 것이다. 그는 아주 초기부터 '전이'라 부르기를 더 좋아하여 암시라는 용어를 거부했다. 그 이유는 두 가지였다. 첫째, 최면술의 이면에 작용하는 힘이 무엇이 됐든 프로이트는 정신분석에서 작용하는 힘과 구분하고 싶어했다. 둘째 이유가 더 중요한데, 정신분석뿐만 아니라 최면술까지도 포함하여 영향력의 모든 현상들에 대한 설명으로서 마음에 드는 포괄적인 단어인 '암시'가 너무나 애매한 용어이고 실제로 설명할 수 있는 능력을 발휘하지 못하기 때문이다. 바로 이것

이 아돌프 그륀바움에 대한 데이비드 색스의 반응으로 형성된 관점이었다.[1]

전이(*Übertragung*)라는 용어는 『꿈의 해석』에 처음 나타나지만 어떤 이유에서인지 그것은 '전사'(transcript)로 번역되어 있다. 프로이트는 꿈이 어떻게 그날의 잔재로부터 구성되는지 기술하고 있는데, 낮의 잔재란 꿈 그 자체가 나오기 바로 전날에 남겨진 무의미하고 사소한 기억들을 가리킨다. 꿈은 이런 기억들로부터 원래의 의미를 빼앗아 버리고 그 기억들에 새로운 의미를 재투자한다. 의미의 이러한 '전이'는 무의식적인 욕망들에 따라 작동되고, 따라서 그것들을 다른 순결한 표상들로 위장시키게 된다. 욕망들은 평범함 덕분에 수용될 수 있는 표상들의 매체를 통하여 스스로를 표현하게 된다. 다시 말해 그것들은 어떤 형태들을 취하게 되는데, 그 형태들 자체로는 가치가 별로 없으며, 최초의 의미로부터 떨어져 나와 꿈속에서 기능하게 된다. 이러한 꿈의 요소들은 그 자체로는 별로 가치가 없고 최초의 의미로부터 분리되어 꿈속에서 기능하고 있지만 시니피앙으로 가장 잘 나타난다.

따라서 프로이트에게 전이의 첫 번째 모습은 다음과 같은 무의식의 형성물들의 일반적인 과정과 밀접한 관계를 맺게 된다. 꿈, 실언, 실서, 이름의 망각, 실수한 행동들, 그리고 증상들이다.

프로이트는 훗날 '전이'에 더욱 좁은 의미를 부여하게 되어 오로지 분석담론 내에서만 일어나는 현상에 적용시켰는데, 거기서 욕망은 매우 특수한 것, 즉 분석가라는 사람에게 부착된다. 그러나 초기 사용과의 관계는 단지 구어적인 것만은 아니다. 왜냐하면 욕망이 사람에게보다는 분석가의 시니피앙에게 더욱 강하게 부착되기 때문이다. 분석가의 시니피앙은 분석담론 내에서의 장소나 위치가 된다. 그 자리는 인간으로서의 분석가에 의해 점유되어 있지만 분석가는 이런 위치와 동일시되어서도 안 될 뿐만 아니라, 우리가 앞으로 보게 되겠지만 스스로를 이런 위치와 동일시해서도 안 된다.

　살아 있는 한 사람으로서의 분석가와 하나의 시니피앙으로서의 분석가를 구분해내는 데에는 또 다른 이유가 있다. 그것은 전이관계 내에서의 장소 때문이다. 그것은 전이가 일어나는 준(準)자동적인 방식과 관련된다. 만일 프로이트가 말하는 것처럼 전이가 사랑하는 사이라는 모든 보증서를 지니고 있다면, 사랑에 빠지는 일에 그런 특별한 조건들이 요구될 때 어째서 전이가 얼마간 자동적으로 일어나는지 우리는 그 이유를 물어볼 필요가 있다. 라깡은 기교에 관한 프로이트의 논문에 대한 자신의 첫 번째 세미나에서 이런 식으로 말하고 있다.

> 전이가 사랑으로 변할 때 신경증 환자들이 그처럼 속박되어 있다면 어떻게 신경증 환자들에게서 전이는 그처럼 쉽게 만들어질 수 있을까? 전이의 생성에는 진정으로 자동적이라는 매우 보편적인 특성이 있게 되지만 그와는 대조적으로 사랑의 요구들은 누구나 알다시피 매우 특수한 것들이다.[2]

따라서 전이는 시니피앙으로서의 분석가가 피분석자의 욕망의 대상이 되는 지점이다. 여기에는 두 가지 관찰들이 요구된다.

　자크-알랭 밀레에게서 취해온 첫 번째 것은 무의식에게 있어 분석가는 외부적인 것이 아니라 내부적인 것이라는 관점이다.[3] 이것은 우리가 어쨌든 쉽게 관찰할 수 있는 많은 현상들을 설명하는 데 있어서 최종적으로 호소할 필요가 있는 관찰이다. 그것은 피분석자가 흔히 분석가를 위한 꿈을 꾼다는 사실을 설명해 줄 뿐만 아니라, 프로이트가 관찰했던 것처럼 "증상들이 대화에 가담한다"는 사실도 설명해 준다. 분석가가 무의식에 연루된다는 것은 전이의 바깥쪽에는 유리한 지점이 없다는 것을 의미하는데, 전이 덕분에 분석가에게 다가갈 수 있고 전이로부터 분석가는 피분석자를 관찰할 수 있다. 다시 말해 분석가는 피분석자만큼 논의되고 있다. 이런 것들의 대부분에서처럼 프로이트는 자신의 사례연구들에서 이를 가장 극명하게 설명해 주고 있는데, 우리는 『꿈의 해석』에서만큼 사례연구에서도 프로이트에 관하여 많은 것을 배우게 된다.

전이에 대한 이런 관찰들이 암시해 주는 바는 분석가가 주체의 '내부세계'에서 한 자리를 차지하게 되더라는 것이다. 대부분의 또한 거의 모든 정신분석 이론들이 이 점을 인정하고 있다. 왜냐하면 전이가 분석의 추진력이라는 것을 인정함으로써 분석가의 위치가 무의식의 형성물이라는 것을 암암리에 인정하게 되기 때문이다. 이 차이점들은 분석가가 차지하게 되거나 차지해야 되는 이와 같은 장소가 무엇인지에 관한 것이기 쉽다.

두 번째 관점은 프로이트가 무의식의 형성물들을 해독할 수 있고 간혹 이런 해독에 의해 증상들이 제거될 수 있다는 것을 발견하게 되었다는 점이다. 그러나 전이는 놀라움으로 찾아왔고, 그에 따라 마음이 편치 않은 것이었다. 프로이트는 분석가가 피분석자에게 특별한 관심을 갖게 되고 그의 생각을 차지하며 그의 사랑의 대상까지 된다는 것을 발견하리라고는 기대하지 않았다. 초창기에는 정신분석적인 방법이 응용된 해석학으로 간주될 수 있었는데, 그 까닭은 증상들이 숨겨진 의미를 갖고 있는 것으로 보여서 주체에게 그 의미를 해석해 주고 전달해 주었을 때 증상이 사라지게 만들어 주었기 때문이다. 이때가 진정으로 정신분석의 황금기라서 어느 날 오후 프로이트 교수와 함께 라이덴 거리를 한가로이 산책하기만 해도 발기부전을 치유할 수 있게 되고, 그 사람이 작곡가라면 자신의 작품 가운데 가장 고상한 악절이 어떤 평범한 민요의 침투로 망쳐버리게 되는 이유를 이해하게 되었을 것이다.[4]

우리가 아는 바와 같이 세월은 빨리 지나가서 프로이트는 저항의 분석, 혹은 피분석자가 자신의 증상들의 숨겨진 의미를 인정하지 않으려는 거부의 분석으로 향해갔다. 피분석자가 증상들의 의미뿐만 아니라 간혹은 그 존재까지도 인정하게끔 이끌어갈 때 겪게 되는 이런 어려움 때문에 증상들이 제거되기 전에 어떤 힘을 극복해야 한다는 믿음이 생겨났다. 그것은 마치 무의식 그 자체가 분석에의 접근을 쉽지 않도록 만드는 것처럼 보이는데, 무의식 그 자체의 성질이 진화되는 결과로서 프로이트가 소개했던 기교의 다양한 수정들이 꼭 필요해지는 지점에 이르게 되었다.

초창기의 『히스테리 연구』에 기술된 수많은 증상들 중에는 오늘날에 봐서 매력을 풍기는 순결한 것들이 존재하고 증상들에 대한 프로이트의 해석에는 천진난만함이 있어 보인다. 예를 들어 히스테리 환자의 숨가쁨은 사랑을 나누는 부부의 고조된 흥분을 엿듣는 일과 연관된 증상으로 해석된다. 전이라는 것이 피분석자로 하여금 자신의 텍스트를 해독하는 일에 기꺼이 참여하는 협력자로 만들기는커녕 실제로는 저항의 한 형태가 되기 때문이라는 프로이트의 발견에 뒤이어 프로이트 이후의 수많은 분석가들은 분석을 대인관계로 간주하는 결론을 내리게 되었는데, 그것은 단지 언어에 의해 우연히 중재되는 상호 주체성이라는 것이다. 이것이 바로 기본적인 관점으로서 저항이나 감정이입의 발전 혹은 역전이의 분석을 목표로 삼는 기교들이 공유하고 있는 것이다. 라깡은 흔히 정반대의 견해를 주장하는 것으로 간주되는데, 다시 말해서 언어가 분석에서 가장 중요하다는 견해이다. 라깡이 정신분석에서 시니피앙의 기능을 증진시키는 것으로 읽혀왔던 이유를 알 수 있는데, 그것은 최소한 라깡 자신이 오랫동안 바로 이 측면을 강조해 왔기 때문이다. 그러나 라깡은 그와 똑같이 대상도 힘주어 강조하고 있는데, 특히 자신의 후기 작업에서 더욱 그렇다. 또한 우리는 시니피앙과 대상 둘 모두에 대해서 논의해 볼 필요성을 느낀다.

무의식의 특성의 진화 때문에 프로이트가 기교의 수정을 소개했던 초기의 시점으로 되돌아가 보면 무의식과 증상들 모두 역사를 지닌다고 주장할 수 있다. 무의식이 본능의 저장소라는 주장을 따르기는 어렵지만 그것이 특성상 본질적으로 언어적인 것이라고 이해하는 일은 매우 간단하다.

더구나 본질적으로 무의식이 그저 언어처럼 구조화되어 있지 않은 담론이라고 주장할 수 있으며, 또한 이런 담론이 지닌 특성상의 변화와 함께 해석 그 자체의 성격도 역시 강제적으로 수정되어 왔다고 주장할 수 있다.

이제 증상들이 역사적인 변화를 겪을 뿐만 아니라 피분석자가 분석으로 들어올 때 그의 증상들도 새로운 의미를 취하게 될 것이다. 프로이트는 이런 현상을 전이의미(*Übertragungsbedeutung*)라는 이름 하에 관찰했다. 그러나 만일 증상들이 분석에서 새로운 의미를 갖게 되는 것이 사실이라면, 증상들은 고정되거나 얼어붙는 것이 아니라 증상들을 말로 건네게 되는 사람에 따라서 변하게 된다. 라깡은 증상들이 대타자에게 건네진다고 말함으로써 이것을 표현해 왔다. 대타자는 사람이라기보다는 오히려 담론의 구조에 의해 요구된 자리 혹은 '장소'가 된다.[5]

우리는 이제 다음과 같이 말함으로써 분석에서의 분석가의 위치를 지시해 보일 수 있다. 그는 대타의 자리, 즉 메시지가 전해지는 자리에 위치하게 되고, 따라서 그는 그것(메시지^{역주})의 수취인이 된다. 라깡은 「정신분석과 그에 관한 강의」에서 다음과 같이 말하고 있다. "오로지 대타의 자리 때문에 분석가는 전이의 서임(敍任)을 받을 수 있는데, 그가 주체의 무의식 속에서 자신에게 합당한 역할 수행의 자격을 부여받게 된다."[6]

프로이트는 대타의 장소가 역시 피분석자에게서 사랑—실제적인 사랑—을 불러일으킬 수 있으며, 이런 사랑의 에로틱한 요소는 흔히 명백해 보였다. 「전이 사랑에 대한 관찰」에서 분석가의 의무에 대하여 그런 맥락(대타의 장소가 피분석자에게서 사랑을 불러일으킬 수 있다는^{역주})으로 말한 그의 언급은 주목할 만한 가치가 있다. 전문가적인 윤리로는 분석가가 그런 상황에서 어떤 종류의 관계로 진입하는 것을 그만두게 된다. 그러나 그는 더욱 근본적으로 말하기를, 관계형성은 분석치료의 의도에 반하게 되리라는 것이다. 그 이유는 전이가 주로 어릴 때 형성된 무의식적 욕망들의 반복이 되기 때문이다. 다시 말해 전이에서 이러한 욕망들은 분석가에게로 옮겨져서 그를 대상으로 만들어놓는다. 이것이 바로 그 여자가 프로이트와 사랑에 빠지게 되었던 방식이다. 그러나 분석의 목표는 피분석자가 무의식적인 욕망들을 상기함으로써 그런 욕망들을 그 주체가 선택할 수 있는 사물들의 범위 내로 가져오게 한다는 것이다. 그러나 상기의 목표는 분석가가 반복이 실제로 일어나는 것을 허용하지 않고서 거부하는 곳에서만 성취될 수 있을 뿐이다. 왜냐하면 상기는 오로지 반복의 장소에서만 일어날 수 있기 때문이다. 따라서 관계형성은 환자의 무의식에게 욕망된 반복을 허용하는 일이 되는데, 그 때문에 기억할 수 있는 능력과 치료목표를 좌절시키게 된다.

프로이트는 전이 사랑과 실제적인 사랑이 그 강도에 따라 구별된다고 생각할지라도 그 둘의 유사성에 더 큰 인상을 받게 되는데, 전이 사랑과 실제적인 사랑 둘 모두는 주체 내에 등록된 조건들에 따라 판에 박힌(상동적인^{역주}) 행동의 반복이 되면서 유리해 보이는 외부상황에서 쉽게 출현한다.

라깡은 피분석자의 메시지가 건네지는 분석에서의 장소에 대한 새로운 개념을 소개했는데, 그것이 바로 '알 것으로 가정된 주체' (le sujet supposé savoir)이며, 전이가 프로이트의 작업에서 그 자체를 표현해내는 다양한 형태들을 통합시키는 방식이 되고, 그곳에서 그것은 저항, 반복, 사랑 및 암시로 나타난다. 전이가 이런 것들 가운데 하나라는 것은 아니고, 다른 것도 아니며, 오히려 그 모두는 전이가 나타날 수 있는 형태들이라는 것이다. 자크-알랭 밀레가 관찰했던 것처럼 '본식(本識)[7]의 가정된 주체'는 전이의 근본적인 구성원리이며, 그로부터 전이의 다양한 형태들이 뒤따라 나오게 된다.

본식의 가정된 주체는 순전히 매우 유별난 이런 형태의 담론, 즉 분석 담론의 결과가 되며, 분석 담론에서 분석의 '기본적인 규칙'을 따르는 직접적인 결과로 전이가 출현하는데, 그 규칙은 주체에게 떠오르는 것은 그 무엇이든 체면이라든가 불쾌감 혹은 부적절함을 고려하여 가로막지 말고 모두 말해보라고 요구하게 된다.

피분석자에게 마음에 떠오르는 것을 모두 말해보도록 권유하게 되는 이런 맥락에서 분석가가 수행하는 핵심적인 역할은 보증인으로 행동하는 것이다. 다시 말해 그의 현존은 그 어떤 명백한 목적이나 의도도 없이 말하는 결과가 실제로 의미를 갖게 된다는 것을 보증해 주는데, 그것이 의미하는 바를 분석가도 모르고 피분석자도 모를 때일지라도 그렇다.

라깡이 분석에서 전이를 만들어내는 현상들의 기반으로 보고 있는 것은 이처럼 매우 특별하고 섬세한 배치이다.

청취자라는 분석가의 위치는 순전히 수동적인 것은 아니다. 비록 피분석자가 능동적인 파트너일지라도 라깡은 청취자의 반응이나 이해력 혹은 해석이 말해진 것의 의미뿐만 아니라 말하는 주체의 동일성까지도 결정하게 된다고 반복해서 주장했다. 대화자가 화자의 말의 의미를 결정할 수 있는 능력을 갖는다는 것은 모든 의사소통에서 사실이 되며, 분석의 바깥에서는 이런 능력이 공유되는데, 그 이유는 한 사람이 화자의 위치와 대화자의 위치라는 둘 모두를 차지하기 때문이다. 그러나 정신분석에서는 바로 그 관계구조가 비대칭적인데, 두 주체들 가운데 하나는 자료를 전달하지만 다른 사람은 청취하기 때문이다. 그 자료의 수취인으로서의 분석가 역시 그것을 평가하고 때로는 해석하는 임무를 떠맡고 있다.

분석은 자기 자신에 관한 진실의 문제를 제기하고 그것과 관련된 일부로서 기본적인 규칙을 따라야 할 의무를 지게 된다. 그러나 피분석자는 자신 안에 있는 이러한 진실을 추구하지 않지만 그 주체의 담론의 의미를 결정하는 기본적인 청취자인 대타로서의 역할에 있어서는 분석가에게 의지한다. 이처럼 침묵이 매우 중요해지는 이유가 되는데, 왜냐하면 그것은 진실이 말 안에서 전개될 수 있도록 충분한 공간을 남겨놓아야 하기 때문이다.

오토 페니켈은 어떤 사람이 이런 증상이나 저런 신경증적 조건에 대처하면서 도움에 대한 요구를 가지고 분석으로 들어오지만 분석 중에는 이런 요구가 변하게 되리라는 것을 관찰한 바 있었다. 그것은 결국 질문이 되고 말 것이다. 내 욕망은 무엇인가? 또한 그 사람(분석가, 대타)은

나에게 무엇을 원하는가? 라깡은 여기서 분석가의 침묵이 중요하다고 주장하면서 그가 이런 요구에 대한 응답을 서두르지 말아야 한다고 주장한다.

본식의 가정된 주체가 정신분석 치료에 꼭 필요한 요구조건인 반면에 그의 출현 역시 위험과 유혹을 구성하게 된다. 미셸 실베스트르는 오로지 본식의 가정된 주체의 출현과 함께 해야만 상상적인 이자관계를 피하는 것이 가능해지고 상상계의 효과들을 수축시킬 수 있다고 썼다. 그와 동시에 그런 지렛대 지점이 어느 정도의 권위를 분석가에게 부여해 주어야만 분석가는 동일한 상상적인 효과들에 상당한 무게를 실어줄 수 있다.

실베스트르에 따르면 우리는 여기서 전이를 해석하는 기교에 대해 신중해지는 이유를 찾아보게 된다. 전이에 의해 반복은 분석가를 연루시키게 되는데, 그는 그럼으로써 그 사람과 맺어진 '허위접속'을 해석하고 노출시키도록 권유를 받게 된다. 그러나 그 주체가 전이를 해소시키는 일은 해석의 주된 효과가 아니라 부차적인 효과가 된다. 결국 피분석자는 분석가가 자신의 아버지를 생각나게 해줄 뿐이라는 것, 혹은 그가 분석가와 함께 어머니에 대한 자신의 태도 가운데 어떤 측면들을 단지 반복할 뿐이라는 사실을 이전부터 알고 있다. 그러나 실베스트르가 주장하는 것처럼, 만일 전이의 해석을 통해 단지 분석가로부터 시니피앙을 떼어내기만 한다면 오로지 피분석자에 대한 그의 권력을 증강시키는 일이 될 뿐이다. 전이에서 상상적인 부속물들로부터 시니피앙을 분리해내는 효과는 주체의 운명의 시니피앙들에 대한 그 자신의 복종을 정화시키고, 그럼으로써 공고화하는 결과로 끝낼 수도 있다. 그에 따라 분석가에 대한 시니피앙의 동일시는 회피되고 있지만 그것은 자신의 역사의 주요

시니피앙들(혹은 '주인 시니피앙')에 대한 피분석자의 복종의 강화를 희생시키는 일이다.[8]

나는 무의식 내의 자리나 장소로서의 분석가로부터 분석가라는 사람을 구별해내야 할 필요성이 있다고 말한 바 있는데, 그 장소라는 것은 알 것으로 가정된 주체로서 분석의 기본규칙으로부터 생겨나는 상징적인 장소이다. 이제 나는 프로이트의 견해에서 분석가가 분석 내에서 본식의 가정된 주체의 이러한 위치를 개인적으로 떠맡아야 하는 이유를 좀 더 찾아보고 싶다.

라깡은 1969-1970년의 세미나인 『정신분석의 이면』에서 네 가지 담론을 소개하고 몇 년간에 걸쳐 그것들을 다듬어냈다. 그 네 가지 담론들은 주인 담론, 대학 담론, 히스테리 담론 그리고 분석가 담론이다. 그가 지적하고 있는 바와 같이 주인 담론과 분석가 담론 사이에는 밀접한 관계가 있는데, 대타의 위치가 지배의 위치라는 사실 때문이다. 또한 짧은 분석의 역사에는 프로이트의 명백한 경고에도 불구하고 분석가들이 이런 위치를 차지하고서 환자를 위해 그 위치를 이용하고 싶은 유혹이 존재해 왔다.

이런 경향 때문에 분석을 재교육 과정으로 보게 되는데, 이는 분석가가 피분석자의 초자아로서 위치되어 있다는 사실 때문에 야기되는 일이다. 이런 접근방법의 기초를 이루는 이론도 역시 무의식 속에 분석가의 위치를 배당하게 되는 점을 주목해 봐야 한다. 분석가가 초자아의 자리를 차지해야 하고 치유는 피분석자가 분석가를 초자아로서 동일시하는 과정이 된다는 것이다. 여기서 분석가가 초자아의 위치로부터 주체의 자아에 긍정적인 가치들을 주입할 수 있게 되리라는 믿음이 생겨난다.

이런 접근방법으로는 분석이 그 무엇보다도 교육을 위한 전략으로 나타나는데, 더 좋게 말해서 암시로서 피분석자를 재교육시킨다는 것이다. 또한 분석가는 스스로를 현실의 척도로 제공하게 되는데, 그의 권위 덕분에 주체를 현실의 더 높은 개념으로 이끌어가고 현실에 대한 더 나은 적응으로 이끌어간다. 라깡이 재빨리 지적해냈던 것처럼 이런 접근방법이 지니고 있는 가장 명백하고 즉각적인 어려움은 현실 개념들의 우월함에 대해 판단하는 사람도 피분석자에게 가장 좋은 것에 대해 판단하는 사람도 결국엔 분석가 자신이 될 수 있을 뿐이라는 것이다.

어떻게 정신분석 치료가 또 하나의 교화사업 이외의 다른 것일 수 있는지, 그럼으로써 근본적으로 교육시키지 못할 욕망을 진압하려는 시도가 될 수 있는지 그것을 이해하기란 어려운 일이다. 교화하려는 분석가의 시도에 대항하여, 다시 말해 우리 모두 분명히 그러한 것처럼 자신의 편견들로 가득찬 한 사람으로서의 분석가에 대항하여 피분석자가 끊임없이 반복투쟁하게 된다는 것을 이해할 수 있다.

제임스 스트레이치의 논문은 치료에서 분석가의 역할문제에 대해 가장 영향력이 큰 작업들 가운데 하나였고, 대부분 후속 논쟁의 조건을 정해두었던 논문에서 분석가가 초자아의 위치로부터 작용해야 한다는 견해를 명백히 주장하고 있다.

> 따라서 분식치료에서 핵심적인 위치를 차지하는 것으로 환자의 초자아를 가리키는 논쟁에는 두 가지 집중적인 노선들이 존재한다. 하나는 호의적인 변화가 전반적인 호전으로 이끌어가기 쉬울 것 같은 환자의 마음의 한 부분이고, 또 하나는 특히나 분석가의 영향을 받고 있는 환자의 마음의 한 부분이다.[9]

스트레이치는 『집단심리학과 자아분석』제8장에서 정신분석적인 개입에 대한 초자아의 적합성에 관하여 이런 결론의 유도를 보여주고 있다. 그러나 스트레이치가 인용하고 있는 글에서 프로이트는 최면술에 있어서 '암시'의 힘을 설명해 보려고 시도한다. 1921년에 쓴 집단심리학에 관한 신비할 정도로 예언적인 이 작업에서 프로이트가 이렇게 시도하는 이유는 구성원들 모두가 그 집단의 지도자를 동일시할 수 있다는 것이 어떻게 된 일인지, 또한 어떻게 그들의 자아와 행동이 '표준화'되는지 그 점을 파악해 보려는 것이었다. 그런데도 지도자와의 자아 동일시라는 이런 특별한 형태는 스트레이치가 분석에서 분석가의 힘의 근원으로서 마음에 들어하는 것이다. 최면술을 설명하기 위해, 또한 집단에 대한 지도자의 힘을 설명하기 위해 발전된 한 가지 이론은 흔히 정신분석 그 자체의 능력에 대한 설명에도 이용되는 것이다. 줄잡아 말해도 정확히 지도자에 대한 집단의 동일시를 취급했던 프로이트의 이 부분을 스트레이치가 이용하여 분석가를 대타의 자리에 위치시킨다고 그 나름대로 표명하려고 시도했다는 것은 기묘한 일이다.

그러나 스트레이치의 견해에서 가장 심각한 어려움은 다른 곳에 놓여 있다. 그것은 피분석자로 하여금 분석가를 동일시하도록 하기 위해 분석가가 피분석자의 초자아의 자리에 스스로를 위치시켜야 한다는 그의 결론과 관계가 있다. 여기서 우리는 라깡이 '프로이트에게로 되돌아가는' 것이 필요하다고 믿었던 이유에 대한 분명한 예증을 보게 되는데, 그것은 프로이트의 발견이 지니고 있는 원래의 의미가 왜곡되고 상실되어 버렸다.

초자아는 주체를 위해 '현실에의 적응'의 한 형태를 유지할 수도 있지만 그것은 현재 상황에 완전히 부적응된 적응이 되는데, 왜냐하면 초자아라는 기관은 결코 현재의 현실과 접촉하지 못하기 때문이다. 프로이트식의 초자아는 법규이긴 하지만 그것은 고태적인 것이고, 자동적·맹목적으로 그 기능을 수행하는 것이다. 이것이 바로 프로이트가 그것(초자아^{역주})을 반복 강박과 죽음 욕동에 연결시킨 까닭이다. 그의 요구에는 일관성이 없다. 그것은 법이고 명령인데 주체가 복종할 수 없는 것이다. 라깡은 자신이 '초자아의 역겹고 잔인한 형상'[10]이라 부르는 것을 가리키고 있다. 물릴 줄 모르고 강요하는 그것은 쾌락원칙을 넘어서 있는데, 이는 충족이 성취되면 가라앉아 버린다.

이 모든 것은 이미 프로이트에게 존재하는 것들이다. 몇 구절들을 참조할 수는 있지만 특히 프로이트가 위로 별들이 빛나는 밤하늘과 안으로의 도덕률에 대한 칸트의 경탄과 경외를 반전시켜 초자아의 탐욕스러움을 기술한 한 대목이 있다.

> 양심(혹은 더욱 정확하게 훗날 양심이 되는 불안)은 실제로 욕동의 포기가 시작되는 원인이 되지만 … 훗날 그 관계는 역전된다. 욕동의 모든 포기는 이제 양심의 역동적인 근원이 되고 새로운 모든 포기는 후자의 가혹함과 편협함을 증가시킨다.[11]

세 번째 문제는 분석가의 위치에 대한 스트레이치의 견해에 관하여 언급할 필요가 있다는 것이다. 그것은 자아에게로 향한 전환과 관련된다. 초자아의 힘에 대한 스트레이치의 호소를 기초로 하고 그의 접근방법의 전반적인 방향성을 결정하는 것이 프로이트 이후로 분석에서의 지배적인 견해가 되는데, 그 견해는 정신분석의 완전한 골격의 방향성에서 깊숙하고도 의미 있는 전환과 관련된다. 그것은 다시금 1950년대의 라깡이 '프로이트로의 회귀'에 대한 호소에서 주장했던 이런 전환에 반대되는 것이다.

실제로 이러한 전환은 프로이트가 살아 있는 동안에 일어나기 시작했는데, 이러한 1930년대는 그에게서 교리상의 고립이 점점 더 커지는 시기가 되었다. 섹슈얼리티와 오이디푸스 콤플렉스, 죽음 욕동 및 자아의 분리와 같은 그의 견해들에 대한 지지도는 정신분석 운동에서 쇠퇴했으며, 자아에게로 향한 전환이 이미 이런 전환의 일부가 되고 있다.

분석가가 피분석자의 재교육을 위해 초자아의 위치를 이용해야 한다는 스트레이치의 견해에 대해 그 방향을 정해주는 것은 치료의 진행이 자아의 시각에서 평가되어야 한다는 것인데, 바꿔 말하면 자아의 변형이 성공적인 치료의 척도가 된다는 것이다. 어니스트 존스는 「정상적인 마음의 개념」이란 놀라운 제목의 논문에서, 만일 우리가 분석치료를 자아 변형의 시각에서 바라본다면 치료의 목표는 다음과 같은 두 가지 형태들 가운데 하나로 생각하게 되었다고 말하는데 그 말은 참으로 옳았다. 하나는 현실에 대한 자아나 사람 혹은 인격의 더 나은 적응으로 이끌어가는 것이고, 또 하나는 행복이나 웰빙을 획득할 수 있는 자아의 능력을 증가시키는 것이었다.[12]

이런 목적을 달성하려는 수단에 대한 다양한 견해들은 본질적으로 자아의 자유를 증가시키게 되는데, 그것을 강화시키든가 무의식을 의식화시키든가 혹은 무의식적인 초자아를 조화로운 양심으로 대체하는 방법이다 : (1) 자아는 이드와 초자아를 희생시켜 확대되어 왔다. (2) 이드의 에너지는 자아를 통해 외부세계로 방출되는 것이지 그것과 상관없는 것은 아니다. 이 모든 진술들은 동일한 이야기를 다른 방법으로 말하는 것일 뿐이다.

그러나 프로이트의 '코페르니쿠스적 전회'는 자아의 시각으로부터 근본적으로 멀어지는 것을 알려줄 뿐만 아니라, 정신분석의 전반적인 윤리는 분석치료가 주체 자신을 분석가와 동일시하는 것으로 이뤄진다는 견해에 반대하기도 한다. 치료는 라깡이 분석의 '독자적인 계약'이라 부르는 것, 즉 환자의 자유로운 동의와 해방을 전제조건으로 삼는다. 프로이트의 젊은 동성애 여자 환자였던 시도니 실락(Sidonie Csillag)의 최근의 전기가 분명히 밝혀주듯이 프로이트와의 분석에서 부딪치게 된 곤란들은 이겨내기가 어려웠는데, 그 이유는 그녀의 가족들이 그녀 자신의 소망과는 상관없이 그녀를 강제로 분석받게 했기 때문이다. 분석가와 피분석자 간의 꼭 필요한 계약은 결코 이런 조건 하에서는 가능하지 않았다. 또한 분석가와의 동일시를 통해 주체의 더 큰 소외로서 분석을 개념화하는 일은 피분석자의 동의라는 필요조건과는 완전히 상반되는 것이다.

전이에 대한 논의는 '주체'와 '대타', '시니피앙'과 같은 용어로 표현되어 왔는데, 이 용어들 모두는 상징계의 용어이다. 이런 일이 전이의 가장 중요한 부분인 정동을 무시하는 것이라는 예전의 반대는 어떻게 되었을까? 정동은 역시 전이 사랑의 표현이 되고, 전이 사랑은 치료에서 매우 중요하다. 그러한 까닭은 정동이 시니피앙 이외의 다른 어떤 것으로서 분석가의 현존으로부터 연유되기 때문인데, 다시 말해 치료에 있어 대상으로서 분석가의 현존으로부터 연유되기 때문이다. 이제 대상에 대한 논의로 바꿔가야 할 시기인 것 같다.

라깡에게 전이에 나오는 모든 것이 시니피앙의 수준에서 작동된다고 말하는 것은 사실이 아니다. 그러나 무의식의 형성물로서의 증상들이 완전히 분석 가능하다는 것은 사실이다. 프로이트가 봤던 것처럼 그것들은 오직 상징적인 구조들일 따름이다. 그렇다면 시니피앙의 너머에는 무엇이 있을까?

프로이트는 욕동의 개념과 함께 증상들과 전이 양쪽에서 작동중인 시니피앙의 너머에 있는 어떤 것이 리비도의 형태로, 또한 동시에 죽음 욕동으로 존재한다는 것을 파악하고 있다. 그러나 거기에는 여러분의 관심을 끌 만한 또 다른 언급도 있다. 그 무엇보다도 「전이의 역동」에는 분명히 약간 수수께끼 같은 프로이트의 언급이 존재하게 되는데, 부재중이거나 허수아비로는 파괴될 만한 것이 아무 것도 없다는 전이가 참조되고 있다.[13] 그런데도 증상이 정말로 **상징적인** 구조라면 대상에서 대상으로 완전히 전치되는 것은 당연하고, 따라서 어떤 사람으로부터 다른 사람에게로 순환하는 끝없는 시니피앙들의 유희에서 분석가를 단순한 대리자, 즉 자리표시자 이외의 다른 것으로 생각할 만한 아무런 이유도 없어야한다. 다시 말해서 전이는 단순한 반복이 될 것이고, 전이가 단지 반복의 한 형태일 뿐이라는 견해는 전이가 상징적이라는 생각과 일치하게 된다. 만일 증상이 순수하게 무의식의 형성물이고 따라서 시니피앙의 기능이라면 그것은 허수아비 상태로 파괴될 수 있는 특별히 어떤 것처럼 보일 것이다.

따라서 프로이트가 시니피앙을 넘어 찾고 있다는 두 번째 징후는 전이가 단지 반복이 아니라는 것이다. 그에 대하여 순수한 의미화 연쇄에 의한 설명은 남김 없이 주어질 수 있는데, 의미화 연쇄의 기능으로서의 반복은 정확히 1950년대의 세미나에서 라깡이 공식화하고 있었던 그런 종류의 설명이 된다. 시니피앙들의 유희에 국한된 해석은 세르쥐 르클레르가 시행했던 '일각수' 꿈의 분석으로부터 유래되는 바로 그 기본이다.[14] 그러나 전이 역시 사랑이라는 것을 인정하려면 우리는 대상으로서의 분석가가 보이는 간혹은 육중하고 간혹은 미묘한 현존을 순수한 상징적인 자리표시자 이외의 다른 것으로 인정해야 한다.

　대상의 이런 기능을 간단히 마무리해 보려면 제일 먼저 라깡이 욕망의 문제에 관한 자신의 작업에서 이룩해낸 어떤 발달과정을 참조해 봐야 한다.

　라깡에게서 처음에 욕망은 간주체성을 본떠서 만들어졌다. 그는 분석의 시작에서 욕망의 특징을 인정에 대한 욕망으로 생각했고 분석의 끝에 가서는 욕망의 인정으로 생각했다.[15] 그러나 곧이어 분명해진 이런 견해에서 두 가지 난제가 존재하게 된다. 첫째, 프로이트가 『꿈의 해석』의 말미에 가서 지적하는 것처럼 욕망의 불멸성이란 것이 있다. 욕망이 인정에 대한 욕망이라면 욕망이 사라질 수 없다는 것이 어떻게 가능하단 말인가? 둘째, 만일 욕망이 인정에 대한 욕망이라면 그것은 어째서 그처럼 애매한 용어들로 표현되는가? 틀림없이 이것들은 극복하기 어려운 난제들이 아니다. 오히려 라깡이 은유와 환유의 이론을 시니피앙의 근본적인 구조로 발전시키자마자 그것들의 극복은 부적절한 일이 되어버렸다. 이러한 발전은 욕망의 원인을 시니피앙의 탓으로 돌리게 되는 두 번째 입장의 표명으로 이끌어 주었다. 이것이 바로 욕망의 환유에 관한 「무의식에서 문자의 심급 혹은 프로이트 이래의 이성」이란 논문에서 명백하게 제안된 건 아니더라도 일단 제시된 견해이다. 다시 말해서 욕망의 대상은 언제나 욕망의 원인에 대한 환유가 된다. 즉 욕망은 언제나 욕망의 원인에 대해 환유적으로 연결된 다른 어떤 것에 대한 욕망이다.[16] 여기서는 욕망의 원인이 상징적인 것으로 간주되지만, 『정신분석의 윤리』에 관한 1959-1960년의 세미나로부터 시작된 제3기에서는 욕망의 원인이 타대상(*objet a*)의 형태로서 실재적인 것으로 간주되었다. 더구나 우리는 타대상 개념의 발전을 적잖이 중요한 것으로 간주해야 하는데, 라깡은 정식으로 그것에 대해 언급하기를 정신분석에 대한 자신의 가장 중요한 기여라고 말했다.

대상의 이런 범주와 실재계에서의 그 기능을 제대로 평가하려면 우리는 라깡이 항상 그러했듯이 그 자신의 개념화에 대한 주요 근원이 되어주는 프로이트에게로 회귀할 필요가 있다.

정신분석의 어떤 특정한 사회학적 독해에서는 섹슈얼리티가 정신분석에서 신경증의 원인론 가운데 어떤 역할을 해내고 있는 유일한 이유는 그것의 자유로운 표현을 저지하는 사회적인 강압들이 있기 때문이다. 이러한 강압들이 꼭 필요한지 아닌지는 물론 또 다른 문제지만 그 논점은 **사회적인 강압들**이 섹슈얼리티로 하여금 억압되고 따라서 외상적이게끔 한다는 것이다.

그러나 이런 견해는 섹슈얼리티와의 **바로 그 조우** 자체가 외상적이라는 프로이트의 반복된 주장을 무시하고 있는데, 그의 주장은 소위 '유혹' 이론으로 시작되고 『문명과 그의 불만』에서 다음과 같은 관찰로 지속되고 있다 : "우리의 완전한 충족을 부정하고 우리가 다른 길을 따라가도록 재촉하는 [성적인] 기능 그 자체의 특성에는 어떤 것이 … 있다는 것을 간혹 깨닫는 것처럼 보인다."[17] 이것은 "성적인 관계란 것은 없다"[18]라는 라깡의 경구와 전혀 다른 것일까?

첫 번째 관찰과 관련되어 있는 두 번째 관찰로는 오토 랑크에 따르면 출생은 그 이후의 모든 외상적 경험의 원형이 된다는 그런 출생 외상설에 대하여 얼마 동안 얼버무리고 난 뒤에 프로이트는 다음과 같은 단언적인 의견에 도달하게 되었다. 즉 외상의 궁극적인 근원은 거세이다.

물론 그것들에 대하여 더욱 논의할 필요가 있겠지만 그럼에도 이처럼 간단한 징후들은 섹슈얼리티 **그 자체**가 외상적이라는 프로이트의 견해를 가리키고 있다. 라깡의 기여는 외상이 결여와 관련되는, 즉 궁극적으로는 대타자에서의 결여와 관련된다는 것이 어찌된 일인지, 또한 타대상이 이런 결여의 자리를 메우는 임시변통이 된다는 것이 어찌된 일인지 그 점을 이론화해 왔던 것이다.

대상에 관한 두 번째 관점이 존재한다. 주체의 정신생활에 있어서 타대상은 환상의 형성에 중요한 역할을 해내고 있다. (환상의 학소인 $\$ \diamond a$를 생각해 보시오.) 내 말처럼 타대상의 이론화는 라깡이 정신분석에 대한 자신의 중요한 기여라고 반복적으로 말하고 있지만 환상 속에는 상징계를 넘어서는 그 무엇이 있다는 것은 프로이트에게도 이미 포함되어 있다.

매우 중요한 논문인 「어린 아이가 매맞고 있어요」가 나온 1919년까지는 아직 환상이 프로이트의 작업에서 특별한 의미를 갖지 못했다. 오로지 무의식의 형성물에 기초를 두고 증상들의 치료를 향하게 되는 실행이 현실적이면서 불안해지는 어려움들과 만나기 시작했던 그런 시기에 환상에 대한 그의 관심이 매우 가깝게 뒤따라 왔다. 라깡은 지적하기를, 무의식이 치료에 연루된다는 것은 **분명하지만**, 그 반면에 해석이 증상들과 상호작용하는 방식 때문에 환상에 연결된 특히 인상적인 '관성'이 존재하는데, 무의식의 상징적인 형성물들의 분석에 대한 반응성과 비교해 보면 특히 놀랍다는 것이다. 그는 그 어떤 상징적인 그물망으로부터 기본 환상의 분명한 격리를 뜻밖에 만나게 되는데, 예를 들면 피분석자들이 자신들의 기본 환상에 대해 말할 때 갖게 되는, 그에 대해 연상하면서 또한 치료에 대한 그것의 영속성과 저항에서 갖게 되는 어려움이 보여주는 바와 같다.

환상의 특성에 대한 이러한 관심은 프로이트가 1920년대에 정신기구의 두 번째 이론(자아, 초자아 및 이드)으로 이끌려 갔고 욕동의 새로운 이원론(리비도와 죽음 욕동)으로 이끌려 갔던 이유들 가운데 하나였다.

라깡은 1970년대 중반부터 치료를 이끌어 가고 관리해 가는 일이 결국엔 피분석자의 환상의 구성에 중심을 둬야 한다고 생각하게 되었다. 프로이트가 알았을 것으로 추측되지만 이런 구성작업은 오로지 무의식의 형성물들에 대한 해석으로 환원될 수 없다. 그 이유는 그의 욕망의 원인이 되는 타대상과의 관계에서 주체의 위치가 상징적인 동일시와 다른 무의식적 형성물들에 대한 작업에 의해 변경되지 않기 때문이다. 상징적인 작용이 증상들에 대한 작업에 대해서는 타당하지만 환상은 이런 해석의 법칙을 따르지 않는다. 환상은 해석될 수 없다. 마리-엘렌 브루스는 그것이 고정된 지점으로 남아 있다고 지적하는데, 전이 **사랑**이 분석가에게 부여해 주는 역할 때문에 해석이 그 주위를 맴돌게 되는 중심으로 남아 있다는 것이다.[19] 분석가는 "그는 무엇을 원하는가?"라는 수수께끼 같은 질문의 특성을 보유하고 있는데, 그것을 통해 대타자에게서의 결여는 다시금 소생된다. (라깡은 이것을 주체의 '히스테리화'라고 부른다.) 라깡은 다음과 같이 말한다 : "환상은 실제적으로 주체를 대신하여 분석가가 차지한 장소의 열쇠를 쥐고 있는데, 그곳은 실재계의 장소이다."[20]

타대상은 라깡에게 있어서 그러한 대상이고 '실재계에 있는' 대상이다. 비록 타대상이 언어에 의해 시니피앙의 결과나 산물로서 매개되지만, 그렇다 하더라도 그것은 모든 시니피앙들로서의 표현과 모든 시니피앙들에 의한 포획을 회피하게 되고, 의미작용 밖으로 떨어져 나가면서 말로 표현될 수 없으며 말해질 수 없는 것으로 나타나게 된다. 그 대상은 거울에 반사되지 않고, 따라서 상상적이지 않다. 그것은 상징화될 수 없고, 따라서 시니피앙이 아니다. 그것은 대상이긴 하지만 잃어버린 대상이다.

주체 분할의 원인이 되는 것은 욕동 속에 붙잡힌 이런 상실된 대상이다. 따라서 그것은 분석가가 분석에로 진입하는 데 필수적이며, 거기서 이런 분할은 라깡이 주체의 '히스테리화'라고 불렀던 전이 속에 새겨져 있기 마련이다.

프로이트는 지배하기, 교육하기와 더불어 정신분석을 세 번째 불가능한 직업이라고 묘사했다. 불가능하든 아니든 분석의 목표는 지배하는 것도 아니고 교육하는 것도 아니다. 프로이트는 생애 말년에 이르면서 분석가의 역할을 도덕적인 교육자와 정신적인 조언자로서의 초자아의 기능을 완수하는 것으로 보려는 경향에 점차 사로잡히게 되었다. 자신의 생애 가운데 마지막 몇 개월 동안 프로이트는 『정신분석의 윤곽』에서 피분석자에 의해 정해진 분석가의 위치가 환자에게 일종의 후속 교육의 기회를 부여해 줄 수 있는지 그 여부에 대해 문제를 제기하고 있었다. 그러나 그는 이것(후속 교육^{역주})이 정신분석의 윤리에 반한다는 근거에 따라 그것을 하지 말라고 충고하고 있다.

> 그러나 이 시점에서 이런 새로운 영향력의 오용에 대해 경고해 주어야 한다. 제아무리 분석가가 다른 사람들에게 선생님, 모범적인 분석가 및 이상형이 되려는 유혹과 사람들을 자신의 이미지대로 만들려는 유혹을 많이 받는다 하더라도 그것이 분석관계에서 자신의 임무가 아니라는 것을 잊어서는 안 되고, 참으로 그 자신을 자신의 경향에 따라 인도되도록 한다면 자신의 임무에 불충실하게 되리라는 것을 잊어서는 안 된다.[21]

분석가가 초자아의 위치를 떠맡는 일이 바로 이런 윤리에 반하게 되는 것이다.

분석가는 분석경험을 보증해 주는 기능을 갖고 있는데, 다시 말해 그는 대타로서, 주인으로서 자신의 역할을 정당하게 개입한다는 것이다. 그때 분석관계의 구조가 유지되어야 하지만 이런 구조 속에서 작업을 해내는 것은 주체가 된다.

분석의 끝마무리는 지식의 가정된 실제적인 주체가 없다는 것을 발견하는 일인데, 그때 분석가의 욕망을 구성하게 된다. 역사상 어떤 시기에 프로이트가 위치시켰던 바로 이 독특한 욕망은 대타를 동일시하지 않으려 하고 프로이트가 환자의 개성이라고 부른 것을 존중하지 않으려 하는 분석가의 욕망이며, 그의 이상형이나 본보기 혹은 교육자가 되려 하지 않는 욕망이다. 오히려 주체 자신의 욕망에 대하여 길을 열어놓으려는 욕망이다. 여기에는 금욕주의적인 것이 존재하며, 라깡은 분석가들이 흔히 분석 담론에 반대되는 작업을 해왔다고 믿었다. 분석가를 초자아의 위치에 놔둠으로써 많은 사람들은 정확히 정반대되는 길을 선택해 왔는데, 이는 스스로를 이상형과 본보기로 제공하는 길이다.

라깡은 멜라니 클라인에 더 가까운데, 그녀의 이론에서 분석의 끝마무리는 대상 상실과의 연결을 보여주는 우울한 특성을 갖게 된다. 대상의 상실, 즉 애정의 대상에 대한 애도는 분석에서 정신분석가의 거부나 포기로 상징화된다. 따라서 정신분석가는 정신분석 작용의 잔여, 즉 파편을 표상하고 있다. 또한 분석가를 작용의 거부로 만들지만 그와 동시에 처음부터 환자의 욕망을 활성화시킨 원인으로 만들어낸다는 이론을 발전시켰던 사람은 다름 아닌 라깡이었다. 분석의 끝마무리는 거부가 되는데, 주인 시니피앙으로서 분석가의 거부, 즉 주체의 말이 주는 의미의 주인으로서 분석가의 거부가 된다. 정신분석가에게서 주인의 포기는 매우 역설적이고 수수께끼 같은 것이다. 프로이트 이전에는 무통달(nonmastery)에 대한 그러한 이론이 결코 발달해 본 적이 없고, 자크−알랭 밀레는 암시하기를, 아마도 그렇게 된 이유는 이런 욕망이 완전히 새로운 것이라서 어떤 정신분석가들이 그것을 포기하게 되었기 때문일 것이라고 한다. 그러나 라깡을 포함한 다른 사람들에게 프로이트의 위대함은 이런 거부의 자리를 그 자신이 차지하게 되었다는 것이다.

분석가는 환자의 치료자와 환자의 행위가 되고 싶어하는 유혹을 갖고 있다. 왜냐하면 그의 성실성은 환자의 가장 큰 이득에 따라 평가되지 않는다는 것이 확실하기 때문이며, 그 자신의 견해에 따르면 바로 여기에 문제가 있다.

그러나 나는 상당히 다른 견해를 피력해 보려고 노력해 왔다. 초자아가 억압의 기관이고 억압을 취소하기 위해 사용될 수 없다고 주장할 뿐만 아니라, 더욱 중요한 것은 재교육으로서의 치료가 정신분석의 윤리에 모순된다고 주장하기도 하는데, 치료는 통제와 지도의 부재를 전제로 하는, 즉 프로이트가 그 사람의 존엄이라 부른 것을 전제로 하고 있기 때문이다.

Chapter 5

정신분석의 규제

프랑스의 하원은 2003년 10월 8일 수요일에 프랑스에서 정신치료의 실행을 처음으로 규제하려고 의도된 법안을 통과시켰다. 자크 시라크가 당원으로 있는 보수당의 대중운동연합 회원이면서 의사인 베르나르 아쿠와예에 의해 제의된 이 입법의 목적은 정신치료의 실행을 정신과의사와 임상심리학자들에게 국한시키려는 것이었다. 실제로 정신분석가를 포함한 다른 어떤 실행자들도 정신보건 영역에서의 실행은 더 이상 합법적이지 못하게 될 것이다.

비록 그 법안이 국회에서 아무런 토론도 없이, 또한 분명히 아무런 반대도 없이 통과되었다 하더라도 그 뒤로 다양하지만 전반적으로 우렁찬 대중적 반응이 존재해 왔다. 가장 현저한 것으로서 자크-알렝 밀레에 의해 설립된 〈프시스 포럼〉이라는 행동 그룹이 새로운 입법에 대한 결속된 반대 속에 흔히 프랑스의 거대한 치료사업이 참조되는 것처럼[1] 〈프로이트대의학파〉와 〈프시스〉 분야의 다양한 그룹들을 한데 모았다. 〈정신분석 만세!〉(Vive la Psychanalyse!) 협회와 같은 다른 분파들도 있었는데, 그 협회는 쥐디트 밀레가 대중적 영역에서 정신분석을 증진시킬 목적으로 설립했던 것이다. 모두가 그 협회의 평의회 위원들인 카트린 클레망과 롤랑 뒤마, 베르나르-앙리 레비, 필립 솔레르스는 새로운 입법에 대하여 공공포럼들과 신문에서 거리낌 없이 말하는 반대자들이 되었다. 베르나르-앙리 레비는 그 입법을 프로이트식의 '단절'이 폐지시켰다고 생각되던 몇백 년 전의 과학주의로 우리를 되돌리는 거대한 퇴보라고 묘사했으며, 그 입법이 정신분석의 죽음이 되리라고 예언했다. 저명한 언어학자이자 사회해설자인 장-클로드 밀네는 "과학주의와 지배 이데올로기 및 한정된 규제 조절 사이의 치명적인 결연"[2]에 대하여 언급한 바 있다.

하원에서 제1독회를 통한 법안의 통과가 주목받지 못했음에도 불구하고 2004년 1월 19일 상원에 도착하던 때에 그 법안이 논쟁 없이는 통과되지 못하리라는 것은 분명해졌다. 정부는 상원에 알려진 것처럼 '아쿠와예 법안'의 수정안을 제출함으로써, 또한 당시의 보건장관인 장-프랑수와 마테이에 의해 제출된 '정부 법안'인 것처럼 제안함으로써 입법에 대한 반대를 줄이고 그 가능한 실패를 막아볼 수 있었다. 정부 법안의 형태로 법률을 제출하는 효과는 그 원문이 수정 없이 투표되리라는 것이다. 이제 '마테이 법안'으로 알려지게 된 두 번째 법안의 새로움은 장관의 명의로 유지된 '정신치료자의 국가 등록'에 관한 제정을 제안한다는 것이었다. 세 부류의 실행자들은 요구사항을 면제받게 되었다. 즉 의사자격을 가진 사람들과 등록된 심리학자들, 그리고 중요한 것이 하나

남았는데, 정신분석협회의 회원명부가 암시하듯이 그 협회의 등록된 회원들인 정신분석가들이다. 이런 수정이 그 법률에 반대하는 정신분석가들을 달래고 그것이 불러일으키는 염려를 완화시키기에 충분한 것처럼 보였다. 실제로 라까니언들 그리고 비(非)라까니언들과 비슷한 사람들이 포함된 스스로 '컨택트 그룹'이라 부르는 정신분석협회들 가운데 한 그룹이 새로운 법안을 환영하고 나서면서 그 법안이 정신분석의 '특수성'과 "회원들의 훈련과 자격부여에서 대체될 수 없는 역할"을 인정해 준다고 인용했다.[3] 다른 한편 자크-알랭 밀레의 반응은 직접적이고 절대적이었다. 이 법안이 원안보다 더 나쁘다고 하는데, 그의 견해는 〈프로이트대의학파〉와 공공 포럼의 회원들 모두의 지원을 받고 있었다. 나는 나중에 이 문제로 되돌아갈 것이다.

그 법안이 제2독회를 위해 하원으로 되돌려졌을 때 또 한 차례 수정을 당해야 할 처지가 되었다. 이젠 '뒤베르나르 법안'으로 부르는 이 법안은 다음과 같은 의견이 들어 있었다.

정신치료의 실행은 임상정신병리학에서의 이론적인 수련과 실행적인 수련을 필요로 하든가 정신분석협회에서 인정하는 수련을 요구하게 된다.

정신치료자라는 명칭의 사용은 정신치료자의 국가 등록에 올라 있는 전문가들에게 국한된다.

등록은 국가에 의해 주택부서에 보존되어 있는 명부에 기록된다.

이 명부는 전문가들이 떠맡은 수련에 대해 알려준다. 그것은 갱신되고 국민들에게 활용되며 정규적으로 간행된다.

면허를 받은 의사들과 등록된 심리학자들, 그리고 자기네 협회에 등록된 회원들인 정신분석가들에게는 등록이 면제된다. 금번 조항의 적용은 최고행정재판소의 시행령에 의해 확정된다.[4]

드디어 2004년 7월 9일에 상원에서 그 법안의 제2독회가 벌어졌다. 하원에서 제2독회로 채택되었던 뒤베르나르 법안은 다시 한 번 더 수정되어 '지로 법안'으로 채택되었는데, 정신치료의 실행보다는 정신치료자의 명칭 사용에 다시금 초점을 맞추고 있었다.

그 세부사항들이 중요하지 않은 까닭은 상원과 하원 법안들의 원문이 양원의 제2독회 이후에 달라져 있음에 따라 양원의 합동위원회가 모두 받아들일 수 있는 형태의 법률을 제정하기 위해 소집되었기 때문이다.

합동위원회는 7월 말에 소집되어 그 법률의 최종 형태를 채택했는데, 8월 11일자 관보에 공시됨으로써 법률이 되었다.[5] 그것은 다음과 같이 동일한 요구조건에 대해 진술하고 있다.

1. 모든 정신치료자들은 정부에서 보존하는 명부에 등록되어야 한다. 또한
2. 이 명부는 국민들에게 활용될 수 있어야 하고 정규적으로 간행되어야 한다.

그런 다음에 그것은 의사와 심리학자, 정신분석가에 관해 이제까지 친숙해져 있던 단서조항을 재진술하고 있다.

임상의들과 자격을 갖춘 심리학자들과 각자의 협회명부에 회원으로 등록된 정신분석가들은 등록할 수 있는 법적 자격을 갖는다.

또한 그것은 그 시행에 있어 극히 중요하게 될 시행령에 관한 최종 조항을 첨부하고 있다.

최고행정재판소의 시행령은 현 조항의 적용방법에 대하여, 또한 둘째 절과 셋째 절에서 언급된 사람들이 반드시 충족시켜야 할 임상정신병리학에서의 이론적인 수련과 실행적인 수련을 위한 조건들에 대하여 상세히 기록하고 있다.

이제 프랑스에서 그 법안은 법률이 되었기 때문에 문제는 그 내용이 무엇으로 구성되어 있느냐는 것이다. 앞서 언급한 바와 같이 자크-알랭 밀레는 상원의 제1독회에서 통과되었던 원안의 수정안에 훨씬 더 강력하게 반대했다. 이런 염려가 입법의 최종 형태에 적용되는 이유를 알아내고 그 여부를 생각해 보기 위해서는 프랑스의 법에서 시행령의 위치를 이해할 필요가 있는데, 거기서는 성문법(의회에서 채택된)과 시행령에 의한 규제 사이의 차이점이 근본적으로 중요하다. 하나의 법이 적용되는 방식은 입법부에 의해서라기보다는 행정처에 의해서 입안된 시행령들에 따라 결정된다. 즉 이것들은 행정조치이고, 간혹은 그것들이 최고행정재판소의 승인을 필요로 하지만 그것들은 분명히 공개적으로 입안되지 않으며, 의회의 입법에서처럼 많은 토론이 뒤따르지 않는다는 것이다. 프랑스에는 여러 다양한 종류의 시행령들이 있지만 기본적인 원칙은 동일하다. 즉 정부는 자체의 관료제도를 통해 법령이 집행되게끔 하는 수단을 확정한다. 본건에서 법률의 표현은 그 쟁점에 대한 정부의 조치와 결합되어 사람들로 하여금 만일의 사태를 두려워하게끔 이끌어 가는데, 그 결정에 대하여 보건부 장관의 입장에 동감하도록 만드는 일과 정신치료 실행의 의학화를 선호하고 심리학에서 인지주의적 흐름의 우세를 선호하는 시각으로부터 행동하는 일에 대한 책임을 지는 부서를 말한다.

최종적인 법률이 임상의사들에게 그들의 수련과는 상관없이 정신치료자로서 자동적으로 등록할 수 있는 권리를 더 이상 부여하지 않는 점을 주목해 보라. 지로 씨는 임상의사들의 등록이 전문가로서의 수련을 거친 사람들에게 국한된다고 주장하고 있지만, 지로 법안이 이런 주장을 뒷받침하기 위해 어떻게 해석될 수 있는지 알기란 쉽지 않은데도 그것은 관보에 고시된 법률에 명기되어 있었다.

그런데 그 입법에는 또 다른 어려움이 있다. 예를 들어 정신분석가와 정신치료자 사이에는 다소 자의적인 구별이 있으며, 충분히 논의되어 본 일이 없는 근거에 의한다. 더욱이 베르나르 아쿠와예가 처음으로 그 법안을 제안할 때 그랬던 것처럼 돌팔이 의사로부터 국민들을 보호하고 의심하지 않는 그들을 먹이로 삼는 이 세상의 모든 수상쩍은 묘약 장사들(그의 표현이 아니라 내 표현임)로부터 그들을 보호하려는 욕망을 동기로 삼았다고 생각하는데, 만일 그 법안이 어떤 그룹의 정신치료자들에게도 '정신분석가'의 한 그룹으로 연합하고 그런 범주에 등록할 수 있는 여지를 남겨놓게 된다면 그것은 근거 없는 주장으로 여겨질 것이다.

프랑스에서는 어떤 분석 그룹의 전략이 정신치료를 실행하도록 공인된 전문가들의 범주목록에 그네들의 존재를 보증해 주는 것으로 그 법안을 받아들이려 하고 있었다. 예를 들어 이것은 '컨택트 그룹'의 입장이 되어 왔는데, 단지 그들은 상원이 정신분석의 '특수성'을 인정하고 협회가 회원들의 자격부여와 수련에 다시 없는 역할을 인정해 주는 것으로 언급해 왔을 뿐이다.

2004년 4월부터 새로운 보건부 장관으로 취임한 필립 두스트-블라지가 암시하기를, 관련된 모든 전문가들의 대표와 만나볼 시간이 없지만 등록된 정신치료자들에게 요구된 수련에 관하여 장래의 시행령을 입안할 책임자로서 "전문가들 사이에 합의를 만들어낼 확대된 토론과 광범위한 정보수집과 반성이 가능하도록 보증하겠다"는 것이다.[6]

집단의 회원들과 전문가들의 삶과 실행에 대한 행정적인 통제의 확대는 동시대 사회의 특징이 되며, 그것이 해가 없는 것으로 보일지라도 그 운동이 교활한 것으로 생각될 만한 근거들이 있다. 협의를 구하고 합의에 도달하려는 장관의 안심시키기가 무엇이 됐든 증가된 규제는 쓸데없는 시간낭비와 값비싼 승낙과정과 함께 이제 불가피한 것처럼 보인다. 아마도 이것은 단지 귀찮은 일이 될 뿐이지만, 만일 그것이 전문적인 실행의 더 높은 기준을 만들어낸다면 그 대가는 치를 만한 것이 될 수도 있다. 그러나 우리가 두려워하는 것은 규제와 통제를 더욱 증가시키려는 유혹이 관료제도로서는 저항하기 어려운 것 가운데 하나라는 점이다. 일단 책무의 문이 열리면—또한 그것은 항상 최선의 의도로 열리고 있지만—통제와 승낙의 요구는 더욱 확대된다. 실행자들이 실행하려면 따라야 하는 요구조건과 확대된 제외조치에 대하여 시행령이 머지않아 점점 더 자의적이고 부적절한 구속을 부과하지 않을 것이라고 누가 확신할 수 있을까? 어떤 정보가 수집될 것이고 어떤 데이터베이스가 공급될 것이며 그 정보가 어떻게 이용될 것인가?

그 법률은 자격부여된 임상의사들이나 등록된 심리학자들인 정신분석가들과 프랑스에서는 'ni-ni'라고 부르는 '이도 저도 아닌' 나머지들 사이를 구분하게 되는 결과를 가져오게 될 것이다. 그 법률이 의사들과 임상심리학자들 그리고 정신분석가들을 합법적으로 인정하게 되지만 그 결과는 각각의 경우마다 달라지는데, 그 이유는 프랑스에서 법적인 인정을 받는 의사회(Ordre des Médecins)를 통한 의사의 등록과 아카데미의 자격부여를 기초로 하는 심리학자의 등록, 그리고 정신분석협회의 회원자격을 기초로 하는 정신분석가의 등록 사이에 차이가 있기 때문이다. 정신분석가의 등록이 정신분석협회의 위상을 현저하게 바꾸리라고 예상할 수 있는데, 그 협회가 회원의 등록에 법적인 지위를 유지하도록 요구된다면 그 이후로 협회는 법적으로 신고할 지위를 갖게 될 것이다.

더욱이 어떤 협회에는 현재 비(非)실행 회원들이 있다. 여기에는 〈프로이트대의학파〉가 속해 있고, 그 학파의 지침은 "정신분석을 실행하고 있는 회원들"에 대해 말해주고 있는데, 실행이 회원자격의 필요조건이 아니라는 것을 의미하고 거기에 덧붙여 실행하는 회원들은 두 가지 범주들 가운데 하나에 든다고 말해준다. 즉 한 부류는 학파의 평의회에 의해 학파 회원으로 인정되어 그들이 정신분석을 실행한다고 선언한 바 있으며 실행하는 분석가로 등록되어 있다. 또 다른 부류는 특별보증위원회가 그 학파에서 제공하는 수련을 충족했다고 보증하고서 그들에게 '학파의 분석가 회원'이란 명칭을 부여해 준 사람들이다.[7] 〈프로이트대의학파〉의 비(非)분석가 회원의 수효는 적지만, 그런데도 그 원칙은 〈파리 프로이트학파〉에 그 근원을 둔 것으로서 존중될 만한 것이다.

잠시 (각 학파의 회칙을^{역주}) 되돌아 보기만 해도 상당히 특수하고 세세한 어떤 기준들을 알아보기에 충분한데, 이는 정신분석가의 등록이 보건부 장관에 의해 제시된 행정적 시행령에서 나와야 하기 때문일 것이다. 그러한 조치가 없다면 그 등록 자체만으로는 부조리하게 어떤 두 사람이 정신분석협회라고 부를 수 있는 조직을 설립하게 되고 관할구역에 등록한 다음 자신들이 이런 정신분석협회의 회원이라고 선언하게 될 것이다. 이것은 한두 명의 회원만으로 일련의 가짜 조직들을 만들어서 관료적 사보타주라는 형태로 일종의 게릴라성 반응을 암시해 주는 것이기도 하다.

〈학파의 분석가 회원〉이란 범주와 같은 것은 새로운 법률 하에서는 온통 악용될 운명을 지니게 될 것이다. 왜냐하면 이것이 입법의 관점에서 보면 실제로 문제가 될 만한 범주이기 때문이다. 학파에서 그 명칭을 부여해 주게 되는 기본은 시행령의 요구조건이 무엇이든 그에 따르도록 강요되리라고 기대할 수 있다. 그것이든 새로운 네 번째 범주든 소개될 필요가 있을 것이다. 또 어느 경우에서든 학파의 새로운 법률적 의무는 라깡 정신분석이 "기준은 없지만 원칙이 없지 않은" 그런 실행이 된다는 원칙에 틀림없이 이의를 제기하게 될 것이다. 적어도 라깡에 의해 소개되었고 〈프로이트대의학파〉에 의해 채택된 의미에서 '실행분석가' 라는 범주는 사라질 운명처럼 보인다. 왜냐하면 장관의 시행령이 등록의 조건들을 설정할 것이기 때문인데, 실제로 어떤 협회든 그의 실행분석가 회원들이 ('그 조건들을' ^{역주}) 충족시키리라는 것을 알 필요가 있을 것이다.

새로운 법률은 협회의 회원자격에 따라 그 법을 고안함으로써 정신치료자들의 자격부여와 수련의 보증에 대해 알려주고 있지만 부조리한 상황으로 이끌어 갈 가능성도 있다. 어떤 정신치료자들은 그 어떤 정신분석 조직에도 소속되지 않으려고 하지만 자신들의 수련과 능력을 문제삼은 적은 결코 없었다. 그와 똑같이 분석가들이 다른 이유로 자신들의 협회로부터 물러나는 경우에 그런 상황이 발생했고 또 다시 발생할 수도 있었다. 그런 경우에 새로운 법률을 근거로 하여 분석가들은 더 이상 합법적으로 실행할 수 없게 될 것이다. 또한 실제로는 그 법의 강제력이 분석가들에게 전문가로서 살아가는 일생 동안 어떤 협회의 회원으로 머물러 있게 할 것이다.

우리는 이 단계에서 어떤 요구조건이 정신분석협회에 부과될지 알지 못하고, 장관의 시행령(혹은 더욱 정확하게는 최고행정재판소의 시행령)의 내용이 나올 때까지는 알지 못할 것이다. 그러나 다음과 같은 가능성은 있을 수 있다.

법적인 요구조건 : 협회는 회원들이 어떤 범죄를 저질렀을 경우에 그 회원을 축출하라고 요구할까? 입회의 조사와 회원들의 활동의 단속에 대한 함의는 다소 두려운 것일 뿐만 아니라 그 시나리오는 비현실적인 것도 아니다.

윤리 : 협회는 윤리의 규약과 고소절차를 이행하라고 요구할까? 이것들은 치료 서비스의 '소비자'라고 부르는 일이 점점 더 흔해지듯이 전형적으로 '고객'에 대한 책임 같은 문제를 포함하고 있는데, 그것은 착취의 문제, 기밀의 문제, 계약, 연루된 당사자의 동의, 다른 전문가들과 함께 폭넓은 공동체에 대한 책임, 그리고 고소절차의 문제들이다. 일단 정신분석협회들이 사법관할권으로 들어온다면, 규제받는 다른 전문직들과 전문적인 조직체들의 경우에서 그러한 규약들이 비슷하게 보이는 것을 기초로 하여 예언될 수 있는 개괄적 형태인 윤리의 규약과 고소절차를 이행하라는 요구를 피하게 되는 것은 매우 불가능해 보이는 반면, 모든 정신분석협회들이 앞서 말한 모든 문제들을 제안하도록 요구되는 것은 가능해 보인다.

그러한 조치들의 함의들이 가능하리라는 내 생각처럼 이행되고 있다면 그것들이 정신분석에서는 어떻게 되어갈까? 그 일 전체에 다소 싫증을 느끼고서 더 나아지거나 더욱 나빠진 상태로 변화될 것이 거의 없다고 선언할 수 있다. 한편으로 승낙과 고소의 문제가 야기되는 경우는 극히 드물지만, 다른 한편으로 형식적인 규약이 정신분석 시행의 터무니없는 악용이란 문제를 해결해 갈지 그것은 분명치 않다. 예를 들어 그 당시에 행동규약이라는 것이 존재했더라면 매서드 칸의 스캔들에 대해 더 좋게 말할 수 있었을지 분명치 않다. 영국정신분석협회의 회장인 도널드 캠벨은 다음과 같이 말했다. "매서드 칸이 저질렀다는 전문가로서의 부적절한 행동에 대한 소문이 떠돌긴 했지만 의료과오의 사례가 소문의 근거를 이룰 수는 없었어요. 현재의 환자들과 이전의 환자들에게 불만을 털어놓도록 시도해 봤지만 그런 환자는 전혀 없었다고 믿어집니다."[8] 주로 행동규약이 윤리적인 비행의 경우에 **뭔가 저질러지리라**고 국민들에게 확인시켜 주는 홍보활동의 수단으로 기능한다고 생각하는 것은 조금도 냉소적이지 않다.

정부규제가 임상수련과 이론형성의 표준을 개선시키지 못할 것이라는 또 하나의 관점이 있다. 사실상 그것들을 퇴보시키리라고 생각하게 만드는 사례가 있다. 첫째, 장관의 시행령에 의해 요구된 수련의 표준은 최소한의 것이 되면서 동시에 양적인 것이 될 것이다. 계속해서 이러한 특징들은 프랑스와 다른 나라에서 심리학자의 등록과 관련된 경우에서처럼 자격부여의 조건이 순전히 형식적인 것이 되리라는 것을 의미한다. 수련기간은 수련자 자질의 척도로 잘못 받아들여지게 될 것이다. **통과의 학파**로 자랑스러워하는 〈프로이트대의학파〉에서 통과는 전혀 다른 윤리를 중심으로 구성되어 있는데, 그것은 바로 정신분석의 윤리와 일치하고 그 윤리를 따르는 것이다. 통과과정에서 피분석자들은 (그들 자신의) 분석과정에 대해 증언하게 되는데, 가장 귀중한 것으로서 분석경험에 대한 조사연구의 문제점과 그 결과 및 그것의 주관적인 효과들에 대해 증언할 뿐만 아니라, 그들이 '정신분석의 중대한 문제들'에 기여하게 되리라고 기대할 수도 있다는 것이다.[9]

　　마지막 비평은 정신분석의 규제나 증가된 규제로 향하는 최근의 경향에 있어서 더욱 교란시키는 방향으로 이끌어 간다. 규제자들의 마음속에는 정신치료자에 대한 개념이 있고, 그런 사실에 의해 테크니션으로서의 정신분석가에 대한 개념이 있지 않을까 의심하게 되는데, 말하자면 정신분석가를 무의식의 테크니션으로 간주함으로써 그의 테크닉과 실행은 적어도 그 사람들 자신들에게는 복잡하지 않으면서도 논쟁의 여지가 없다는 것이다. 그 결과는 규제와 침체 그리고 혁신성의 결여가 너무나 자연스럽게 손을 맞잡고 나아간다는 것이다. 규제된 환경이 2004년이 아니라 1954년에 조성되었다고 가정한다면 라깡이 해왔던 방식을 자유롭게 혁신시켜서 정신분석 실행의 특성을 영원히 바꿀 수 있었을까?

　　나는 이렇게 논평하면서 새로운 입법이 점증하는 규제과정에서 그 첫 번째 단계가 되는 것으로 가정하고 있다. 여기서 논의된 더욱 앞선 특정한 발전들은 2004년 8월에 제정된 법률로부터 직접 흘러나오고 있다. 여기에는 새로운 법 시행을 다루는 최고행정재판의 시행령에 규정된 것으로 기대할 수 있는 조건들이 포함되어 있다. 이런 일은 단기간에 일어날 것이다. 만일 다른 곳에서의 경험과 다른 영역에서의 경험이 판단하게 만드는 어떤 것이라면, 그때 우리는 〈프시스〉의 영역에서 법률적인 간섭 그리고/혹은 행정적인 간섭이 그 궤도를 따라 더 멀리 내려가면서 가차 없이 증가되리라는 것을 예상할 수 있다. 만일 이런 생각이 옳다면 정신치료에 위협이 될 뿐인 새로운 법률에 의해 정신분석이 보호되리라고 생각하는 것은 이상하리만치 근시안적인 접근방식이다. 정신치료 영역에서 정신분석을 동년배 가운데 제1인자라고 말한 것은 바로 프로이트였다. 더 큰 정신치료 단체를 그 자체의 의지에 맡기는 일이 우월감만큼 유쾌해질 수 있을지라도 그 근원은 사소한 차이에 대한 자기애가 되며, 최초의 아쿠와예 법안이 〈프시스 포럼〉을 통해 직접 관여하는 **모든** 전문가들의 연합전선을 형성하려는 시도가 옳았다는 것을 보여주게 될 것이다. 수정된 마테이 법안이 대체된 원래의 것보다 더 나쁘다는 자크-알랭 밀레의 판단은 물론 옳은 것이며, 계속해서 정신분석의 불리한 입장을 드러내 보일 이런 발전에 논리가 있다는 그의 판단도 역시 옳은 것이다. 수정된 입법에 정신분석을 포함시키는 일이 정신분석의 수련과 발전에 점차 더 중대한 영향을 끼치게 된다면 그것은 공허해지고 단명한 승리라는 것으로 밝혀질 수 있다.

정신치료의 실행에 관한 입법이 프랑스에서 정신보건 영역에 심대한 변화를 초래할 수 있다는 문맥으로 생각해 보는 것은 중요한 일이다. 양적인 개입, 소위 '근거중심적' 형태의 개입 쪽으로 향해가는 움직임은 자크-알랭 밀레가 비판해 왔던 최근의 클레리-멜렝의 "정신의학의 발전과 정신건강의 증진을 위한 실행계획"과 결합하여 정신보건 문제에 대한 접근방법을 교란시키는 경향을 보여주고 있다.

제2부

분석하는 철학자들

데카르트, 칸트, 지젝, 바디우, 야콥슨

Chapter 6

라깡과 바디우
부전의 논리학

"저는 길 위에 아무도 보지 못합니다"라고 앨리스는 말했다.

"나도 그런 눈을 가졌으면 하고 바랄 뿐이야"라고 왕은 초조한 목소리로 말했다.

"아무도 없음을 볼 수 있다니! 더구나 그만한 거리에서! 물론 그것은 내가 실재적인 사람들을 볼 수 있다는 것과 마찬가지겠네, 이만한 밝기에서!"

— 캐롤의 『거울을 통하여』

논리적으로 아무도 없음과 같은 무(無, nothing)는 보편자이다. "무는 영원하다"는 말은 "모든 것이 비영구적이다"와 등가를 이룬다. 그것의 논리적 행위는 고유명사의 행위와는 다르다. 그것은 결코 명사가 아

니고 논리학자들이 '양화사'라 부르는 것이다.[1]

'무'가 보편자라는 사실은 보편자를 회피하고 불완전 쪽에 남아 있는 무의 논리가 존재하는가라는 질문을 야기하게 된다. 그 질문은 라깡 이후로 섹슈얼리티, 특히 여성성의 토픽에 대한 중심성으로 인해 정신분석과 중요한 연결을 맺고 있다.

비보편화의 가능성이 있는 무의 논리는 정확히 라깡의 '부전' ($不全$, *pas-tout*)의 논리인데, 라깡은 주로 스무번째 세미나인 『앙코르』(1972-1973)와 「얼빠짐」("L'Étourdit" 1973)에서 성화(sexuation)의 네 가지 공식의 형태로 연구되고 있다.[2]

$$(\exists x) \sim \Phi x \qquad \sim (\exists x) \sim \Phi x$$

$$(\forall x)\Phi x \qquad \sim (\forall x)\Phi x$$

부전은 우하귀에 $\sim (\forall x)\Phi x$라는 공식으로 표현되어 있는데, "그것은 모든 x가 x의 Φ가 되는 그런 경우가 아니다"로 읽는다. 그것은 "어떤 A들은 비($非$)B이다" 혹은 "모든 A들이 B는 아니다", "모든 A가 아닌 것이 B이다"처럼 다양하게 표현되는 아리스토텔레스 논리학의 특정한 부정적 언표에 상응하는데, 그것들은 모두 논리적으로 등가를 이룬다. 그것은 또한 어떤 방법으로 $\sim (\forall x)(Gx \to Hx)$라는 술어 계산의 공식에 상응하는데, "그것은 모든 x에 대하여 만일 x가 G라면 x는 H가 되는 그런 경우가 아니다"로 읽는다.

라깡의 공식과 술어 계산의 공식 사이의 차이점은 다음과 같다.

라깡의 공식	술어 계산
$(\forall x)\Phi x$	$(\forall x)(Gx \rightarrow Hx)$
$(\exists x)\Phi x$	$(\exists x)(Gx \,\&\, Hx)$

라깡의 공식에서 변항 x는 남근(Φ, 즉 말하는 존재들 그리고 나무나 바위 또는 의자가 아님)에 들어가거나 들어가지 못한다고 말할 수 있는 그런 사물들의 범위에 이르는 것으로 가정되는 반면에, 술어 계산의 공식은 변항 x, y, z 등등이 모든 것의 범위에 이르는 방식으로 구성된다. 따라서 라깡의 첫 번째 공식이 말하는 바는 대충 "모든 x는 Φ이다" 혹은 "모든 인간들은 남근적인 기능에 속한다"가 되는데, 술어 계산의 첫 번째 공식은 "모든 x에게, 만일 x가 G라면 x는 H가 된다" 혹은 "만일 어떤 것이 인간이라면 그것은 남근적인 기능에 속한다"라고 말하게 된다.

■ 영어에서의 부전

나는 라깡 자신의 접근방법을 액면 그대로 받아들이고 부전(*pas-to-ut*)을 섹슈얼리티와의 직접적인 연결을 가정하지 않고서 개념적 혹은 논리적인 범주로 부르게 될 것이다. 라깡이 '부전' (*pas-tout*)을 여성성에 관하여 소개하는 것이 사실이라 할지라도 마음 속으로는 오로지 그러한 참조로만 사용하는 것은 아니다. 부전(*pas-tout*)은 라깡이 만들어낸 논리적 범주이자 보편화할 수 없는 무의 공식화로 가장 잘 받아들여지고 있다. 만일 우리가 이를 받아들인다면 우리는 부전과 그 다음엔 일반적인 성화의 공식이 섹슈얼리티의 영역과 고유한 관계를 맺지 못하면서 그것과는 독립적이라는 것을 제일 먼저 알게 될 것이다. 이것이 근본적으로 참신한 접근방법이다. 즉 그 공식들은 섹슈얼리티의 특성에 대해 뭔가를 우리에게 알려주는데, 그 정확한 이유는 그것들이 섹슈얼리티가 무엇인지 말해주려고 하지 않기 때문이다. 이것은 두 번째 관점으로서 그것들이 다른 여러 영역들에 정당하게 적용될 수 있는 바로 그 이유가 된다. 그에 대한 수많은 사례들이 있다. 예를 들어 장-클로드 밀네가 『언어의 사랑』과 『민주주의 유럽의 사악한 성향』에서 제시한 용법으로서, 그의 부전 이용은 한편으로 언어의 불완전에 대한 연구와 다른 한편 사회조직에 대한 연구에서 중점적이다.[3]

부전의 논리에 중요성이 있다면 그것은 이러한 논리를 본질적으로 또한 단독으로 검토해 보라는 명령이 되고, 이것은 내가 여기서 해보자고 제안하는 바가 된다. 이것이 그처럼 쉬운 임무가 되지 않는 까닭은 그 논리가 전통적이지 못하기 때문이고, 또한 알랭 바디우가 지적하듯이 비록 그 혼동이 명백할 뿐이라는 것이 나의 논쟁점일지라도 그것이 꽤나 혼동되어 있는 것처럼 보이기 때문이다.

첫째, 실제적인 용어 그 자체인 부전(pas-tout)에 어떤 논평이 요구될지라도 내가 불어를 계속 사용하는 까닭은 그것이 영어로 잘못 번역되어 왔기 때문만이 아니라 불어로 된 그 용어 밑에 애매성이 깔려 있기 때문이며, 라깡이 그 점을 이용하지만 영어에는 그것이 유지될 수 없기 때문이기도 하다. 그 용어는 간혹 '부전'(not-all)이란 영어로 번역되는데, 이것은 『텔레비전』의 경우에서처럼[4] 가장 명백한 번역이 된다. 대부분의 해설들도 마찬가지이다. 훌륭한 번역자인 브루스 핑크는 『세미나 XX』의 번역에서 'not-whole'을 선호하고 있지만, 다른 저자들은 흔히 아무런 설명도 없이 그 둘 사이에서 왔다갔다 한다. 마치 이것으로는 충분히 혼란스럽지 않은 것처럼 불어에서가 아니라 영어에서 야기되는 더 큰 복잡함이 있게 되는데, 다시 말해 아리스토텔레스의 논리에서 "모든 A가 B는 아니다"의 형식을 갖는 특칭 부정명제가 주어진다면 아리스토텔레스의 연결을 유지하는 번역이 'not every'를 포함해야 할 것이다.

나는 자신의 선택이 라깡의 용어사용을 가장 정확하게 파악하고 있다는 핑크의 의견에 동의하지만, 라깡이 양화사(quantificateurs)보다는 오히려 '한량기호'(quanteurs)로 말하면서 자신의 관심은 정량이나 양화와는 상관없음을 가리키고 있다고 그가 말할 때 그것(용어사용^{역주})을 충분히 정당화한다고 믿지 않는다.[5] 핑크는 『라깡의 주체』에서 부전(pas-tout)을 '~의 전체가 아닌' 혹은 '~의 전부가 아닌'으로 번역하는데, 그는 동일한 근거로 부전을 정당화하고 있지만 우리는 양화사를 다루는 것이 아니라 다른 어떤 것을 다루고 있다. 나는 라깡이 다른 어떤 것에 대해 말하고 있다는 것에 동의할 뿐만 아니라―또한 나는 이것이 무엇인지 설명할 것이다―라깡이 거기서 양화이론에 대해서도 역시 분명하고 틀림없는 언급을 해보려고 의도하는 것으로 생각한다. 이것 또한 간과되어서는 안 된다.

요컨대 만일 우리가 '한량기호'가 양화사가 아니라는 것을 받아들이고 따라서 양화를 다루고 있지 않음을 받아들인다면 다음과 같은 질문이 야기된다. "우리는 무엇을 다루고 있는가?" 또한 아리스토텔레스의 논리와 라깡에 의해 명백히 다뤄지고 있는 양화 취급과의 사이에서 그 연결은 불가사의한 것이 될 텐데, 그것은 마치 우리가 제일 먼저 논리문제를 다루고 두 번째로 성화문제를 다루고 있다는 요점이 될 것이다.

번역의 문제가 단순히 영어로 등가가 되는 '부전'(not-all) 혹은 하나의 다른 용어나 구를 채택함으로써 풀릴 수 없는 것처럼 보일 것이다. 이 문제는 양화를 다루는 영어 용어들—'all'(모두), 'each'(각각), 'some' (어떤), 'any'(얼마라도), 'no'(없는) 등등—이 그에 상응하는 불어 용어 들—'tout,' 'tous,' 'chaque,' 'aucun,' 'nul,' 'quelque' 및 'quelques'—과는 약간 다르면서 유의하게 다른 방식으로 작용한다는 사실 때문에 더욱 복잡해지는 어려움이 있다.

게다가 나는 라깡이 부전(pas-tout)이란 용어를 부분사("x의 모두가 Φ는 아니다")의 의미와 주연("어떠한 x도 Φ가 아니다")의 의미 두 가지 모 두에서 사용한다고 생각한다. 이것이 영어권 독자들에게 혼동의 근원이 되어왔는데, 그 까닭은 부전(pas-tout)이 불어에서 양쪽의 의미로 사용될 수 있는 반면에, 영어에서는 어떤 유일한 용어도 그렇지 못하는 이유에 대해 적절히 설명되어본 일이 결코 없었기 때문이다.

번역의 문제는 그 정도의 것이다. 이제 좀 더 본질적인 질문으로 옮 겨가 보자.

▪ 부전에 대한 바디우의 비판

알랭 바디우는 두 가지 고려사항으로 라깡의 부전 이론을 비판하 고 있다.[6] 그는 라깡이 수학과 논리학의 이용에 대하여 혼동을 보인다고 주장하면서 무한의 개념에 있어서 그가 '전(前)칸토르적'이라고 비난한 다.

첫 번째 비평은 라깡이 논리적 등치(等値)의 결여를 정당화하는 방 식에 대한 비판에서 출발하는데, (두 가지 명제들[역주]) 사이에서 아리스토텔레스의 논리학과 현대적인 술어 계산 둘 모두에 의해 확인된 것이다. 하나는 '~(∀x) Φx', 대충 말해서 "모든 x는 x의 Φ가 아니다"이고, 또 하나는 '(∃x)~Φx', 대충 말해서 "적어도 하나의 x는 x의 Φ가 아니다." 이제 바디우가 지적하는 것처럼, 거세인 Φ가 아마도 보편적이기 때문에 향락에 대한 그의 접근이 Φx가 아니라는 것, 다시 말해 (∃x)~Φx가 거짓이 되어야 한다는 것을 가정하게 되는 그런 x는 있을 수 없다. 그렇다면 라깡의 ~(∀x) Φx, 즉 "모든 x는 x의 Φ가 아니다"라는 것이 (∃x)~Φx, 즉 "적어도 하나의 x는 x의 Φ가 아니다"라는 논리적 함축을 회피하고 있는가? 바디우에 의해 인용된 그 방법에 대한 라깡의 설명은 다음과 같은 긴 문장 속에 나타난다.

[아리스토텔레스의] 논리학에서 "부전(pas-tout)의 x가 Φx 속에 새겨져 있다"고 쓸 수 있다는 사실에 기초하여, 그것에 모순되는 x가 있다는 함축에 의해 우리는 연역하게 된다. 그러나 단 한 가지 조건에서만 그것은 참인데, 그 조건이란 전체 혹은 문제의 부전(not-whole, pas-tout)에서 우리가 유한을 다루고 있다는 것이다. 유한한 것에 관하여 함축이 있을 뿐만 아니라 엄밀한 등치도 있다. 우리가 그 공식을 폐지시키고 그것을 특칭으로 전환시킬 수 있도록 보편화된 공식에 모순되는 한 가지가 있다는 것으로써 충분하다. 이러한 부전(pas-tout)은 아리스토텔레스의 논리학에서 특칭명제에 기초하여 언술되는 것에 등치적인 것이 된다. 한 가지 예외가 있다. 그러나 그와는 반대로 우리는 무한한 것을 다룰 수 있다. 우리가 부전(pas-tout)을 받아들여야 하는 것은 더 이상 외연의 시각에서가 아니다. 여성이 부전(pas-tout)이라 말하고 그것이 바로 내가 여성에 대해 이야기할 수 없는 이유가 된다고 말할 때, 그 정확한 이유는 내가 Φx라는 함수에서 사용될 수 있는 모든 것에 대하여 무한의 영역에 있는 향락의 문제를 제기하기(je mets en question) 때

문이다.

　이제 여러분이 무한집합을 다루자마자 부전(pas-tout)이 부정이나 모순을 기초로 하여 만들어진 어떤 것의 존재를 함축하게 된다고 설정할 수 없게 된다. 여러분은 곤경에 처하여 그것을 불확정의 존재로 설정할 수 있다. 그러나 우리가 직관주의로 확인되는 수리논리학의 외연으로부터 "거기에 존재한다"는 것을 설정하는 것으로 알고 있듯이 사람들은 그것을 구성할 수도 있어야 하는데, 다시 말해 그러한 존재가 놓여 있는 장소를 찾을 줄 알아야 한다는 것이다.[7]

라깡에 대한 바디우의 비판은 이 문제에 대한 라깡의 해결책이 그가 혼동하고 있는 두 가지 모순되는 노선의 논점들을 채택하고 있다는 것이다. 첫 번째 노선을 따라가 보면 라깡은 근본적인 논리가 고전적인 것이 아니라 직관주의적인 논리의 변형이라고 주장한다. 두 번째는 칸토르의 집합 이론에 호소하고 있으며, 라깡이 다른 곳에서 실무한(實無限, actual infinite)이나 완전 무한의 '심연'으로 기술한 것을 소개하고 있다. 즉각적이고 명백한 반대는 그가 실무한을 거부하는 직관주의에 호소하면서 그의 작업이 그것을 가정하는 칸토르에 호소하고 있다는 것이다.

　나는 라깡이 간혹은 잠정적이지만 논리학에서 부전(pas-tout)과 그의 본질적인 불완전성에 관한 어떤 것을 구성하는 방법에 대해 파악하고 있음을 인정하고, 또한 이것이 무한과 관련되어야 한다는 것도 인정한다. 그러나 바디우는 이 시점에서 부전(pas-tout)의 논리를 취급함에 있어 부당하게 칸토르식의 무한 개념인 실무한을 라깡의 탓으로 돌리고 있다.

　아리스토텔레스는 무한수의 어떠한 집합, 즉 홀수의 집합도 마지막 수가 없다는 의미에서 오직 가능성으로만 무한한 것이라고 생각했던 반면에, 칸토르는 그러한 무한집합들이 실질적인 것이라는 개념을 포함시켰다. 따라서 칸토르에 의하면 무한수로 된 수들의 집합들이 존재한다는 것이다.

부전($pas-tout$)의 논리는 무한과 관련될 수밖에 없다. 라깡도 그렇게 말하고 있다. 그러나 이러한 무한이 실질적이라는 견해를 그의 탓으로 돌린다는 것은 부당한 일이다. 사실상 전체적인 관점은 부전($pas-tout$)이 실무한의 수열이 아니라 오로지 불확정적이고 불완전한 수열과 함께 작용할 수 있을 뿐이라는 것이다.

바디우는 앞선 문장에서 진행되고 있는 다른 그 무엇이 있음을 지적해내고, 또한 이런 분명한 '모순'(내가 방금 지적해냈던 것처럼 사실상 그런 것이 아닌 것)이 해결될 수 있음을 지적하고 있다. 그는 '$\sim(\forall x)\Phi x$'가 '외연으로' 받아들여지지 않는다는 라깡의 관점을 올바르게 강조하고 있다. 여기서 라깡이 의미하는 바는 현세적인 사례의 도움으로 설명될 수 있다. "사과들은 모두 붉지는 않다"는 것은 i) 모든 사과가 붉은 것은 아니다, 혹은 ii) 어떤 사과도 완전히 붉지는 않다는 것을 의미할 수 있다. 첫 번째 의미는 '외연으로서'의 해석이고 어떤 사과는 붉지 않다는 것, 혹은 $(\exists x)\sim\Phi x$를 함축하고 있다.[8] 다른 한편, 두 번째인 ii)는 붉지 않은 사과들이 있다는 것, $(\exists x)\sim\Phi x$라는 것을 함축하는 것이 아니라 오직 어떤 사과도 완전히 붉지 않다는 것만을 함축할 뿐이다. 다시 말해 완전히 Φ 아래 들어오지 않는 x가 적어도 하나는 있다는 것을 함축한다. 라깡의 '$\sim(\forall x)\Phi x$'가 취해오게 되는 것은 바로 이런 두 번째 의미이다. 즉 남근적인 기능에 완전히 들어오는 여성은 없다. 바디우는 약간 애매하게 다음과 같이 말함으로써 그럴싸하게 둘러대고 있는데, 부전의 x가 모두의 위치로부터 Φ를 '지지한다'고 말하고, 따라서 그 공식이 Φ 함수의 '돌파하기'를 가리킨다고 말한다는 것이다.

> 본질적인 논리적 관점은 이제부터 보편자의 [분명한] 부정으로부터 부정적인 실존적 단언을 부전(*pas-tout*)의 형태로 연역할 수 없다는 것이다. '(∃x)∼Φx'가 '∼(∀x)Φx'에 뒤따른다는 것은 참이 아니다.[9]

이제까지는 모든 일이 잘 되었다. 그러나 바디우는 직관주의에 대한 라깡의 호소 때문에 행복하지 않다. 순수논리학에서 바디우는 직관주의가 부정의 힘의 한계에 이른다고 말한다. 그것은 다음의 것들을 거부한다.

- 배중(排中) 원리, 즉 어떤 명제나 그의 모순은 참이라는 것, 또는 p 혹은 ∼p,
- 이중부정과 긍정 사이의 등치, 즉 ∼∼p는 p와 등치라는 것,
- 보편자의 부정인 ∼(∀x)Φx가 부정적 존재의 긍정인 (∃x)∼Φx와 등치이다. 이런 관점에서 "직관주의는 라깡의 소망과 완벽하게 일치한다."[10]

어째서 바디우는 직관주의자가 되는 것이 범죄가 된다고 생각하는가? 그는 직관주의자들이 앞에서 언급된 원리를 거부하는 근본적인 이유가 카뉴트 왕처럼 그들이 현대 수학의 가장 위대한 업적 가운데 하나인 실무한을 받아들이길 꺼려하는 것인데, 그들은 그것을 유한에 대해 통제되지 않고 분명하게 개념화되지 않는 부정의 효과로 간주한다. 또한 직관주의자들은 추리의 한 형태인 논증환원법(reductio argument)도 거부하는

데, 거기서 사람들은 p라는 것을 증명하기 위하여 ~p라고 가정하다가 그 다음엔 이것이 모순인 ~~p로, 따라서 p로 되어가는 것을 보여주게 된다. 물론 이중부정이 긍정과 등치임을 받아들이지 않으려는 거부가 논증환원법의 포기를 수반하게 된다. 그러나 이것은 이중부정이 긍정과 등치임을 거부하게 되는 주된 이유가 아니다. 직관주의자가 논증환원법을 거부하고 싶어하는 주된 이유는 그것이 간접적인 증거가 되면서 직접적인 증거를 제공해 주는 것이 아니라, 그 밖의 어떤 것이 거짓임을 보여줌으로써 단지 진행해 갈 뿐이기 때문이다. 이런 방법은 유한집합이 관여하는 곳에서는 충분하리만큼 무해하다. 그러나 직관주의자가 믿는 정도로 그것은 우리가 불편함을 느낄 수밖에 없는 무한집합에 관련된 증거들을 허용해 준다.

또한 바디우도 라깡이 직관주의적인 프로그램에 대하여 마음에 들어하지 않았다고 주장하는데, 왜냐하면 그가 어디선가 논증환원법을 사용하는 것에 대해 반대하지 않았을 뿐더러 분명히 실무한의 존재에 호소하고 있었으며, 그것은 직관주의자들이 거부했던 기교로 증명될 수 있을 뿐이기 때문이다. 이것은 그로 하여금 『앙코르』에서 직관주의적인 논리에의 호소가 기회주의적인 것이라는 결론을 내리는데, 그 이유는 라깡이 자신의 논증을 지지하기 위해 그것에 호소하기를 다행스럽게 여겼지만 직관주의자의 엄격한 프로그램에 동의하기를 꺼려했기 때문이다.

▪ 바디우에 대한 반응

내 반응은 라깡이 수학에 대해서는 직관주의자—혹은 직관주의자라기보다는 오히려 '구성주의자' —가 될 수 있으면서 동시에 논리학에 관해서는 지나게 '제한적일' 만큼 직관주의를 내버릴 수도 있다는 것을 보여주려는 것이다.

바디우는 약간 지나치게 서둘러 직관주의를 거부하게 되고, 따라서 라깡에 대한 비판도 약간은 지나치게 서두른 것 같다. 그는 수학에 관하여는 실재론자이지만 수학적인 대상들에 관해서는 그를 솔직한 플라톤주의자로 기술할 수 없기 때문에 그의 실재론의 범위와 특성은 복잡한 문제가 되는 한편, 직관주의에 대한 그의 반대는 명백하고 절대적이며 불변하다.[11] 집합론이 존재론이라는 그의 확신과 함께 바로 그의 실재론이 직관주의에 그처럼 강력히 반대하도록 그를 이끌어 가는데, 그것은 어떤 사람을 치명적으로 전(前)칸토르적인 세계에 국한시키는 것처럼 디자인되어 있다.

나는 직관주의적인 모든 것들의 거부가 어째서 실수가 될 가능성이 그렇게도 높은지 그 이유를 설명하고 싶다. 첫째, 수학에 대해서는 직관주의자지만 논리학에 대해서는 매우 인습적으로 되어갈 수 있는데, 철학자가 해놓은 것보다 더욱 그러하다. 예를 들어 콰인은 다음과 같이 주장하고 있다.

사람들은 직관주의적인 논리를 채택하지 않고서도 매우 높은 정도의 구성주의를 실행하면서 이를 전파할 수도 있다. 웨일(Weyl)의 구성주의적 집합론은 거의 브라우어(Brouwer)의 직관주의만큼 오래된 것이고, 그것은 정통적인 논리를 이용하고 있다. 그것은 오로지 집합의 존재에 대한 공리에 있어서 구성주의로 나아가고 … . 구성주의적인 망설임은 고전주의적 논리의 편리함과 아름다움에 일치될 수 있다.[12]

사람들이 이런 노선을 채택하길 원하는 이유는 고전적인 논리학에 대해서가 아니라 집합론에 대해 서로 맞서는 구성들이 있기 때문인데, 따라서 논리학 그 자체로까지 깊이 스며들게 하는 결과도 없이 집합론을 하나의 구성으로 본다는 것은 훌륭한 일이 될 것이다. 이것이 정말로 가능한 일이라면 바디우의 반(反)직관주의적인 자세가 조금 잘못 놓여 있다는 것은 분명하다. 이제 바디우의 진정한 논쟁이 실제로는 수학의 구성주의적 견해와 관련되어 있는 것처럼 보이고, 이것은 수학적인 논쟁이라기보다는 오히려 철학적인 논쟁이 된다. 따라서 바디우와 구성주의자는 모두 실무한의 존재에 대해서는 동의할 수 있지만 실무한의 특성뿐만 아니라 모든 수학적 대상들의 특성에 대해서는 동의할 수가 없다.

콰인의 '구성주의'는 직관주의자에게 받아들여질 수 없는데(그 문제에 관해서는 바디우에게도 마찬가지일 뿐이다), 그 이유는 논리학보다 수학을 더욱 근본적인 것으로 여기는 직관주의자에게 일차적인 것은 거부되고 이차적인 것은 보존되는 것으로 생각되기 때문이다. 어떤 경우에도 물론 수학적 '구성주의'에서 논리적 직관주의를 갈라놓은 결과는 직관주의자가 받아들일 수 없는 것으로, 바디우에 의해 언급된 논리적 조작들—배중률 등등—을 수학적 구성주의자가 포기할 필요는 없다는 것이다. 누구든 고전적 논리학에 집착하듯이 수학적 대상들에 대해서는 구성주의자가 될 수 있다. 이 덕분에 라깡은 자유롭게 이런 원리들을 받아들이면서 **동시에** 다른 근거들 위에서 논리적인 등가물을 포기하게 된다.

$$\sim(\forall x)\Phi x \leftrightarrow (\exists x)\sim\Phi x$$

직관주의자들은 역사적으로 칸토르에 대한 반대에 의해 자극받게 되었던 것이 사실이지만, 수학에 관하여 반(反)플라톤주의자가 되거나 '구성주의자'가 되는 데에는 다른 근거들이 있다. 비트겐쉬타인의 수리 철학에 관한 크리스핀 라이트의 저서는 이런 관점에서 탁월하다.[13] 마이클 더메트도 역시 수학에 관하여 실재론자는 진리값의 인정을 위한 우리의 수단과는 관계없이 수학적 진술에 대한 진위의 개념으로 조작한다고 추론한다.[14] 실재론적 견해는 직관적으로 강요되는 가정을 만들어내는데, 2보다 더 큰 모든 짝수는 두 소수의 합이라고 주장하는 골드바하의 추측은 참이거나 거짓이며, 이것은 그것이 증명될 수 있든 없든 참이라는 것이다. 이것은 플라톤주의 입장에 대하여 직관적으로 강요되는 것이다. 실은 우리가 그것을 보여주었는지 그 여부와는 상관없는 일이고, 수학적인 증명은 이미 거기에 존재하는 것의 발견과 비슷하다. 만일 골드바하의 추측이 참이지만 증명될 수 없거나 증명된 일이 없다면 그 뒤에 따라오는 것은 그것을 알 수 있는 우리의 능력과는 상관없는 수학적 실재가 있다는 것이다. 이제 수학명제를 참인 것으로 만드는 것은 그에 상응하는 어떤 수학적인 사실이나 사태라는 가정이 거짓이라고 더메트는 주장하게 된다. 사실상 그 문장들이 참이 되게끔 도와주는 것이라곤 아무 것도 없는 수많은 참된 문장들을 생각하기란 어려운 일이 아니다. 어떤 사실도 참으로 만들지 못하는, "또 다른 나폴레옹은 결코 존재하지 않을 것이다"라는 문장을 생각해 보자. 만일 그것이 참이라면 수학적인 진술을 참인 것으로 만드는 것이 수학적 사태가 된다고 단순히 가정할 만한 아무런 근거도 없다. 단지 수학적 실재론이 참이라고 가정하는 것은 틀린 일이 될 것이다.

이런 논의가 의미하는 바는 우리가 반영을 통하여 직관주의와 구성주의를 구별할 수 있게 되고 실재론을 직관주의가 아니라 구성주의와 대조시킬 수 있게 된다는 것이다. 이제 라깡을 구성주의자로 생각해야 하는 것은 더욱 분명해지고, 또한 그가 『앙코르』에서는 직관주의에 호소하고 있지만 다른 곳에서는 방법론적인 비난에 대한 거부를 내보인다고 주장하는 이유는 그가 수학에 관해서는 구성주의자가 되지만 논리학에 관해서는 직관주의자가 아니기 때문이다.

바디우는 "수학적인 형식화가 우리의 목표, 우리의 이상이다"라는 라깡의 말[15]을 라깡이 직관주의자가 아니라는 견해에 대한 증거로 인용하고 있다. 그러나 만일 내가 하는 말이 옳다면 그것은 라깡이 직관주의자가 아니라는 증거가 되고, 이것은 그런 언급에 대한 유일한 이유가 될 수 있다고 생각하게 된다. 다시 말해 라깡은 여전히 직관주의의 '금지'를 받아들이지 않으면서도 수학에 관해서는 구성주의자로 남아 있을 수 있게 된다.

게다가 라깡을 구성주의자로 간주하는 것이 다른 근거로 봐서도 옳은 일이라고 생각한다. 또한 만일 내가 직관주의와 구성주의 간의 구별을 주장하게 된다면 그 이유는 라깡이 수학에 관하여 구성주의자라고 생각하기 때문이고, 성화의 공식에 관하여 그가 다듬어낸 것과 중요하게 관련되어 있는 이유들 때문이다.

라깡은 ~(∀x)Φx라는 것이 (∃x)~Φx라는 것을 의미하지 않는다는 견해를 분명하게 밝히고 직관주의적인 논리에 찬성하여 그에 호소한다는 것은 사실이다. 다시 말해 그는 직관주의의 '금지' 들 가운데 하나를 시인하고 있다. 또한 라깡이 부전(*pas-tout*)을 사용함에 있어 직관주의가 그를 지지해 준다고 생각하는 것은 인정되어야 한다. 그러나 이것은 바디우에 의해 그의 탓으로 돌려진 직관주의에 대한 다른 비판들을 받아들이는 일에는 크게 못 미친다.

■ 아리스토텔레스와 부전

이것은 논의 밖으로 멀리 밀쳐두었으면서도 어쨌든 그 논의에 기본이 될 수밖에 없는 것으로 우리를 인도하게 된다. 즉 아리스토텔레스의 논리학과 술어 계산이다. 라깡의 부전(pas-$tout$)이 아리스토텔레스의 논리학과 맺는 관계에 대한 조심스런 분석은 라깡이 ~(∀x)Φx를 '주연으로' 받아들이지 않는다고 선언할 때 의미하는 바에 대한 초기 해석의 올바름을 드러내 보이고 있다. 나는 이제 그 이유를 설명하려고 한다.

아리스토텔레스는 어떤 주어의 술어를 단언하게 되는 세 가지 형태의 진술들 사이를 구별했다. 여기에는 단칭과 전칭과 특칭이 있다.[16] 단칭을 한쪽으로 제쳐놓고 부정과 긍정을 전칭에 결합시키면서 특칭은 논리적으로 서로 다른 네 가지 형태의 진술들을 만들어낸다. 전칭긍정인 "모든 A들은 B이다"와 전칭부정인 "모든 A들은 B가 아니다", 그리고 특칭긍정인 "어떤 A들은 B이다"와 특칭부정인 "어떤 A들은 B가 아니다"인 것이다.

아리스토텔레스의 형식논리학의 전칭 및 존재 양화사들과 자연언어에서 양화를 표현하는 용어들 사이에는 직접적인 상호관계가 없다. 이런 사실은 언어가 무(無)를 가리킬 때 특히 적절해지는데, 우리가 앞으로 보게 되듯이 자연언어의 행위와 화자들의 직관이 형식언어의 구조에서 갈라지기 때문이다.

자연언어의 문법과 아리스토텔레스의 논리학 사이의 이러한 대조는 아리스토텔레스에게서 특칭에 대한 논의의 기초를 이루는데, 라깡의 부전(pas-$tout$) 이론에 중대한 영향을 주었다고 자크 브륀쉬빅의 저서에

쓰여 있다.[17] 브륀쉬빅은 아리스토텔레스가 처음엔 자연언어의 작용에 의해 잘못되었다고 주장하며, 이것 때문에 그의 논리학에 부정합의 문제를 가져오게 되었다고 주장한다. 결국 아리스토텔레스는 일관된 논리학을 고안하게 되었지만 그것은 자연언어에 내포된 특정한 직관들이 허락되지 않았던 것이 되는데, 특히 특칭긍정 진술과 특칭부정 진술 두 가지 모두와의 관계에서 그러하다.

브륀쉬빅이 분석하고 있으며 아리스토텔레스에게 문제를 일으켰던 것은 특칭진술이 자연언어에서 만들어내고 있는 것이다. 다시 말해 특칭의 일상적인 의미는 서로 일치되지 않는 세 가지 명제들을 가져오게 되는데, 다음과 같이 직관적으로 분명한 세 가지 가정들에서 볼 수 있다.

1. 상반되는 '성질'의 특칭과 전칭(다시 말해 하나는 긍정적이고 다른 하나는 부정적인 것)은 서로 모순적이다. 따라서 통상적인 용법은 다음의 것을 공리적인 것으로 취급하게 된다.

$$모든\ A들은\ B이다 \leftrightarrow \sim 어떤\ A들은\ B가\ 아니다[18]$$

2. 특칭진술은 그것의 대소대당(大小對當)에 의해 의미된다.

$$모든\ A들은\ B이다 \rightarrow 어떤\ A들은\ B이다$$

브륀쉬빅이 지적해내는 것처럼 통상적인 용법은 이런 두 번째 명제 위에서 분할된다. 만일 모두가 그렇다는 것을 내가 알지 못한 채 어떤 (많은 : a lot, many) A들이 B라고 여러분에게 말한다면 여러분은 두 가지 방법 가운데 하나로 대답할 수 있다. "실제로 당신이 말한 것은 틀리지 않습니다. 사실상 모든 A들이 B이기 때문입니다"라고 말하든가 혹은 "아니, 아닙니다. B가 되는 것은 오로지 **어떤** A들만은 아니죠. 모든 A들이 B입니다"라고 설명하게 될 것이다. 내 자신의 견해로는 자연언어가 이 점에 있어서 그렇게까지 애매하지 않다는 것인데, 왜냐하면 두 번째 시나리오에서는 모든 A들이 B이니까 **어떤** A들이 B라는 것은 더욱 확실한 경우가 된다는 답변으로 되돌아올 수 있기 때문이다. 어쨌든 만일 내 의견에 동의한다면 "모든 A들이 B이다"라는 진술이 "어떤 A들이 B이다"를 의미한다는 것을 받아들이게 될 것이다.

3. 두 가지 특칭진술들이 서로를 의미하게 된다. 통상적으로 "어떤 A들이 B이다"라는 진술은 "어떤 A들은 B가 아니다"라는 진술도 똑같이 참이 되는 상황에서는 참이 될 것이다. 예를 들어 만일 내가 "어떤 고양이들은 검정색이다"라고 주장한다면 이것은 검지 않은 고양이도 있다는 것을 의미하는 것처럼 보인다.

어떤 A들은 B이다 ↔ 어떤 A들은 B가 아니다

이런 세 가지 형식적인 관계들에 관련된 문제는 쉽게 보여줄 수 있는 것처럼 그것들이 상호 간에 모순적이라는 것이다. "모든 A들은 B이다"로부터 다음의 두 가지가 뒤따라오게 된다. (1에 의해) 어떤 A들이 B라고 함은 거짓이라는 것이고, 또한 (2와 3에 의해) 어떤 A들이 B가 아니라고 함은 모순이라는 것이다. 그 모순은 앞에서 언급된 자연언어의 공리인 1, 2 혹은 3 가운데 하나를 거부함으로써 회피될 수 있을 뿐이다.

거부하는 공리인 3은 두 가지 특칭진술들의 등가물로서 아리스토텔레스의 고전적인 대당방형(對當方形 square of opposition)을 만들어낼 것이다. "모든 A들은 B이다"와 "어떠한 A도 B가 아니다" 사이의 모순(만일 하나가 참이라면 다른 것은 거짓이 되는 곳)은 남아 있는데, "모든 A들이 B이다"와 "어떤 A들은 B이다"와의 사이에, 또한 "어떠한 A도 B가 아니다"와 "어떤 A들은 B가 아니다"와의 사이에 있는 특칭명제의 관계(만일 첫 번째가 참이라면 두 번째도 그러한 곳)가 그러한 것과 같다. "어떤 A들은 B이다"와 "어떤 A들은 B가 아니다"라는 두 가지 특칭진술의 등가성은 소반대명제들(subcontraries)의 하나가 되든가 양립성이 되는데, 거기서 두 가지는 모두 한꺼번에 참일 수 있는 것이지 거짓은 아니다. "어떤 A들은 B이다"라는 특칭진술은 "적어도 하나의 A는 B이다"라고 말하는 것으로 해석되는데, 거기서 모두가 그러하다는 것은 제외되지 않는다. 브륀쉬빅은 "어떤 A들은 B이다"와 "어떤 A들은 B가 아니다"에 대한 이런 해석을 '최소특칭'이라 부르는데, 거기서 **모든 A들이 B라는 (아니라는)** 것은 제외되지 않는다.

다른 한편, 만일 공리 2를 거부하고 공리 1과 3을 보유한다면 우리는 두 가지 특칭명제들이 상호 간에 서로를 포함하는 한 체계를 얻게 된다. 만일 누군가가 "모든 A들이 B이다"와 "어떤 A들은 B가 아니다" 또한 "어떠한 A도 B가 아니다"와 "어떤 A들은 B이다"를 모순명제들로서 유지하고 싶어한다면 역설적으로 다음의 두 가지를 허용하도록 강요당하게 되는데, 한 가지는 특칭명제들 각각이 동일한 성질의 전칭명제와 모순적이라는 것이고, 또 한 가지는 그 각각이 여전히 반대되는 성질을 가진 전칭명제의 모순명제가 된다는 것이다. 사실상 두 가지 전칭명제들 모두 특칭명제와 모순될 수밖에 없는데, 그 이유는 후자가 등가적이기 때문이다. 게다가 두 가지 전칭명제들이 등가적이어야 하는 까닭은 그것들이 등가적인 명제들의 모순명제들이기 때문이다.

"어떤 A들은 B이다"라는 특칭진술은 "적어도, 그리고 기껏해야 어떤 A들은 B이다"가 되며, "어떠한 A들도 B가 아니다"라는 진술은 "적어도, 그리고 기껏해야 어떤 A들은 B가 아니다"가 되어간다. 다시 말해서 만일 "모두가 아닌 A들은 B이다"가 참이라면 어떠한 A들도 B가 아니라는 것은 거짓이며, 그와 똑같이 모든 A들이 B가 아니라는 것도 거짓이다. 긍정적이든 부정적이든 A들과 B에 대해 참이 되는 전칭명제라는 것은 없다. 브뢴쉬빅은 이것을 '최대특칭'이라 부른다.

▪ 부전의 근원으로서의 '최대특칭'

자크-알랭 밀레는 바로 이 최대특칭이 라깡의 부전(*pas-tout*)의 근원이라고 주장한다.[19] 그렇다면 이것이 의미하는 바는 ~ $(\forall x)\Phi x$는 $(\forall x)$ Φx가 거짓일 뿐만 아니라 $(\forall x)\sim\Phi x$도 역시 거짓이라는 것을 의미한다는 것이다. 고려해 보면 이것이 의미하는 바는 한량기호(*quanteurs*)를 주연으로 받아들이지 않는다는 것이고, 또한 '~ $(\forall x)\Phi x$'에 대한 최대한의 독해를 이해할 수 있는 유일한 방법이 "부전의 x가 Φ이다"와 같다는 것이다.

더욱이 밀레는 다음과 같이 주장하는데, 나는 그 주장이 옳지 않다고 생각한다. 즉 그는 라깡의 부전(*pas-tout*)이 또 다른 관점에서 아리스토텔레스의 양화와 다르다고 주장하는데, 그것은 아리스토텔레스의 논리학에서는 담론의 세계가 유한하다는 것이며, 그 결과로서 부전(*pas-tout*)이 최대 혹은 최소로 해석되는 것과는 상관없이 결여와 불완전함에 관련된다는 것이다. 그는 첨언하기를, 라깡의 부전(*pas-tout*)이 무한한 세계를 떠안기 때문에, 또한 그것이 선택결과의 직관주의적인 모델로 구성되기 때문에 술어의 보편성에 대해서 말하기가 불가능하다는 것이다. 만일 "모든 A들이 B이다"는 수열을 규정해 주는 법칙이 처음부터 언급되지 않는다면, 제아무리 많은 A들이 B가 되는 것을 보여왔을지라도 B가 아닌 하나의 A를 찾아내지 못한 채로 모두에 대한 결론을 이끌어내는 일은 불가능하게 될 것이다. 그 수열은 '무법적'이고, 그것이 바로 라깡의 실재계의 속성이다.[20]

아리스토텔레스적인 논리학에서 담론의 세계가 유한한 반면에 라깡의 부전(*pas-tout*)은 담론의 무한한 세계를 껴안는다는 주장이 올바르지 못한 이유는 아리스토텔레스의 논리학이 유한한 세계와 무한한 세계를 똑같이 품고 있기 때문이라고 나는 믿는다. 즉 그것은 그것들이 유한한 수효의 사물들을 가리킨다는 진술과 무한한 수효의 사물들을 가리킨다는 진술들 간의 **논리적인** 관계에 아무런 차이점도 만들어내지 못한다. 그것은 세계가 텅 비어 있다면 차이를 만들어낸다. 그러나 모든 A들이 B들이라는 것으로부터 어떠한 A들도 비(非)B가 아니라는 것이 뒤따르게 되는데, A들의 수효가 유한하든 무한하든 상관없다.

아마도 밀레의 관점은 다른 방식으로도 구성될 수 있을 터인데, 그 덕분에 우리는 직관주의/구성주의라는 구별로 되돌아가게 될 것이다. '∀'와 '∃'라는 양화사는 무한한 수효의 대상들을, 따라서 그 전체를 가리킬 수 있게 만들어 주지만 하나의 술어에 의하여 그 어류(語類)의 모든 성원들의 특징으로 삼을 수 있다는 조건 하에서 그렇다. 예를 들어 "(∀x)[(x > 1) → (x > 0)]", 다시 말해서 "만일 어떤 숫자가 1보다 크면 그것은 영보다 크다"는 것은 그 어류의 무한한 수효에 대하여 진실한 것이 되는데, 그 이유는 그 숫자들의 어류가 무한하기 때문이다. 그러나 만일 무한히 큰 어류의 성원들을 규정할 방법이 전혀 없다면 그 진술의 진실은 성립될 수 없다. 그 어류가 무한히 크기 때문에 그 경우들의 열거로는 그 모두를 남김없이 포함시킬 수가 없다. 또한 적절한 술어가 없기 때문에 그것들로는 전체를 가리킬 수가 없다.

다시금 실제적 무한이란 문제가 어떻게 그 논점과 무관하게 되는지 우리가 알 수 있게 되는 까닭은 그 논점이 단지 **잠재적** 무한을 규정할 수 없는 불가능성(또한 당연히 그 경우들의 무한한 수효를 열거할 수 없는 불가능성) 가운데 하나일 뿐이기 때문이다.

라깡에 대한 바디우의 비판은 잘못된 것처럼 보이고, 내 생각으로는 수학에 대한 그의 실재론적 견해와 실제적 무한의 개념에 대한 불필요한 참조 때문에 온 결과로 보인다.

내가 알려줄 또 하나의 다른 논점이 있는데, 불행하게도 나는 여기서 그에 대해서 논할 수는 없지만 잠시 반성해 보는 것으로도 다음과 같은 사실을 알기에 충분하다. 즉 경우들의 열거에 대한 참조, 다시 말해 암암리에 ~(∀x)Φx의 경우에 그렇게 할 수 없는 불가능성에 대한 참조가 그 공식을 '주연으로' 취하는 것을 의미하는데, a도 아니고 b도 아니며 c도 아니고 …. 달리 말해서 부전(*pas-tout*)에 대한 두 가지 독해가 있는데, 그 독해는 라깡에 대한 해석에 혼동이 있지 않을까 생각하게 된다. 이것이 부전(*pas-tout*)의 논리에 대해 어떻게 영향을 주는가 하는 것은 또 다른 문제이다.

Chapter 7

칸트와 프로이트

칸트에 대한 프로이트의 참조는 매우 드물고 간결하다. 이런 언급이 암시해 주는 것처럼 그러한 참조는 칸트의 도덕법칙과 초자아 사이의 폭넓은 비교에 지나지 않음을 보여주는 것 같다. 그러나 라깡은 그 관계를 자세히 추적하면서 정신분석의 출현에 있어 칸트의 도덕철학을 대단히 중요하게 여긴다. 심지어 그는 칸트의 윤리학이 프로이트 발견의 필수적인 전제조건이었다고 주장하게 된다. 라깡은 「칸트와 사드」라는 논문과 일곱 번째 세미나인 『정신분석의 윤리』에서 칸트 철학의 매우 세세한 점까지 참조해 가며 칸트에 대해 길고 자세하게 논의하고 있다.

칸트에 대한 프로이트의 참조가 아무리 간결하다고 해도 나는 두 저자들 사이의 비교가 **욕망**의 특성에 대하여, 또한 도덕적 관점의 채택이 가져오는 심리적 결과, 다시 말해 도덕적 행위자의 존재가 가져오는 심리적 결과에 대하여 흥미로운 조명을 비춰줄 수 있다고 믿는다. 나는 칸트의 도덕철학에 대한 '심리학적' 접근방법이나 자연주의적 접근방법을 취하게 될 것이고, 그렇게 함으로써 도덕적 행위자의 존재 결과에 대한 의미 있는 어떤 견해를 끌어낼 수 있다고 생각하는데, 이는 지금까지는 간과되어 왔던 관점이다. 내가 논의하고 싶은 주장들 가운데 하나는 욕망과 도덕법칙 사이에 밀접한 관계가 있다는 것이다. 나는 칸트가 말하는 상당히 많은 언급들에 반하는 쪽으로 내 논의가 진행되는 일이 분명해질 것이라고 생각한다. 따라서 나는 욕망과 도덕법칙이 어떻게 관계되는지 그에 대한 칸트의 견해와 비교해 보려고 한다. 나는 정신분석적인 관점에서 봤던 것처럼 욕망과 쾌락 사이의 관계에 대한 몇 가지 언급으로써 결론을 맺으려고 하는데, 그 이유는 그것들을 구분할 수 있는 가능성이 법칙과의 관계 주위에 존재하기 때문이다.

■ 칸트의 도덕철학

칸트는 본질적으로 행위가 도덕적 가치를 갖게 하려고 행위에 두 가지 요구조건을 설정해 두고 있다 : (1) 그것은 보편화될 수 있어야 하고, (2) 그것은 의무를 위해 행해져야 된다. 나는 그것들을 차례로 논의하게 될 것이다.

칸트는 보편화 가능성이란 요구조건을 다음과 같이 공식화하고 있다 : "여러분이 그것을 통해 할 수 있고 동시에 하게 될 보편적 법칙이 되기 마련인 오로지 그런 준칙에 따라 행위하라." 칸트가 우리에게 말해주는 그 준칙은 '행위의 주관적인 원리가 되거나' 혹은 '그것에 따라 주체가 행위하는 원리'[1]가 된다. 준칙은 의도와 동일한 것이 아닌데, 그 까닭은 모든 의도가 준칙은 아니기 때문이다. 준칙은 우리의 더욱 특수한 의도들을 이끌어 가는 근본적인 의도이며, 예를 들어 가능한 모든 수단들에 의해 우리의 부(富)를 증가시키려는 의도이거나 쾌락의 인생을 살아가려는 의도 같은 것이다. 더욱 특수한 의도들이 따라가려고 꾀하는 것은 바로 전반적인 의도이다.

도덕법칙이 보편적인 법칙으로서 의도할 수 있는 오로지 그런 준칙에 따라 우리가 행동하기를 요구한다는 견해에 대한 공통적인 비판은 이런 '법칙'이 실제로는 그 어떤 준칙도 전혀 포함하고 있지 못한다는 것이다. 참으로 그것이 모든 사람이나 혹은 어느 누구든 욕망하는 바를 전혀 참조하지 않기 때문에, 또한 만일 도덕적인 행위자들이 잘못된 일의 수행을 회피하려고 한다면 그들은 특정한 일관성을 자신들의 행동에 부과할 필요가 있을 뿐이라고 단지 주장하기 때문에 그것이 사소하거나 공허한 것으로 비판 받아왔다는 것은 놀라운 일이 아니다. 예를 들어 제임스 스튜어트 밀은 칸트가 "모든 이성적인 존재들에 의해 가장 터무니없이 부도덕한 행동규칙들을 채택하는 데에는 … 어떤 모순이 있을 수 있다"는 것을 보여주지 못한다고 주장했다.[2]

이러한 비판은 정당화될까? 아니다. 나는 그렇다고 믿지 않는다. 나는 보편화된 준칙이 두 가지 일반적인 방식들 가운데 어느 쪽으로도 자기 모순적일 수 있다는 칸트의 주장을 옳은 것으로 생각한다. 보편화된 준칙은 개념상으로 모순적일 수 있다. 예를 들어 자신의 행동의 지도원리로서 자신의 의지에 따르지 않을 타인들을 강제하는 준칙이 채택될 수는 있지만 보편적인 강제는 그 표현에 있어는 모순이다. 다시 말해 그것이 **보편화될** 수 없는 개념상의 이유들이 있다는 것이다.

나는 말이 나온 김에 덧붙이지만 약속이행이라는 칸트 자신의 사례보다 이것이 더욱 좋아 보인다고 생각한다. 칸트는 그것이 적합할 때 약속위반이란 준칙을 채택하는 일이 모순적이라고 주장하는데, 그 이유는 이것으로 인해 그 준칙이 미리 추정하는 실행의 좌절로 이끌어 갈 수 있기 때문이다. 그러나 라깡이 지적하듯이 칸트는 다음과 같이 선언하는 재리(Jarry)의 희곡에 등장하는 인물과 약간 비슷하다. "폴란드여 영원하라! 폴란드 없이는 폴란드인도 없을 테니까." 달리 말해서 만일 약속의 실행이 계속되길 바란다면 약속위반이란 준칙을 채택하는 것은 모순일 뿐이다. 이러한 가외의 별난 요구조건 없이는 모순도 없는데, 그것을 의도할 가능성을 결국 깨버리게 될 어떤 것을 의도하는 데에는 모순이 없다.[3]

보편화된 준칙이 자기 모순일 수 있는 두 번째 방식이 있다. 마음에 품을 때는 매우 일관적일 수 있는 준칙이 의도할 때에는 모순된 것으로 뒤바뀔 수도 있다. 소위 이런 자발적 모순이 야기될 수 있는데, 자발성은 어떤 것이 바로 그렇게 되길 소망하게 될 뿐만 아니라 기회가 생길 때 어떤 것이 그런 상황을 일으키는 수행을 의미하기도 하기 때문이다. 이것이 수반하는 것은 보편적 법칙으로서의 주어진 준칙을 단지 **착안하는** 데 있어 모순이 없는 경우일지라도 보편적 법칙으로서의 준칙의 **자발성**은 준칙의 자발성과 그것을 실현시키는 수단의 자발성 사이에서 모순으로 이끌어갈 수 있다는 점이다. 비선행의 준칙이 그러한 자발적 모순의 경우가 된다고 주장할 수 있다.

보편화 가능성이란 요구조건만이 단독으로 어떤 준칙을 **거부해야** 할지 우리에게 알려줄 뿐이라는 것을 나는 강조하고 싶다. 다시 말해서 그것은 어떤 준칙이 도덕적으로 가치가 있는지, 즉 어떤 것만이 도덕적으로 허용되는지 우리에게 알려주지 않는다는 것이다. 내가 이 점을 강조하는 이유는 그것이 순수하게 부정적인 요구조건을 행위에 설정하는 보편화 가능성의 요구조건에 대해 무시하면서도 중요한 함의가 되기 때문이다. 그것은 본질적으로 금지시키는 것이다. 다시 말해 그것은 일관되게 보편화될 수 있는 것이 아니라, 그 어떤 것에도 도덕적 **가치를** 직접 부여하지 못하는 모든 준칙을 도덕적으로 **무가치한** 것으로 거부하고 있다. 보편화 가능성의 요구조건은 행동의 다른 모든 경과가 금지될 때에만 도덕적 가치를 행위에 부여해 주기 때문에 그의 명령은 궁극적으로 "너희는 하지 말지니라!"가 된다. 그 다음에는 달리 행동하는 것이 도덕법칙을 어기는 일이 되는 오직 그런 경우에 특정한 행위를 수행해야 하는 적극적인 의무가 내게 뒤따른다.

의무들 가운데 가장 칸트적인 사례를 들어보면 그것은 진실을 말해야 하는 의무이다. 칸트의 주장은 유명하다. 그는 만일 어떤 사람이 오직 진실만을 말한다면 그 결과들이 순진한 사람을 살해할 가능성과 관련될 경우라도 그 결과에 대해 책임이 없다고 주장한다. 반면에 만일 그가 거짓말을 한다면 그의 동기가 아무리 이타적일지라도 그는 즉시 자신의 거짓말의 모든 결과에 대해 예측할 수 없다 하더라도 스스로 책임을 져야 한다.[4] 칸트의 입장은 우리가 진실을 말해야 하는 적극적인 의무를 갖는다는 것이 아니라, 우리의 의무가 거짓말을 하지 말라는 본질적인 금지의 의무가 된다는 것은 분명하다.

이제 우리가 그래야 한다고 생각한 것처럼 보편화 가능성의 요구조건이 공허하지 않다는 것을 수긍할지라도 어떤 특별한 경우에 어떻게 적용되는지 아직도 분명치 않고, 또한 이것은 주요한 난제, 참으로 극복할 수 없는 난제를 제시하게 된다. 그 난제는 이렇게 말해볼 수 있다. 한 쪽 끝에서는 오로지 이런 개별적인 행위만을 선별해내고 또 다른 쪽 끝에서는 모든 종속의 행위들 각각에 적용한다는 면에서 어떤 행위든 다소 광범위하게 예거될 수 있다. 개별적인 행위와 모든 종속의 행위들에 의해 설정된 한계들 사이에서 우리의 묘사가 얼마나 특별한지 그에 대한 한계는 없다. 로스가 말하는 것처럼 예를 들어 만일 내가 자칭 범인이라는 사람에게 거짓말을 하게 된다면 이것은 (1) 나쁜 의도를 가진 사람에게 하는 거짓말로서, (2) 하나의 거짓말로서, (3) 하나의 진술로서 그 특징을 삼을 수 있다. 칸트는 이런 묘사들 가운데 두 번째 것을 자의적으로 선택하며, 그런 행위들이 일반적으로 잘못된 것이기 때문에, 또한 일견한 바로는 항상 잘못된 것이라서 그는 특별한 거짓말이 잘못된 것이라고 말하게 된다. 여기서 로스가 비판하게 된다.

그러나 거짓말을 하는 사람은 칸트에게 다음과 같이 말대꾸하기 쉽다. "어째서 이처럼 매우 추상적인 방식으로 단순히 거짓말이라 간주되는 내 행위에 보편화 가능성의 검증이 적용되어야 합니까? 나는 거짓말이 진정으로 인간 사회의 일반적인 법칙이 될 수 없다는 것을 인정합니다. 하지만 자칭 살인자라는 사람에게 살인을 저지르지 않도록 말해준 거짓말이라고 좀 더 구체적으로 간주된 내 행위에 대해 왜 보편화 가능성의 검증을 적용해야 합니까? 나는 보편화 가능성의 검증을 기꺼이 마주하려고 합니다. 사람들이 그런 상황에서 습관적으로 거짓말을 하는 것이 습관적으로 진실을 이야기해서 살인자들이 살인을 저지르게 되는 것보다 인간 사회를 더 훌륭하게 이끌어갈 거라고 생각합니다." 그렇다면 우리는 난관에 봉착하게 될 것 같다. 추상성의 한 수준에서 적용된 보편화 가능성의 검증으로는 거짓말 행위를 비난하게 되는데, 추상성의 또 다른 수준에서 적용되면 그것은 그것을 정당화하게 된다. 또한 그 원리가 어떤 수준의 추상성에서 그것이 적용되는지 알려주지 않기 때문에 그것이 우리에게 준칙들의 올바름의 기준이나 그것들에 순응하는 행위들의 올바름의 기준을 제공해 주지 못한다.[5]

내가 알고 있는 한, 칸트는 이에 대한 대답을 갖고 있지 않다. 따라서 우리가 보편화 가능성의 요구조건이 공허하지 않다는 것을 받아들인다 하더라도 우리는 여전히 도덕적인 행위가 추상적 개념으로는 목적과 결과를 참조하지 않고서 완전히 형식적인 정언명령에 대한 호소에 의해 정확하고도 확실하게 결정될 수 있다는 주장을 거부할 수밖에 없다.

더구나 만일 우리가 모든 준칙이 보편화될 수 있는 것은 아니고, 따라서 보편화 가능성의 요구조건이 공허한 것이 아니라는 의견에 동의하게 될지라도 우리는 여전히 제외되어야 할 모든 준칙들을 제외시키기에 충분할 만큼 그것이 강력한 것인지 물어볼 수 있다. 칸트와 동시대인이고 칸트 자신만큼 계몽적인 인물이었던 사드 후작의 경우를 생각해 보라. 논의를 위해서 사드가 다음과 같은 형태로 상당히 정확하게 표현될 수 있는 준칙에 따라 행동한다는 것을 인정해 보자. "그 누구든 그가 여러분에게 제 마음대로 고통을 가한다는 것을 인정해 보라." 표면상으로 어째서 사드는 이것이 보편적 법칙이 되길 바랄 수 없는지 그에 대한 아무런 이유도 없는 것처럼 보인다.

확실히 어떤 칸트 학자에게 이런 준칙을 받아들일 수 없는 까닭은 그것이 사람을 목적이 아닌 수단으로 취급한다는 면에서 정언명령의 형식화를 비웃기 때문이다. 또한 그것은 "마음대로 고통을 가하라"에 상응하는 준칙만큼 매우 유사하게 그것을 비웃고 있다. 우리도 역시 이성적인 존재는 반드시 타인들의 행복을 바란다는 이유로 그것이 보편화될 수 없다는 칸트 학자들의 주장을 기대하고 있다.[6] 따라서 이런 준칙을 시행하려는 의도가 불행을 안겨줄 타인들이 존재할 수도 있기 때문에 사드가 일관되게 그것이 보편적 법칙이기를 바랄 수 있든 없든 그 여부와는 상관없이 순전히 이성적인 그 어떤 존재도 그 준칙을 변함없이 채택할 수는 없다.

나는 이 시점에서 정언명령이 만족할 만한 도덕 이론을 생성해내려면 그것이 따라야 한다고 믿는 또 하나의 요구조건을 말해야 할 것 같다. 그것은 도덕적인 행위와 부도덕한 행위 사이를 구분하기 위해서는 우리에게 알고리듬을 부여해 주는 그 이상의 것을 해줘야 한다. 다시 말해 그것이 올바른 결과들을 훼방하는 것으로는 충분치 못하다. 그것은 또한 이것들이 올바른 결과들이 되는 이유에 대해 어떤 설명을 해줘야 한다. 이에 대해서는 두 가지 이유가 있다. 첫째, 정언명령은 우리의 도덕적 직관에 도전할 수 있어야 하고, 따라서 그 이론의 타당성은 오로지 이런 동일한 직관들의 적합성 여부로만 평가되어서는 안 된다. 둘째, 행위들에 잘못이 있다는 것을 보여주는 이유 때문에 그 행위들은 거부되어야 한다. 다시 말해 우리에겐 그 이론의 요구조건과 갈등을 일으키는 소위 부도덕한 행위에 대하여 어떻게 된 일인지 그에 대한 설명이 필요하다. 이것이 바로 정언명령으로 인해 우리가 도덕적인 근거 위에서 행위나 준칙을 거부해야 한다고 주장할 수 있는 어떤 도덕적 추론에 관련되어 있기만 하다면 좋을 이유이다.

만일 우리가 "그 누구든 그가 여러분에게 제 마음대로 고통을 가한다는 것을 인정해 보라"는 준칙으로 되돌아간다면, 나는 도덕법칙이 도덕적으로 허용되는 행위를 규정할 수 없다는 것을 그것이 매우 잘 설명해 주는 것으로 믿고 있다. 여기에 바로 그 이유가 있다. 도덕법칙은 완벽하게 이성적인 존재들을 향하고 있지만 칸트가 알고 있는 것처럼 우리 인간들은 기껏해야 불완전한 이성적인 존재일 뿐이다. 도덕법칙은 완벽한 이성적인 존재가 무엇을 일관되게 의도할 수 있는지 말해주고, 이것에는 타인들의 행복을 바란다는 사실이 포함되어 있다. 그러나 사드식의 준칙이 보여주는 바는 불완전한 이성적 존재인 우리가 의도할 수 있는 것이 완벽한 이성적인 존재가 의도할 수 있는 것과 반목할 수도 있다는 것이다.

여기서 이성적인 존재가 반드시 타인들의 행복을 의도하기 때문에 사드는 자신의 준칙이 보편적 법칙으로 되는 것을 이성적으로 의도하지 않을 수도 있다고 논의하면서 칸트가 그런 것처럼 그것은 그의 논의에 아무런 도움도 되지 않는다는 것이다. 이것이 도움이 되지 못하는 이유는 이성적인 존재가 반드시 의도하는 바에 대하여 칸트에 의해 제안될 수 있는 유일한 근거들이 도덕법칙 그 자체에 의해 마련되기 때문이다. 그러나 사드의 준칙을 도덕적으로 반대할 수 있도록 만들어 주게 될 도덕법칙으로부터 결론을 끌어내기 위해서 이성적인 존재들이 반드시 의도하는 바에 대하여, 특히 그들이 타인들의 행복을 의도하는 것에 대하여 칸트가 억지로 가정하게 되는 것처럼 보인다. 그 결과로서 칸트는 순환논법으로 사드의 준칙을 제외시킬 수 있을 뿐이다.

칸트의 생각으로는 이성적인 존재들이 반드시 타인들의 행복을 의도한다는 주장은 모든 사람이 "그가 할 수 있는 한, 타인들의 목적을 조장하려고"[7] 시도해야 한다는 주장과 본질적으로 동일한 것이라고 한다. 그러나 이것은 조장될 만한 가치가 없는 목적을 지닌 어떤 사람들(사드는 그들 가운데 한 사람이다)이 있다는 사실, 참으로 우리에게는 조성되자 않아야 할 명확한 의무가 있다는 사실을 무시하고 있다.

이제 칸트는 그것이 단순히 사람들의 목적을 조장하는 문제가 아니라 **합법적이거나 허용 가능한** 그들의 목적을 조장하는 문제일 뿐이라고 확실히 말하게 될 것이다. 그러나 우리는 합법적인 목적과 비합법적인 목적을 어떻게 구분할 수 있을까? 분명히 칸트는 비교적 솔직한 이유 때문에 구분할 수 없었다. 즉 도덕법칙은 다른 모든 도덕적인 원리들과 책임과 의무들을 이끌어내게 되는 근본적인 도덕원리가 되려고 한다. 또한 사드의 준칙은 도덕법칙과 일치하기 때문에 도덕적으로 허용될 수 있어야 한다. 그러나 만일 타인들을 수단이 아니라 목적으로 취급하도록 우리에게 요구하는 도덕법칙의 그러한 형태들이 **역시** 도덕적으로 허용할 수 있는 목적과 허용할 수 없는 목적 사이를 구분하도록 우리에게 요구한다면 그 도덕법칙은 근본적인 도덕원리가 될 수 없을 것이다. 우리는 도덕법칙을 적용하기 위해 허용될 수 있는 목적과 허용될 수 없는 목적 사이를 어떻게 구분하는지 알아둘 필요가 있지만 이런 구분은 순환성 없이는 도덕법칙으로부터 나올 수가 없다.

이들 각각의 경우에 문제는 동일하다. 도덕법칙이 완벽한 이성적인 존재들에게 적용되지만 불완전하게 이성적인 그런 인간들은 반대될 만한 목적들을 선택할 수도 있다.

칸트는 그 문제를 그대로 놔두는 것이 아니라 사실상 허용될 수 있는 목적과 허용될 수 없는 목적 사이에 구분의 기초를 두려고 한다. 두 번째 『비판』(『실천이성비판』^{역주})에서 그는 도덕법칙의 그 어떤 경험적 적용도 법칙 그 자체로부터 직접 이끌어내 올 수 없다는 것을 지적해 주고 있다. 도덕법칙의 경험적 적용을 이끌어내는 그의 전략은 경험적 적용을 갖는 도덕법칙의 '유사물'이나 '범형' (範型)을 소개하는 일이다. 만일 자연이 작용하는 방식에 대하여 우리가 알고 있는 바에 특정한 준칙이 보편적으로 영향을 미치게 되며 알고 있는 바를 설명해 주게 된다면 유사물 덕분에 우리는 경험세계에서 무엇이 일어날지 스스로 자문할 수 있게 된다. 분명히 이것은 중대한 움직임이다. 그러나 우리가 칸트의 자연이란 개념을 검토해 보면 그것이 목적론적이면서 동시에 규범적임을 알게 된다. 특히 그것은 사드가 '부자연한' 행위들에 관련되리라는 것으로 판명되는데, 다시 말해서 그런 행위들은 자연의 법칙을 따르지 않는다는 것이다.[8] 부도덕한 인간들이 자연의 법칙에 거스르는 행위를 한다는 칸트의 규범적인 견해는 갈망(lust)에 관한 언급에서 잘 드러난다. 그는 말하기를, "갈망이란 실제적인 대상에 의해 야기되는 것이 아니라 그에 대한 상상하기에 의해 야기된다면 부자연스런 것이라고 부르게 되는데, 그렇게 해서 그는 스스로 반목적적으로[즉 욕망의 목적에 반하여] 그것을 만들어내게 된다."[9] 이제 **정신분석적인** 관점에서 본다면 부자연스런 갈망에 대한 이러한 정의는 욕망 그 자체에 대한 매우 훌륭한 정의가 되는데, "실제적인 대상이 아니라 이런 대상에 대한 자신의 상상[환상으로 읽힘]에 의해" 야기된다는 구절 때문이다. 정신분석적인 관점에서는 자연스런 욕망이란 것은 있을 수 없고, 따라서 자연스런 욕망과 부자연스런 욕망 사이의 대조란 있을 수 없다. 나는 나중에 이 문제로 되돌아갈 것이다.

이제까지 나는 보편화 가능성의 요구조건에 대해 논의해 왔다. 칸트가 행위에 도덕적인 가치를 두기 위해 취하고 있는 두 번째 요구조건은 행위가 의무를 위해 행해져야 한다는 것이다. '의무를 위해' 행해진 행위와 단지 '의무에 따라' 수행된 행위를 구별하는 그는 의무를 위해 행해진 행위에만 도덕적 가치를 두고 있으며, 오로지 그런 행위만이 선의를 내보인다고 하는데, 무조건으로 선한 것이라 부를 수 있는 유일한 것이다. 의무를 위한 행위를 한다는 것은 그 결과와는 상관없이 오직 도덕법칙을 존중하여 행하는 것이다. 사랑의 감정이나 동정심에서 우러나온 의무적인 행위는 한편으로 훌륭하고 온정적일지라도 이기주의에서 나온 행위와 마찬가지로 어느 점으로나 도덕적 가치를 결여하고 있음을 칸트는 명백히 밝혀준다. 칸트는 어떤 행위가 그 법칙을 위해 행해진 일이 없이 그 법칙에 부합할 수 있다는 것을 지적하고 있다. 다시 말해 그것은 동기의 문제이다. 따라서 의무와 욕망이 동일한 행위를 명령하는 그런 경우들에서는 그 행위가 의무를 위해 행해진 것인지 혹은 경향성으로부터 행해진 것인지 그 여부는 도덕적으로 중요한 차이점을 만들어낸다. 의무를 이행하는 행위에 대한 동기가 관여되는 한, 우리는 경향성의 모든 인센티브로부터 떨어져 나와 오로지 의무 때문에 행위해야 한다.

'경향성' 혹은 욕망과 의무 사이를 분명하게 구분하는 일이 칸트도덕철학의 변별특징이다. 칸트에게서 욕망은 경험적인 것에 대한 주체의 관계에 관여하는데, 욕망이라는 것은 언제나 그 욕망을 만족시켜 줄 경험적인 대상에 대한 욕망이 된다는 것과 같다. 욕망의 만족은 결국 복지나 행복의 근원이 되고, 따라서 행복을 얻기 위해 애쓰는 것은 서로 다른 욕망들 간의 특정한 조화와 결국엔 그 모두의 만족을 동시에 얻으려고 애쓰는 일이다. 훌륭한 삶이나 행복 혹은 복지를 조회하는 것은 근본적으로 욕망과 그 만족의 조건을 조회하는 일이다.

그렇다면 칸트에게서 욕망은 궁극적으로 주체의 복지에 관여되고, 그는 욕망이 변함없이 자신의 경향성이나 자기애에 직접적으로든 간접적으로든 연결된다는 것을 의미하기 위해 이것(복지역주)을 취하게 된다.

그러나 훌륭한 삶에 대한 그 어떤 조회도 도덕적인 삶, 즉 **도덕적으**

로 훌륭한 삶에 대한 조회로 간주될 수 없다. 그 이유는 **욕망**에 의해 자극된 어떤 행위도 도덕적인 것으로 간주될 수 없기 때문인데, 오직 **도덕적으로** 가치 있는 행위들은 우리가 봐왔던 것처럼 자신이나 타인의 이득을 위해서가 아니라 오로지 의무만을 위해서 수행된 것들이기 때문이다.

복지나 행복은 자기 자신의 쾌락의 문제만은 아닌 것이다. 그것은 타인들의 복지에 대한 참조와도 관련되어 있다. 그 이유는 타인들에 대한 우리의 동정심과 연민, 그리고 관심 때문인데, 칸트는 이를 정념적인'(pathological의 어원학적 의미로) 사랑이라고 부른다. 다시 말해 타인들에 대한 동정심에서 우러나온 타인들을 위해 행위하는 것은 궁극적으로 자신의 행위의 기본을 감정에 두는 일이고, 그것은 훌륭한 행위가 될지는 몰라도 도덕적인 행위는 아니다.

내가 나의 복지나 타인들의 복지—즉 내 자신의 욕망이나 타인들의 욕망—를 고려하는 범위 내에서 내 행위는 도덕적인 것이 아니다. 따라서 내 행위가 도덕적인 것이 되게 하려면 그 어떤 '파토스' (pathos)를 폐기해야 한다. 칸트의 표현대로 "미덕은 반드시 **무감동**(apathy)을 전제로 한다."[10]

살아 있는 존재들의 복지는 욕망의 능력에 연결되어 있다. 이제 오로지 경험만이 욕망을 만족시키는 바를 우리에게 말해줄 수 있기 때문에 욕망에 대한 선험적으로 가능한 결정은 있을 수 없다. 욕망에 기초한 그 어떤 행위라도 항상 **가언적** 명령에 기반을 두고 있다.

다른 한편 도덕적으로 가치 있는 행위는 이성적인 존재에 의해 수행되는 행위이고 오직 도덕법칙만을 위해 행해진다. 그의 명령은 가언적이 아니라 정언적이다 : "너희 의무를 수행하라. 그리고 의무를 위해 그것을 수행하라." 그 차이점은 다음과 같은 두 가지 질문들 사이의 차이점과 동일하다. 그 하나는 "행복해지려면 … 나는 무엇을 해야 하는가?"로서, 여기서 그 해답은 개인적인 욕망에 따라 달라질 것이다. 또 하나의 질문은 단순히 "내가 무엇을 해야 하는가?"로서, 만일 내가 이것을 행하는 일이 옳다면 다른 그 어떤 사람도 그것을 행하는 일이 옳을 것이라는 의미에서 여기서의 해답은 보편적이다. 따라서 그 행위들이 다름 아닌 도덕적으로 옳다는 이유로 행해진 행위들만, 다시 말해 오로지 도덕법칙 그 자체를 위해서라는 이유로 행해진 행위들만이 도덕적 가치를 지니고 있으며, 오직 그런 행위들만이 선의를 내보이게 된다는 것이다.

칸트는 이런 친근한 사례를 이용하여 욕망에 의거한 행위와 의무로부터 나온 행위를 대조시키고 있다.

누군가가 그의 성적 쾌락의 경향성에 대해, 사랑스런 대상과 그를 취할 기회가 그에게 온다면 그로서는 그의 경향성에 도저히 저항할 수가 없다고 그럴 듯하게 둘러댄다고 가정해 보자. 그러나 그가 이런 기회를 만난 그의 집 앞에 그가 그러한 향락을 누린 직후에 그를 달아매기 위한 교수대가 설치되어 있다면 그래도 과연 그가 그의 경향성을 이겨내지 못할까? 그가 어떤 대답을 할지는 오래 궁리할 필요도 없다. 그러나 그에게, 그의 군주가 그를 지체 없이 사형에 처하겠다고 위협하면서, 그 군주가 기꺼이 그럴 듯한 거짓 구실을 대서 파멸시키고 싶어하는, 한 정직한 사람에 대하여 위증할 것을 부당하게 요구할 때, 그의 목숨에 대한 사랑이 제아무리 크다 하더라도 그때 과연 그가 그런 사랑을 능히 극복할 수 있다고 생각하는지 물어보라. 그가 그런 일을 할지 못할지를 어쩌면 그는 감히 확정하지는 않을 것이다. 그러나 그런 일이 그에게 가능하다는 것을 그는 주저 없이 인정할 것임에 틀림없다. 그래서 그는 무엇을 해야 한다고 의식하기 때문에 자기는 무엇을 할 수 있다고 판단하며, 도덕법칙이 아니었더라면 그에게 알려지지 않은 채로 있

었을 자유를 자신 안에서 인식한다.[11]

칸트가 그렇듯이 욕망을 '정념적인' 것 쪽에 놓아둠으로써 그 궁극적인 지도원리는 자기 사랑(자기애)이 되면서도 그 목표는 행복이 되는데, 그 원리는 어떤 사람이 욕망의 만족을 누르고 목숨에 대한 사랑을 선택하리라는 것을 수반하게 된다. 칸트의 말처럼 욕망의 능력은 주체가 욕망의 대상으로부터 기대하고 있는 유쾌함이나 쾌락에 의해 확정된다. 따라서 쾌락추구와 고통의 회피를 위한 선택에 있어 최고의 기반을 만들어 내는 모든 원리들은 예외 없이 자기애의 원리나 그 자신의 행복의 원리에 포함된다. 이 모든 것들은 현상계 내에 놓여 있고 그에 대한 지식은 종합적이거나 경험적이다. 나는 경험적인 존재로서 나의 열정, 즉 나의 욕망을 수동적으로 경험하게 된다. 나를 지배하는 그러한 욕망이 그 힘에 의존한다는 것과 모든 욕망들 가운데 가장 강력한 목숨에 대한 사랑이 다른 모든 것들보다 우세하게 될 것이다.

다른 한편, 그것이 옳고 그름의 문제가 되는 경우에 우리는 '목숨에 대한 사랑'을 극복할 수 있고, 따라서 행복과 복지에 대한 숙고를 초월할 수 있다는 것을 인식하게 된다. 의무는 우리로 하여금 모든 욕망들 가운데 가장 중요한 삶에 대한 욕망이 포함된 나의 욕망들에 반하는 행위를 선택하도록 이끌어 준다.

여기서 칸트의 추론에 문제가 있다는 것을 주목하기 바란다. 칸트는 이러한 구별을 제시하는 방식에서 마치 인간 주체들에 대하여 관찰 가능하고 경험적인 사실을 묘사하는 것처럼 보인다. 그러나 그 사례가 설명해 주는 바는 상당히 다른 그 무엇이다. 다시 말해서 그것은 욕망하기(이 용어에 대한 칸트의 의미로)와 의도하기의 논리적인 구조들 간의 차이를 지적해 주고 있다. 내가 어떤 것을 욕망한다거나 원한다는 것은 그것을 만족하기 위해 내가 어떻게든 노력한다는 것을 의미하지 않는다. 따라서 어떤 것을 욕망한다고도 말할 수 있지만 그와 동시에 어떤 이유—신중해질 수도 있지만 또한 다른 것들일 수도 있는 이유—때문에 욕망은 만족되지 않은 채로 남아 있게 되리라고도 말할 수 있다. 어떤 행위자가 x를 하려는 아무런 의도도 없이 x를 하려고 욕망한다는 말을 들을 수 없다고 가정하는 것은 잘못된 일일 수도 있다. 우리가 특정한 욕망을 만족시킬 수 있는 그러한 상황들을 회피하려는 경우들이 충분히 있다. 어떤 친구의 파트너에게 끌리면서도 표현할 수 없던 매력 때문에 그들 둘 모두를 회피할 수도 있고, 담배에 대한 욕망 때문에 담배연기로 꽉 찬 방을 떠날 수도 있다.

칸트에게는 실제로 욕망에 대한 적절한 이론이 없으며, 여기서 잘못된 것은 욕망과 의무가 그의 사고방식처럼 서로 반대되지 않는다는 것이다. 칸트는 욕망을 어떤 종류의 내부적인 힘으로 생각하는 것 같은데, 그런 힘이 행위를 일으키거나 혹은 적어도 우리가 그렇게 하지 않기를 바라지 않으면 행위를 일으키게 될 것이다. 그러나 욕망은 오로지 행위하려는 강한 충동만은 아니다. 다시 말해 욕망이 구조화되는 다양한 방법들이 있다는 것이다. 우리의 도덕적 신조들이 우리의 욕망들에 따라 행위하는지 여부와 그 방식에 영향을 준다는 것은 사실이다. 그러나 우리가 행위하는 방식에 욕망의 구조가 영향을 주는 사례도 있다. 욕망한다는 것은 단순히 쾌락의 추구와 고통의 회피만을 위하는 것이 아니다. 사실상 욕망이란 것은 쾌락과 고통, 행복과 자기애를 완벽하게 무시할 수 있는데, 그것은 도덕법칙 그 자체가 할 수 있는 것만큼 똑같이 성공적일 수 있다. 도덕법칙처럼 욕망도 역시 이러한 '목숨에 대한 사랑'을 이겨낼 수 있다.

칸트의 사례가 특정한 도덕적 성격을 지닌 사람에게 꼭 들어맞는다는 것은 의심 없는 사실이다. 그러나 라깡은 이렇게 묻고 있다. 자신의 열정이 체면에 관계되는 그런 인물도 있지 않을까? 또한 누가 죽음을 무시하거나 경멸하면서까지 자신의 욕망을 유지할 수 있을까? 참으로 이러한 사람에 대한 고전적인 실례들 가운데 하나가 『도덕형이상학 정초』가 나온 다음 2년 후이고 두 번째 『비판』이 나오기 1년 전인 1787년에 모차르트와 다 폰테의 돈 조반니라는 형태로 그 모습을 나타냈는데, 그는 어떤 파멸에 직면할지라도 전혀 후회하지 않는 성격이다. 또는 앞서 말했던 칸트의 동시대인들 가운데 하나인 사드 후작에 대해서 다시금 생각해 보자. 사드를 단순히 쾌락적인 인생 추구에 몰두한 자유주의자로 간주하는 것은 잘못이다. 그는 그 외의 다른 일에 더 많은 흥미를 가진 사람이다. 왜냐하면 그가 우리 욕망들의 자유분방하고 방해받지 않는 만족을 옹호하는 것은 사실이지만 그런데도 이런 옹호에는 기묘하면서도 틀림없이 칸트적인 어떤 것이 있는데, 사드에게서 욕망은 쾌락의 한계와 고통의 회피를 넘어서까지 추구되어야 하기 때문이다.

오이디푸스의 네 자녀 가운데 하나인 안티고네에 대해 다시금 생각해 보자. 또한 테베에 관한 세 번째 희곡에서 크레온의 지배 하에 그녀의 두 오빠들 가운데 하나가 전투에서 죽자 크레온이 그의 장례를 금지시킨다. 안테고네는 크레온에 항거하며 오빠를 묻어준다. 그러자 그녀는 체포되어 무덤에 산 채로 매장되는 사형선고를 받게 된다. 한 명의 등장인물로서 그녀는 자신의 결심을 굽히지 않고 그녀가 봉착하게 될 위험에도 관심이 없으며, 또한 이 점은 그 희곡에서 우유부단하고 소심한 언니인 이스메네와 그녀를 대조시키면서 훨씬 더 분명하게 드러나고 있다.

동생이 보이는 자신의 복지에 대한 관심의 결여 때문에 이스메네는 공포에 휩싸이게 되고, 동생이 지닌 욕망의 힘 때문에 위협을 느끼고 있다. 다시 말해 그녀는 동생으로 인해 경멸당하고 있다. 따라서 소포클레스는 우리에게 이스메네와 안티고네 사이의 극적인 대조를 제공하고 있는데, 친절하고 인정 많고 동정적인 이스메네는 쉽게 타협하고 타인의 관점을 경청하지만 길들여지지 않고 무모한 안티고네는 벼랑 끝으로 치달으며 아무 것도 잃을 것이 없는 모든 징후들을 내보여준다. 그녀는 자신에 대해 기괴할 정도로 비인간적인 어떤 면을 지니고 있는데, 그 정확한 이유는 그녀의 욕망의 힘과 강요가 사회의 안녕과 함께 그녀 자신의 행복에도 이의를 제기하기 때문인 것으로 생각될 수 있다.

처음에 내가 말했듯이 프로이트는 칸트에 대해 자주 언급하지는 않는다. 그러나 그가 칸트의 도덕법칙을 인용할 때 초자아에 대해 각별히 참조한다는 것은 놀라운 일이 아니다. 왜냐하면 프로이트의 이론에서 초자아는 우리의 이상과 도덕적인 명령의 근원과 위치가 되기 때문이다. 그렇지만 만일 우리가 칸트에 대한 프로이트의 말을 가까이서 들어본다면 그가 정언명령을 훨씬 더 각별하게 초자아와 연결시키고 있다는 것을 알 수 있는데, 이때 초자아는 잔혹하고 거칠고 냉혹하며, 결국엔 달래기 어려운 죄책감의 불합리한 근원이 된다.

프로이트는 의식적인 죄책감과 그가 "용어상 명백한 모순에도 불구하고"라고 말한 무의식적인 죄책감 사이에 분명한 구분을 짓고 있다. 그는 아무런 주저함도 없이 의식적인 죄책감을 우리가 하고 싶어하는 것과 우리가 꼭 해야 한다고 느끼는 것 사이에서 오는 긴장의 결과로 간주할 뿐이다. 그러나 무의식적인 죄책감은 또 다른 문제가 된다. 무의식적인 죄가 초자아라는 외설적이고 잔인한 인물을 보여주는 한에 있어서 프로이트는 외부적인 표현을 찾을 수 없는 공격성의 내부화 탓으로 그 근원을 보고 있다. 다시 말해서 초자아는 공격성의 표현을 금지시키는데, 그 자체는 자아를 이용하고 지나칠 정도로 가혹하게 자아에 작용한다. 이런 무의식적인 죄는 그 자체를 직접 드러내 보이지 않지만 특정한 임상적 현상들의 설명에 핵심적인 역할을 해낸다. 즉 처벌받고 싶은 욕망, 고통스런 증상들에 매달리기, 기타 등등인데, 간단히 말해서 이는 고통에 대한 역설적 욕망이다.

'거칠고 잔혹하고 냉혹한' 초자아를 칸트의 도덕법칙에 이런 식으로 연결하는 것은 패러디일지라도 칸트의 윤리 이론에 대한 어떤 오해를 불러일으키는 것처럼 보인다. 그런데도 그것은 욕망의 어떤 구조를 가리켜 주고 그것이 맺고 있는 도덕성과의 관계도 지적해낸다.

칸트는 도덕법칙과 도덕적인 행위가 복지에 대한 숙려와는 아무런 상관이 없다고 주장할 뿐만 아니라, 더 나아가서 선험적인 근거에서 도덕법칙에 대한 우리의 인식이 욕망들의 두 가지 결과를 가져오고, 따라서 우리 복지의 결과들도 가져오게 되리라는 것을 알고 있다고 주장하기도 한다. 이러한 결과들의 첫 번째 것은 도덕법칙이 그의 표현대로 '부정적인' 결과를 가져오리라는 것인데, 우리는 그 결과를 반드시 고통스런 것으로 경험하게 될 것이다. 이것이 바로 도덕법칙 때문에 실천이 강요당하는 박탈과 자기 부정을 통하여 우리가 경험하게 될 고통(혹은 불쾌)이다. (프로이트가 이것을 어떻게 우울증과 멜랑콜리에 연결시키는지 주목해 보자.) 두 번째 결과는 욕망의 가치하락이 되는데, 칸트는 이것을 '굴욕(지성적 경멸)'이라고 부른다.[12]

달리 말해서 이성의 능력은 도덕법칙을 통해 우리로 하여금 욕망의 굴욕뿐만 아니라 포기의 고통을 당하도록 만들어 주는데, 이것이 바로 프로이트가 말했던 문명의 '불편함'(malaise)이 아닐까? 이러한 도덕 법칙은 쾌락과 고통, 행복 및 자기애를 무시하면서 오로지 법칙 그 자체에 대한 존경 때문에 복종되는 것만은 아니라, 그것이 우리의 관능적인 존재의 가치를 떨어뜨리는 것과 똑같이 불쾌의 근원이 된다.

이 점은 아마도 프로이트가 거칠고 잔혹한 초자아를 칸트의 도덕 법칙에 연결시키는 데 있어서 충분한 근거가 될 것 같다. 따라서 우리는 정언명령과 초자아 사이의 관계로부터 항상 욕망과 법칙 가운데 선택해야 한다는 프로이트의 주장으로 이어진다는 결론을 내릴 수 있는데, 그런 선택이 반드시 어떤 상실을 포함하는 강요된 선택이 되는 까닭은 주체가 욕망을 선택하면 법칙을 따르지 못했다는 것에 대하여 죄책감에 빠지게 되지만 법칙을 선택하게 되면 자신의 욕망을 애도하는 채로 남아 있어야 하기 때문이다.

철학자인 베르나르 바스는 우리가 둘 사이에서 이끌어낼 수 있는 비교 지점 가운데 이것이 가장 중요한 비교점이 아니라고 주장한 바 있는데, 그 이유는 욕망과 법칙 사이에 갈등이 있다는 그의 주장은 사실일지 몰라도 전혀 새로운 것이 아니기 때문이다. 참으로 이것은 정확히 의식적인 죄라는 주제에 관한 초기의 논문을 참조했던 프로이트에게서 자아와 초자아 사이에 분명히 긴장이 존재한다는 주장이 아닐까? 이것은 거칠고 잔혹한 초자아와 도덕법칙 사이에 관계가 있다는 프로이트의 주장과 어떻게 관련되어야 하는가?[13]

초자아와 도덕법칙이란 이런 문제에 관하여 감춰진 또 다른 차원이 있다. 칸트는 욕망의 희생을 요구하는 도덕법칙에 의해 야기된 이러한 고통 혹은 굴욕과 함께 도덕법칙도 역시 어떤 긍정적인 만족을 만들어낸다는 매우 흥미로운 관찰을 해내고 있다.

[도덕]법칙은 그 자체로 적극적인 어떤 것, … 우리 안에 있는 주관적인 적 (敵), 곧 경향성들에 반대하여 자만을 **약화시킴**으로써 동시에 존경의 대상이고, 자만을 **타도**하기까지 함으로써, 다시 말해 겸허토록 함으로써 최고 존경의 대상, 그러니까 경험적 근원을 갖지 않고 선험적으로 인식되는 한 적극적 감정의 근거이기도 하다.[14]

경험적인 기원의 것이 아닌 이런 긍정적인 느낌을 칸트는 **자기 만족**(Selbstzufriedenheit)이라 부른다.

고통 혹은 굴욕과 함께 도덕법칙이란 이름으로 다름 아닌 포기의 행위에 만족의 비밀스럽고 무의미한(경험적인 근원이 아닌) 근원이 있다는 것을 알아내는 일은 인상적이지 않은가? 칸트에 의하면, 여기서 가장 중요한 바는 우리의 모든 행위들의 목적이 되는 것처럼 보이는 복지를 넘어서, 또한 그에 따라 욕망의 만족에 의해 만들어진 쾌락을 넘어서 쾌락의 희생으로부터 야기하는 또 하나의 감춰진 만족, 즉 '자기 만족'이 놓여 있다는 생각이다. 이것이 프로이트에 의해 의도되었음을 암시할 필요도 없이 나에게는 이처럼 이상한 만족의 근원이 모두 초자아와 관련되어야 하는 것처럼 여겨진다. 어쨌든 그것은 라깡이 칸트의 도덕법칙에 흥미를 갖게 되는 것이다. 다시 말해서 쾌락의 포기, 즉 도덕법칙 그 자체를 위해 도덕법칙을 따르는 바로 그 행위가 동시에 쾌락을 '덜 존경할 만한' 것으로 표현하고[15] 여분의 만족을 만들어내고 있는데, 그것은 칸트의 인식처럼 쾌락과 구별되고 라깡이 향락(*jouissance*)이라 부른 것이다. 칸트에게서 욕망의 목적인 것처럼 보이는 쾌락 너머에 쾌락의 희생을 요구하면서 향락이란 특별한 만족을 만들어내는 법칙이 놓여 있다.

이제 우리는 라깡이 왜 초자아라는 외설적이고 잔인한 인물을 언급하는지, 다시 말해 그가 왜 칸트의 도덕적 명령이 잔혹한 명령을 감춘다고 주장하는지 그 이유를 알 수 있는데, 우리에게 의무를 위한 의무 수행을 명령하는 이러한 양심의 목소리가 외상이 되면서 동시에 쾌락원칙의 항상성을 깨뜨리고 있는 만족할 줄 모르는 향락의 숨겨진 근원이 된다는 것이다. 이것은 쾌락원칙을 넘어서는 그 어떤 것으로서, 도덕법칙 이후까지 존속하고 도덕법칙에 집착하는 어떤 경험적이고 '정념적인' 잔여로 이뤄진 것이 아니라 오히려 도덕법칙 그 자체의 핵심에 놓여 있는 그것이다. 슬라보예 지젝이 주장했듯이 도덕법칙의 외설적이고 잔인한 얼굴은 우리로 하여금 그의 명령에 복종하도록 만드는 동기의 원동력으로서 기능하는 그것의 **형태 그 자체**라고 하는 사실에 있다. 다시 말해 그것이 법칙이기 때문이지 그 어떤 긍정적인 이유가 아니기 때문에 우리가 그 도덕법칙에 복종하는 한에서 그렇다는 것이다. 도덕법칙의 잔혹성과 가혹함은 그것의 형식적인 성격의 숨겨진 얼굴이 된다. 칸트의 정언명령은 쾌락을 만들어내는 모든 대상들로부터 떨어져 있을 뿐만 아니라, 반드시 그 대상들을 오염시키고 그것들의 만족을 좌절시키기도 하지만 반면에 숨겨져 있는 바는 그것들의 포기와 희생 그 자체가 어떤 만족을 만들어내는 방식이다.[16]

칸트의 도덕철학의 역설은 라깡의 향락 개념의 역설과 동일한 것이다. 다시 말해서 그래도 역시 주체를 괴롭히는 도덕법칙에 복종함으로써 주체가 자신의 도덕적인 경험으로부터 끌어내온 것은 정확히 이러한 자기 만족이다.

칸트의 정언명령 그리고 초자아와 맺은 그것의 연결에 관한 라깡의 견해는, 얼핏 보기에는 바로 그런 경우가 되는 것처럼 보일 수 있는 것처럼 그 법칙과 욕망 사이의 어떤 가정된 대립으로부터 나온 것은 아니다. 오히려 그것들은 라깡의 '향락'이란 법칙 내에서 그 존재에 관하여 칸트의 도덕 이론이 만들어내는 두 가지 주장들로부터 나온다. 첫 번째, 가장 분명한 주장은 칸트의 이성적인 주체가 이성적이라는 것 때문에 쾌락을 빼앗기고 그의 열정이란 수준에서 결여 혹은 박탈을 당하게 되는데, 그것은 주체가 도덕법칙에 복종하면서 치르는 대가이다.

두 번째, 그런데도 주체는 숨겨지고 역설적인 그런 만족을 그 자신이 법칙에 복종적이라는 인식으로부터 끌어내온다. 쾌락원칙의 너머에 놓여 있는('경험적 근원이 아닌') 이러한 만족이 역설적인 이유는 주체가 괴로움을 당하고 있는 바로 그 법칙으로부터 끌어내 온 만족이기 때문이다.

Chapter 8

죄와 법, 그리고 위반

칸트는 분명히 서로 모순되는 두 가지 원칙들을 보유했던 것으로 유명하다. 첫째, 경험적인 현상계에서 일어나는 모든 것은 반드시 이전의 사건들에 의해 결정된다는 것이다. 둘째, 의지의 행위들은 자유롭게 행해진다는 것이다. 칸트가 의지에 부여한 '가장 엄밀한, 즉 초월적인 의미에서의' 자유는 그가 인정하는 것처럼 경험세계의 결정론과 상반된다.[1] 따라서 자유는 본체적(noumenal) 세계에 놓여 있어야 하고, 그에 따라 선험적 인과법칙의 지배를 받는 경험세계 밖에 위치해 있어야 한다. 의지의 자유를 경험세계의 결정론에 일치시키려는 칸트의 시도가 성공적이지 못하다는 것은 널리 알려져 있는 사실이다. 따라서 모든 사건들이 결정된다는 결론이나 어떤 사건들이 자유의지의 행위가 된다는 결론은 피할 수 없을 것 같다.

그렇다면 어째서 칸트는 자유와 결정론을 이런 식으로 일치시키려고 신중하게 시도해 봤을까? 혹은 약간 다르게 문제를 제기해 본다면 자유의지의 가능성을 묵인하는 데에는 어떤 근거가 있는 것일까? 칸트가 경험상의 모든 것들은 인과법칙에 따라 일어난다는 첫 번째 원리를 받아들이기 때문에 이런 자유에는 아무런 경험적 근거도 없을 수 있다. 그와 같이 그는 이런 자유의 그 어떤 인식도 경험으로부터 끌어내 올 수 없다는 것을 인정하고 있다. 칸트는 이러한 근거들을 어딘가 다른 곳에서 찾아내고 있는데, 다시 말해 도덕법칙에 대한 우리의 인식에서 찾아낸다. 도덕법칙은 "우리에게 이러한 [자유의] 개념을 강요하는데", 그럼으로써 그것이 도덕법칙에 관한 것이 아니라면 "자유를 과학에 도입시키려고 그 누구도 대담하게 시도하지는 않았을 것이다."[2]

칸트는 이 점을 설명하기 위해 그 유명한 사례를 제시하고 있다.

> 누군가가 그의 성적 쾌락의 경향성에 대해 사랑스런 대상과 그를 취할 기회가 그에게 온다면 그로서는 그의 경향성에 도저히 저항할 수가 없다고 그럴 듯하게 둘러댄다고 가정해 보자. 그러나 그가 이런 기회를 얻게 되는 그의 집 앞에 그가 그러한 향락을 누린 직후에 그를 달아매기 위한 교수대가 설치되어 있다면 그래도 과연 그가 그의 경향성을 이겨내지 못할까?[3]

칸트로서는 그 사람이 무슨 일을 하게 될지 물을 필요가 없다. 그는 "그가 어떤 대답을 할지 오래 궁리할 필요도 없다"고 쓰고 있으며, 욕망의 본성을 설명하기 위해 이 사례를 들고 있다. 어떤 사람의 욕망은 항상 가장 중심이 되는 욕망—목숨에 대한 욕망—을 따르게 될 것이다. 따라서 어떤 사람은 그 쾌락이 죽음의 대가로 온다고 확신하게 되면 그처럼 가

장 극단적인 쾌락을 그만두려고 할 것이다. 칸트는 이런 사태를 다른 일
과 대조시켜 보고 있다.

> [동일한 그 사람에게] 그의 군주가 그를 지체 없이 사형에 처하겠다고 위협하
> 면서, 그 군주가 기꺼이 그럴 듯한 거짓 구실을 대서 파멸시키고 싶어하는, 한 정
> 직한 사람에 대하여 위증할 것을 부당하게 요구할 때, 그의 목숨에 대한 사랑이
> 제아무리 크다 하더라도 그때 과연 그가 그런 사랑을 능히 극복할 수 있다고 생각
> 하는지 물어보라. 그가 그런 일을 할지 못할지를 어쩌면 그는 감히 확정하지는 않
> 을 것이다. 그러나 그런 일이 그에게 가능하다는 것을 그는 주저 없이 인정할 것
> 임에 틀림없다. 그래서 그는 무엇을 해야 한다고 의식하기 때문에 자기는 무엇을
> 할 수 있다고 판단하며, 도덕법칙이 아니었더라면 그에게 알려지지 않은 채로 있
> 었을 자유를 자신 안에서 인식한다.[4]

따라서 어떤 사람은 자신이 옳다고 생각되는 일을 하려고 준비할 것이
며, 다시 말해 자신의 행위가 그 자신의 죽음을 가져오리라는 것을 안다
하더라도 자신이 믿는 바를 해내려 하고 자신의 의무를 수행하려고 할
것이다. 우리는 자유로운 행위라는 개념을 바로 이런 가능성의 인식으로
부터 끌어온다. 그렇다면 칸트에게 만일 자유의지라는 것이 없다면 아무
런 의무도 없으며, 또한 욕망에 입각한 행위와 의무를 위한 행위 사이의
대조도 역시 존재하지 않을 것이다. 따라서 그는 의무와 욕망 간의 차이
를 설명하기 위해 그 사례를 들고 있다. 라깡은 욕망과 의무 간의 대조에
대한 칸트의 분석에 동의하지 않으며, 욕망이 자신의 선을 위하지 않을
것이고 자신의 죽음까지 초래할 수 있다는 것을 알면서도 어떤 사람이
욕망에 따른 행위를 준비할 수 있다는 전적으로 올바른 관찰을 해내고

있다. 참으로 칸트의 사례에서조차 인간은 가까이에 있는 교수대가 초래할 모험과 위험들이 위반의 매력에 첨가된다는 것을 매우 잘 알게 된다.

사실상 칸트는 자신의 시대에서도 그러한 사례에 대한 설명을 찾아내려고 그렇게까지 멀리 나갈 필요는 없었을 것이다. 남서쪽으로 파리에 이르면 사드 후작이 『규방철학』을 쓰고 있었고, 남동쪽으로 비엔나에 가면 모차르트와 다 폰테의 「돈 조반니」를 찾을 수 있었다. 그 둘 모두는 욕망의 애매성을 보여주는데, 라깡의 「사드와 함께 칸트」라는 논문에 나오는 애매성으로서 훗날 향락의 개념으로 완전히 밝혀지게 될 것이다. 애매성이라는 것은 만일 우리가 욕망의 만족을 쾌락의 생성으로 생각한다면 욕망은 항상 어떤 한계를 찾아내게 되고 그 한계를 넘어서면 쾌락이 생성되지 않는다는 것을 뜻한다. 우리는 이런 한계를 주체의 복지라고 부를 수 있지만, 다른 한편 우리가 욕망을 향락으로 생각하게 되면 정신분석이 발견했던 것처럼 바로 그 본질은 그것의 위반에 있다. 요점은 분명히 향락과 위반이 한 쌍을 이룬다는 것이다. 다시 말해서 위반 없이는 향락도 없다는 것이다. 그러나 우리가 위반되었던 것이 무엇이냐고 물어볼 때 그 요점은 덜 분명해진다. 위반이 법의 위반이라는 것은 분명해 보이지만 이것으로서 모든 문제들을 남김없이 논의한 것은 아니다. 어떤 법을 위반하는가? 도덕법칙인가? 국법인가? 법의 문제와 향락과의 관계에 대한 문제에 접근하는 이런 논쟁점들은 정신분석과 긴밀하게 관련되어 있다.

프로이트에게서 정신분석이 한 가지 법만을 인정할 뿐이라는 것은 의미심장하다. 그것은 모든 사회의 중심부에 놓여 있는 오이디푸스 법칙으로서 모든 주체들이 이미 항상 위반해 왔던 법칙이다. 그 다음에 뒤따라 오는 어떤 위반이라도 항상 그리고 오로지 그 대체물일 뿐이다. 그런데 여기에도 또 다른 문제들이 존재하는데, 그것은 마치 프로이트의 오이디푸스 콤플렉스가 법과 향락 간의 관계에서 명료해지는 것처럼 보이지 않기 때문이다.

아마도 프로이트가 향락과 법 사이의 관계에 대하여 서로 전혀 다르고 상반된 견해들을 갖는다고 말하는 것이 더 좋을 것이다. 그 중 하나는 오이디푸스 신화로 나타나고 다른 하나는 원시종족의 신화로 나타난다. 둘 모두 프로이트에게서 아버지의 신화가 되지만 중요한 차이점들이 있다. 가장 뚜렷한 차이는 욕망과 법 간의 관계에서 볼 수 있는 반전이다. 오이디푸스 콤플렉스는 욕망과 향락이 법에 의해 어떻게 통제되는지 설명해 준다. '소포클레스에게서 빌려온' 오이디푸스 신화와 원시종족의 신화는 둘 모두 아버지의 살해와 관련되어 있다. 두 가지 경우에 이러한 살해의 결과는 법이 각각의 경우에서 차지하는 위치 때문에 정반대가 된다. 둘 모두 이전에 라깡이 아버지의 이름(父名)이라 불렀던 것을 다루고 있는데, 부명이라는 것은 향락과 법에 의한 그것의 통제에 밀접하게 연결되어 있는 시니피앙이며, 그럼에도 각각의 경우에 전개되고 있는 법과 향락 간의 관계는 이상하게도 반전된 채로 끝을 맺는다. 오이디푸스 신화에는 처음부터 법이 있다. 그것은 위반이 저도 모르는 사이에 저질러졌을 때일지라도 처벌을 요구하는 냉혹한 법이다. 그 법은 향락을 앞지르게 되고, 그때부터 향락은 위반의 형태를 취하게 된다.

다른 한편 『토템과 터부』에는 향락이 최소한 겉모습만이라도 처음부터 존재하게 되고 법은 그 뒤에 따라온다. 이것 때문에 라깡은 '오이디푸스의 신화를 『토템과 터부』로부터 분리시키는 분열'(une schize)[5]이 있다고 말하게 된다. 그 이유는? 그것들은 각각 히스테리와 강박신경증의 임상경험에 대한 반응이다. 오이디푸스 콤플렉스는 프로이트가 히스테리의 임상에 대한 반응으로 만들어낸 신화이고, 『토템과 터부』에서 원시 종족의 아버지라는 신화는 강박신경증의 임상에 대한 프로이트의 반응이다.

라깡은 『정신분석의 윤리』와 「사드와 함께 칸트」에서 안티고네와 관련시켜 향락과 법 간의 관계라는 문제를 논의하고 있다. 라깡이 이러한 텍스트들에서 마음에 품고 있는 것이 무엇인지 항상 분명한 것은 아닌데, 특히 「사드와 함께 칸트」에서 그러하다. 또한 '실정법'과 어떤 형태의 법, 예를 들어 초자아의 법 사이의 구분에 의해 그가 말하는 바를 개념화하려는 경향이 있어 왔다. 이런 해석에서는 실정법과 (초자아의) 법이 어떻게 서로 다를 수 있는지 상당히 분명해 보인다. 안티고네는 실정법인 크레온의 법이 상위법에 미치지 못한다는 것을 인식하고는 상위법의 이름으로 행위하게 된다. 그녀가 '상위의' 어떤 것이란 이름으로 실정법을 위반하는 한에 있어, 그녀는 도시의 권력에 대하여 '아니오' 라고 말하면서 시민의 항의자들과 선동자들 그리고—왜 안 되나요?—테러리스트들과 동맹을 맺을 수 있다.

내 생각으로 이것은 타당치 않을 뿐만 아니라 그 구별을 하찮은 것으로 만드는데, 법전과 도덕률이 동일한 것이 아니라는 인식으로 그것을 환원시키고 있다. 그것들이 동일한 것이 아니라는 것은 사실이나 그렇다고 완전히 다른 것도 아니며, 거기엔 상당한 이유가 있다. 이 점을 설명해 보자.

첫째, 도스토예프스키의 사례가 있다. 프로이트가 죄와 위반 사이의 관계를 연구하려고 했을 때 그것들 간의 인과관계는 우리가 흔히 가정했던 바의 정반대가 된다는 견해에 이르게 되었다. 상식으로는 위반 때문에 죄책감을 느끼는 것이라고 생각한다. 그러나 프로이트는 죄책감을 느끼기 때문에 위반하게 되는 경우를 추측하게 된다. 또한 적어도 위반함으로써 죄에게 대상을 가져다 준다. 따라서 무의식적인 죄책감의 압박을 받고 그에 따라 그 근원을 알지 못하는 사람은 자신이 무의식적으로 지니고 있는 죄가 실제적인 특수한 대상을 찾아내기 위해 범죄행위를 저지른다. 멜라니 클라인은 프로이트의 견해를 더욱 강화하고 있다. 그녀는 초자아가 주체의 무의식적인 욕망들을 향해 내보이고 있는 강렬한 난폭성과 극렬한 잔인성에 대해 잘 알고 있으면서 이것이 자아를 내버려두는 견디기 어려운 상황을 인식하고 있었다. 그 사람의 반응은 죄를 외면화하는 일인데, 어떤 범죄나 위반을 저지름으로써 그렇게 하고, 그 때문에 걱정하고 벌을 받게 될 것이다. 따라서 클라인은 범죄행위에 대한 모티브가 무의식적인 죄의 외면화로 되어가는 곳에서 외부 상황이 적대적이고 위협적인 초자아에 의해 자아에게 저질러지는 잔인한 내부 공격을 어떤 방식으로든 반영하게 된다고 암시함으로써 프로이트의 명제를 더욱 더 지지해 주고 있다. 하나의 결과로서 실제적인 외부의 처벌은 초자아의 가학증보다 덜 위협적인 것이 되는데, 그런 초자아 앞에서 자아는 다소간 완전히 무기력하게 되어가는 자신을 느끼게 된다.[6] 이것은 '죄'의 외면화와 동시에 외부적인 행위자의 처벌이 벌에 대한 자아 자체의 욕망을 만족시키리라는 사실 때문이 아니라면 오로지 쾌락원칙 하에 오거나 적어도 쾌락원칙 하에 올 것으로 이해될 수 있는 과정이다.

    말이 나온 김에 죄와 위반에 대한 클라인의 분석이 오이디푸스적인 역동을 거의 참조하지 않고서 내부적이고 타고난 공격성에 매우 무겁게 의지하고 있다는 사실을 주목해 보자. 또한 사실상 프로이트가 죄를 위반 앞에 둔다고 말하는 것은 전혀 정확한 것이 아니다. 왜냐하면 문제의 무의식적인 죄는 그 자체의 근원을 (최초의) 아버지의 살해에 관한 오이디푸스적인 욕망과 소원에 두고 있기 때문이다.

물론 프로이트가 죄와 위반에 대하여 말한 것 가운데 그 어떤 것도 만일 위반이 법적인 위반이 아닐 뿐더러 도덕적인 위반도 아니라면 작용하지 않을 것이다. 위반은 도덕적인 위반이 더 좋을 것이며, 더욱이 근원적이고 무의식적이며 오이디푸스적인 죄에 상징적으로 연결되어 있는 것이다.

내가 언급하고 싶은 범죄적 위반에 관한 두 번째 관점이 있는데, 그것은 전시의 잔학행위이다. 아마도 보편적인 것은 아닐지라도 전시의 잔학행위가 보이는 매우 흔한 세 가지 특징들이 있는데, 그 특징들은 정신분석이 범죄적 위반을 밝혀줄 수 있길 바라는 내 관점과 특별히 관련되어 있다. 첫 번째는 전시의 잔학행위라는 특수한 형태의 범죄행위를 저지르는 범인들이 다른 때에는 전반적으로 훌륭하고 고상하며 법을 잘 지키는 시민들이라는 점이다. 다시 말해서 그들에겐 일반적으로 범죄적 위반의 전과가 전혀 없고, 일반적으로 폭력범죄의 전과도 없으며, 그런 사실 자체는 매우 두드러져 보인다는 것이다. 물론 수많은 전쟁 후 외상과 정신질환들이 있지만 실제적인 범죄는 훨씬 적다. 두 번째 꽤나 흔한 특징으로서 잔학행위를 저지르는 자들이 국민과 같은 편이 되어 싸워주고 그 국민들을 위해 싸우고 있는데, 바로 그 국민들이 그러한 행위들을 일반적으로 관대하게 봐주거나 최소한 용서하게 된다는 것이다. 싸울 준비태세와 또한 필요하다면 자신들의 생명을 희생시킬 준비태세는 틀림없이 그들의 행위에 대한 국민들의 반응에서 중요한 요인이 된다.

세 번째 특징이 되며 내가 강조해두고 싶은 특징은 전시의 잔학행위들이 맹목적인 사건들이 되는 일은 드물지만 일반적으로 상징적인 구조, 엄밀히 말하면 오이디푸스적인 구조를 내보여 준다는 것이다. 우리는 그것들이 의례적인 형태를 취할 때 이 점을 가장 분명하게 볼 수 있다. 무기력하고 무능하며 겁먹고 있는 아버지나 아버지 같은 인물의 면전에서 여자들을 강간하는 일, 혹은 같은 상황에서 신체절단이 벌어지는 특수한 형태들이다. 이런 경우에 잔학행위는 위반적인 기능에 있어서 다름 아닌 사회구조의 형태를 반영해 주는데, 희생자들의 사회구조뿐만 아니라 범인 자신들의 사회구조도 반영하고 있다. 달리 말해서 위반이라는 것은 상징적인 법들의 표현이 되고, 그 법들은 희생자들과 관련될 뿐만 아니라 범인들의 집단과도 관련되어 있다.

더욱이 상징적인 연결은 범죄행위를 그 주체의 정신병리의 일부로 만드는 일이다. 다시 말해서 범죄행위는 그 자체로는 결코 정신병리적이지 않다. 범죄행동을 정신병리적인 것으로 만드는 것은 정신병리의 비범죄적인 다른 형태들과 공통된 특징들이며, 전형적인 것으로서 강박적인 행동과 반복과 과장된 양심의 가책이 있다. 주체의 개인력과도 상징적인 연결이 있을 것이다.[7]

범죄행위와 정신병리와의 비교는 도덕행위에 관련된 초자아의 경우와 비슷하며, 특히 강박신경증 환자의 초자아와 유사하다. 우리가 알고 있는 바와 같이 강박증 환자들은 특히 도덕적인 사람들이다. 그러나 도덕적 정직성에서 병적인 초자아의 존재를 내보인다는 것은 타인들의 부도덕성에 대한 분개가 도덕법칙에 대한 가학적이고 비인간적인 집착과 결합되어 있다는 것이다. 다시 말해서 강박증 환자는 때때로 일반적인 인류애와 모든 사람들에 대한 따뜻한 헌신에 의해 타인들의 복지에 전념하게 될 준비태세를 보여주지만 그들이 가장 사랑하는 사람들을 제외시키게 되고, 또한 여기에 문제점이 있게 된다.

따라서 범인의 행동에 관한 정신병리학적 국면은 강박증이나 다른 신경증 환자의 행동에서처럼 동일한 방식으로 드러나게 되어 있다. 정신병리는 범죄행위나 다른 행위에 의해 표현되는 것이 아니라 문제가 되는 바로 그 행동의 형태나 일반적인 구조로 나타난다. 그에 따라 범죄행위와 정신병리에게 공통된 것은 상징적인 내용이다. 그러나 이러한 관점에서 어떤 정신병리가 범죄행위에 나타날 수 있든지 그 모두는 다른 상황들에서의 정신병리와 전혀 다르지 않다. 신경증과 정신병 간의 차이에 관해서 그러하듯이 여기서도 아무런 차이가 없다. 테마들은 동일하고 증상들의 내용과 기타 등등은 동일한 것이다. 다시 말해서 그것들이 두 가지 상태들의 구조 내에서 달라지는데, 하나는 억압의 과정으로 생기고 다른 하나는 폐제에서 생겨난다. 그러나 라깡은 또한 정신병 환자의 담론을 꿈과 같은 신경증적인 현상들과 똑같이 해석할 수 있다는 사실 덕분에 두 가지 장애들을 동일한 수준에 올려놓지만 그 둘 사이의 중요한 질적인 차이점에 대해는 설명하지 못한다는 것을 보여주고 있다. 따라서 정신분석이 그 둘 사이의 구분을 설명하려 한다면 의미에만 기초하여 그럴 수는 없다. 그것은 '구조들'에 기초하여 그럴 수 있을 뿐이며, 그것이 인정하는 구조들은 신경증과 정신병과 성도착증이란 정신병리에서 우리들에게 친숙해진 것들이다.

위반이 죄의 표현이 되는 경우에는 상실과 처벌이 된다는 것은 본질적이다. 그러나 그것은 반드시 범죄가 되어야 할 필요는 없다. 상당히 지저분한 결혼파탄은 배우자와 자녀들, 그리고 가정을 잃는 경우에도 마찬가지로 목적을 이루게 될 것이다. 우리는 분석에서 무의식적인 죄의 힘을 알게 되는데, 그 경우에 무의식적인 죄가 활성화되는 일이 드물지 않고 또한 이런 종류의 주요한 행동화가 일어날 위험에 대해 신중히 고려해 볼 수 있다. 이런 관점을 종합해 보면 그것은 단지 법을 위반하는 문제가 아니다. 다시 말해 위반은 법적인 차원일 뿐만 아니라 도덕적인 차원이기도 하다. 이런 관점은 법과 도덕성의 관계에 대한 새로운 문제를 야기한다. 우리들의 사회에서 과거 150-200년 동안에 걸쳐 철학적으로—특히 처벌의 정당화에 관하여—동시에 실제적인 임상에서 법과 도덕성을 분리시키려는 움직임이 있어 왔다. 철학적으로는 세속적인 상태의 출현 이래로, 또한 제레미 벤담의 원형감옥(panopticon) 시대 이래로 처벌에 대한 '진보주의적' 접근방법이 그 결과에 의해 그것을 정당화하는 공리주의적인 접근이 되어 왔다. 다시 말해서 처벌은 잠재적인 범인들을 단념시키고 실제적인 범인들을 재활시키거나 혹은 적어도 그렇게 하는 일을 목표로 삼아야 한다.[8] 이것과 전혀 관계없는 것은 보복과 배상과 속죄를 둘러싼 문제들이다. 내 견해로는 죄의 치료적인 처치라는 개념이 죄와 위반에 대한 일반적인 억압적 접근방법의 일부를 형성하고 있는데, 그러한 접근방법은 19세기에 시작되었고 벤담의 원형감옥이란 이미지에 의해 가장 잘 상징화되고 있다. 그 논제는 당연히 푸코의 것이지만, 그에 따르면 개별적인 범죄자를 교정시키는 정책이 이전의 처벌 위주의 제도를 대신하는 사회적 통제라는 새로운 형태로 나타나게 되었다는 것이다. 법적인 문제에서 정신분석가들이 초기에 흥미를 보인 견해는 처벌보다 범죄자의 치료에 우선권을 주는—감옥보다는 카우치가 더 좋다는—것이었다. 그러나 이 정도까지 정신분석은 우리 사회에서 처벌에 대한 새로운 견해에 기여해 주는 것으로 보일 수 있는데, 그것은 법의 억압기능을 강화해 주는 견해이다.

　　프로이트 이래로 범죄에 대한 정신분석적 접근방법은 특히 정신분석이 범죄예방에 기여할 수 있으리라고 희망하면서 일반적으로 이러한 진보적인 접근방법에 걸맞게 되었다. 대부분 정신의학의 배경을 지닌 수많은 정신분석가들은 정신분석이 법의 강화와 범죄예방과 처벌에 뭔가를 제공해 주었다는 믿음으로 법정신의학의 전문가들이 되었다. 영국의 정신분석가인 에드워드 글로버는 1920년대부터 1960년대에 이르는 장기간 동안 범죄의 조사와 치료에 관한 논의에 기여했을 뿐만 아니라, 〈비행의 연구와 치료를 위한 연구소〉의 설립과 비행의 연구와 치료에 관련된 세계 최초의 정신의학 클리닉인 〈사이코패스 클리닉〉의 설립에도 관여했다.[9] 그리고 1920년대 말 베를린에서 프란츠 알렉산더와 변호사인 후고 슈타우프는 『범죄자와 재판관과 민중』이란 책을 출판했는데, 이 책은 출판 당시에 커다란 흥미를 유발시켰다.[10] 그들의 책에는 범죄자들에 관한 수많은 사례연구들이 포함되어 있었는데, 거기에는 마리 보나파르트의 한 사례도 들어 있다. 이런 기여들의 일반적인 경향은 '진보주의적'이라고 묘사될 수 있다.

범죄행위로 이끌어 가는 요인들을 더욱 온정적으로 이해하길 바라는 호소가 존재하고, 이런 태도는 처벌에 대한 계몽적이고 비응보적인 접근방법과 결합되어 있으며, 여기에는 치료가 처벌을 대신하라는 권고가 포함되어 있다. 나는 어떤 정신분석가들이 이 점을 주장했는지 알지 못하지만, 강박행위와 무의식적 결정론에 관한 정신분석 이론들에 따르면 범죄자들의 위반에 대해 그들을 비난하는 것이 잘못이라고 하는 까닭은 그들의 행동이 의식적인 통제를 넘어서기 때문이라고 하는데, 그 점을 주장하기 위해 어떤 철학자들은 정신분석에 호소해 왔다는 것이다. 인간이 실제로는 결코 자유롭게 행위하지 못하므로 자신의 행위에 대해 책임질 수가 없다. 그러나 이것은 프로이트의 가르침이 아니다. 그는 오히려 자신의 행동들—특히—자신이 하고 있음을 알지 못하는 행동들일지라도 그에 대해 책임을 져야 한다고 가르친다. 어쨌든 처벌을 오로지 예방의 가치로서만 정당화된다고 간주하는 것은 그 어떤 실정법에서도 상징적인 중요성을 지닌 어떤 것을 놓치는 일이다. 그 요점은 법이 어떤 방식으로든 '도덕적 중요성'을 지녀야 한다는 것인데, 다시 말해 그것은 정의를 위해 작용하면서 동시에 신중한 도덕적 숙려로부터 나오는 것으로 봐야 한다는 것이다. 살인과 같은 중죄와 시민 불복종과 같은 경미한 죄 사이에 경중의 차이점을 만들어내는 것은 이런 도덕성과의 연결이다. 또한 도덕성과 법 사이의 연결은 시민 불복종에 대한 처벌이 위반의 중대성을 능가할 때처럼 좋지 못한 상태에 놓일 수 있다.

내가 레나타 살레츨을 제대로 읽었다면 그녀는 『자유의 전리품』에서 사회주의의 '무법성'에 대해 언급할 때 이런 관점에 의지하고 있다. 그녀는 사회주의 하에서의 법—다시 말해 합법적인 것, 금지되는 것, 합헌적인 것 및 합헌적이지 않은 것을 규정하는 법—이 공산주의 구성의 목적을 따르고 있었던 상황을 기술하고 있다. 따라서 법은 그 수단이 최종적인 '이익'을 따르고 있었던 순전히 공리적인 법이 되어버렸다. 여기에 살레츨은 이렇게 덧붙이고 있다. 사회주의 하에서의 법은 끊임없이 그 자체를 위반하고 있었으며, 당은 끊임없이 새로운 법을 만들어냈고 끊임없이 헌법을 고쳐 쓰고 있었다.

그러나 이 모든 것의 결말은 더 이상 그러한 체계와의 어떤 동일시도 일어나지 않게 되더라는 것이다. 사람들이 강요당했기 때문에, 그렇지 않을 경우에 그 결과를 두려워했기 때문에 오로지 법에 복종하는 것뿐이었다.[11] 여기서 의미하는 것은 단지 그 결과를 두려워하는 것만으로 충분치 못하다는 사실이다. 다시 말해서 주체는 법적인 강제력이 처벌의 가치를 갖도록 하기 위해 법의 도덕적인 정당성을 받아들일 필요가 있다는 것이다. 도덕성과의 이와 같은 연결이 없다면 처벌은 다른 어떤 것으로 변형되는데, 예를 들어 억압이나 보복으로 변하든가 살레츨이 기술한 사례에서처럼 단지 사회적 통제로 변할 뿐이며, 거기서는 주체들이 법에 복종하는 이유가 그들이 그 법에 동의하기 때문이 아니라 강요당하기 때문이다.

이제 나는 살레츨의 논평이 독특하게 이전의 사회주의 국가들에게만 적용되는 것이 아니라 약간 수정된 방식으로 아마 자본주의 사회들에도 적용되리라고 믿는다. 그녀가 기술하고 있는 것은 처벌의 공리주의적 접근방식을 기초로 하는 법체계인데, 거기에는 형벌이 반드시 범죄에 걸맞아야 한다는 개념이 빠져 있고 유일하게 처벌의 결과에만 호소하는 공리주의적인 이론적 근거가 된다. 사회주의에 대해서는 한 가지 궁극적인 결과가 있었다. 즉 그것은 공산주의의 설립에 대한 조건들이다. 자본주의 하에서 이론적 근거는 처벌이 방지하고 격리하며 재활시킨다는 것이다. 다시 말해 처벌이 잠재적인 범인들을 방지해 준다. 감금은 실제적인 죄인들을 사회로부터 격리시킨다. 또한 아마도 설득력이 떨어지겠지만 처벌로서 범죄자를 재활로 이끌어 간다. 우리가 법을 이런 식으로 또한 '실정법'과 똑같이 이해하지 않는다면 법과 그의 위반 사이의 관계를 적절하게 이해하지 못할 것이다.

나는 위반과 법이 관련될 수 있는 세 가지 방식들과 그에 상응하는 세 가지 '유형'들에 대해서 논의해 왔다. 첫째는 프로이트에 의해 기술된 것으로서 거기서는 위반이 무의식적 근원을 갖는 죄를 외면화하고 오이디푸스적인 상황에 관련시킨다. 둘째는 칸트에 의해 기술되고 안티고네에 의해 구체화된 것으로서 거기서는 위반이 도덕법칙이라는 이름으로 행해진다. 셋째는 라깡에 의해 기술된 것으로서 위반 그 자체가 향락의 근원이 되는 인물이다. 더욱이 이런 인물에게서는 상실과 처벌의 위험이 향락을 증가시켜 준다. 나는 네 번째 것을 덧붙이면서 논의를 끝내려고 한다. 그것은 우리를 프로이트에게로 되돌아가게 해주는 것으로서 금욕주의자의 향락이자 성자의 향락—본능적인 포기의 향락—이다. 프로이트는 다음과 같이 말하고 있다.

> 양심은 … 참으로 우선 먼저 본능의 포기를 일으키는 원인이지만 나중에는 그 관계가 뒤집혀진다. 본능의 모든 포기는 이제 양심의 역동적인 근원이 되고, 새로운 모든 포기는 후자의 가혹함과 견딜 수 없음을 증가시켜 준다.[12]

따라서 우리는 처벌이 교정적인 기능이 될지라도 공리주의적 기능으로 환원되는 경향을 보여 왔다. 하나의 결과로서 처벌이 지닌 보복적인 기능과 전도된 속죄의 기능은 우리의 현대적인 정서로부터 멀리 제거되어 보복적인 정당성이 성경 속에서 복수심에 불타는 신과 동해(同害) 보복법에 전형적으로 연결된다. 그런데도 우리는 처벌이 범죄에 상응되어야 한다는 보복적인 관념에 완전히 승복해 본 일이 없다. 다시 말해서 공리주의적 접근방법은 보복 철학을 그처럼 완전히 대체해 본 적이 없어서 이런 일이 일어날 경우에 결백한 사람을 처벌함으로써 범죄성을 단념시키는 것이 정당하다고 생각한다.

예를 들어서 국가에 반항하는 죄로 기소된 사람의 가족들이 그 죄 자체에 연루된 일이 없었을 때 그 가족의 집안을 파괴하는 것이 불공정하다고 생각하는 이유는 아무리 그 행위가 단념시키는 것일지라도 다른 사람에 의해 또한 다른 사람의 이름으로 저질러진 범죄로 인해 결백한 사람들을 처벌하는 것은 더더욱 잘못된 일이기 때문이다. 또한 이것은 우리를 처음으로 되돌아가게 해주는데, 거기서는 정신분석이 처벌보다는 치료를 더 지지함으로써 범죄학의 발전에 기여할 수 있는 관념이 출현하게 되었다. 그 이유는 이것이 범죄와 처벌에 대한 정신건강 접근방법의 일부가 되기 때문이다. 만일 범인이 처벌적이고 가학적인 초자아의 이름으로 저지당하고 있던 일종의 '행위로의 이행' (*passage à l'acte*)으로서 범죄를 저질렀음을 보여줄 수 있다면 범죄자는 교수형이 아니라 도움을 필요로 한다고 생각하는 것은 논리적으로 보인다. 그러나 범죄 때문에 비난을 받는 접근방법의 비의도적인 결과는 그것이 문명에서의 불편함을 가중시키는 것처럼 보인다.

슬라보예 지젝은 오로지 하나의 수단으로서가 아니라 항상 하나의 목적으로서 대우를 받아야 하는 다른 사람에 대한 '존경' (*Achtung*)이란 칸트의 개념을 논의하게 될 때 바로 이 관점에 대해 예민해진다. 지젝은 "다른 사람을 잔인하고도 의도적으로 살해한 범인에게 어떻게 배려를 보여줄 수 있는가? 우리는 그에게 적절한 배려를 어떻게 내보여 준단 말인가?"라고 묻고 나서 특유의 과장법으로 이렇게 대답한다. "그에게 유죄를 판결하고 총살함으로써 (배려해 줄 수 있는데^{역주}), 왜냐하면 이것이 그를 자유롭고 합리적인 사람으로 대접하는 방법이기 때문이다. 반면에 사회적 환경의 충격에 대한 모든 언급이 그를 '경멸적으로'—다시 말해 자유롭고 책임 있는 행위자로 대우하는 것이 아니라 사회적 기제들의 노리개로—취급하게 된다."[13] 지젝은 오해를 불러일으키는 이 관점에 대하여 과장법적인데, 그 이유는 보복이 잔인하고 지나친 처벌을 수반하는 것이 아니라 단지 인간의 존엄에 대한 존경을 수반하기 때문이다. 이것은 범인들이 그들의 죄 때문에 처벌된다는 것을 수반하며, 또한 오로지 죄 때문에 처벌되는 이유는 이것이 사람을 수단으로가 아니라 목적으로 다뤄야 한다는 것을 의미하기 때문이다. 그것은 법이 도덕적인 합법성을 지녀야 함을 수반하는 것과 똑같다.

Chapter 9

지젝에 관하여
절대자유와 근본적인 변화

슬라보예 지젝의 작업이 지닌 중요성은 영어
로 쓰인 첫 번째 저서인 『이데올로기라는 숭고한 대상』에서부터 분명해
졌다. 내가 봐온 것처럼 이 탁월한 작업의 두드러진 특징들 가운데 하나
는 그것이 라깡의 작업을 한두 세대들에게 그처럼 흥미롭게 만들었던 바
의 어떤 의미를 포착하고 전달시켜 주는 방식이다. 그 세대들은 프랑스
에서 1950년대 초부터 1980년대에 이르기까지 그의 영향력 하에 들어
오게 되었다. 그것은 언어에 대한 라깡 사유의 신선함과 무의식을 포착
했고, 참으로 무의식 그 자체의 근본적인 특성을 포착했는데, 그것은 다
른 방법으로는 공허한 수사학처럼 보일 수도 있는 바의 의미를 전달해
주는 것과 똑같았다. 다시 말해 정신분석은 급진적이고 전복적인 학설이
되는데, 그 학설의 실행은 자율성과 주관적 자기 결정의 지배적인 담론

들에 이의를 제기하고 있다. 지젝의 작업은 여기에 한 가지 요소를 더 첨가했는데, 그것은 라깡의 작업 가운데 어디에나 있지만 그의 주석자들에게는 간혹 빠져 있는 것으로서 확장된 정신분석적 전통, 철학적 전통 및 문학적 전통과 함께 이뤄지는 강렬하게 자극적인 대화의 요소이다. 이런 관점에서 지젝이 라깡에게 직접 다가갔던 일은 결코 없었지만―우리가 그 영향력을 다만 쓰인 형태로 판단할 수밖에 없는 세미나들에 줄곧 앉아 있지 못할 정도로 그는 너무 젊다―자크-알랭 밀레의 세미나와 강의를 통해 다가갔다는 것은 중요한 사실이다.

지젝의 후기 작업에서의 강조점은, 그 용어를 고유명사로 사용하기보다는 순전히 서술적으로 사용할 수 있다면 '문화연구'라고 부를 수도 있는 다양한 영역을 통해 라깡 작업에 대한 일종의 해설로부터 멀어지고 있었다는 것이다. 그의 초기 저서들의 특징이 되는 "다른 수단에 의해 설명된 라깡에 대하여 여러분이 알고 싶은 모든 것"의 유형은 철학, 종교 및 정치와 사회에 대한 더욱 프로그램적인 분석에 양보되고 말았다. 그런 분석은 라깡의 구조체계에 기반을 두면서도 더욱 명백하게 철학적이고 정치적인 다른 목표들을 갖게 된다. 되돌아보면 이런 목표들은 항상 존재해 왔고, 그의 최근 작업은 그냥 변화가 아니라 오히려 강세의 변화를 보여준다. 정치적 차원과 사회적 차원에 대한 강세가 특히 정신분석에서 공통된 그런 것이 아니다. 왜냐하면 정치적인 관련성에 아무런 부족함도 없었던 것이 사실일지라도 이것은 전형적으로 정신분석적 임상 그 자체에 대한 첨가물의 형태를 취해왔기 때문이다. 다른 방향에서 본다면 비판이론가들, 사회이론가들 및 문화이론가들은 정신분석이 이미 다소 분명하게 규정되고 잘 표명된 입장에 기여할 수 있다고 기대해 왔다. 이것이 결코 보편적인 것은 아닐지라도 표준적으로는 정신분석 이론의 보수적인 함의로 보이는 것을 진보적인 용어로 재해석하는 데에 찬성하는 정신분석의 낙관적인 독해에 기여해 보려고 의도해 왔다.

지젝의 정치적인 분석은 라깡식의 정신분석에서 직접 이뤄지고 있다. 그의 분석은 확실히 초기 단계에 얻어진 헤겔주의에 의해 취해지고 근본적으로 표현될 수 있는 단 한 가지 접근방법일 뿐이다. 그러나 내 견해로는 이러한 헤겔주의가 라깡의 진정한 의미로는 전(前)오이디푸스적이다. 다시 말해 그것은 사후적으로(nachträglichkeit) 재구성되어 왔던 흔적을 남긴 것이며, 지젝 작업의 본질적인 측면은 분명히 라깡적이다.

정치적인 고려가 정신분석의 렌즈를 통해 걸러지는 이런 접근방법은 지젝의 작업 가운데 별로 흥미롭지 못한 측면은 아니지만 그것은 역시 어떤 실제적인 문제들을 제기해 준다. 지젝은 이런 문제들을 회피해 본 일이 없었고, 참으로 정신분석이 그것에 대하여 본래부터 보수적인 것을 갖고 있다고 주장되어 온 최근의 비판에 대해 그는 도전적인 자세를 취해왔다. 정신분석의 정치적인 함의에 대한 중요한 논쟁의 맥락과 특히 라깡학파의 맥락에서 개인적인 행동과 정치적인 변화 양쪽 모두에 대한 지젝의 설명에 대하여 한 가지 문제가 제기되고 있다. 이 문제는 지젝이 '완전한' 혹은 '절대적인' 자유의 행위라고 부르는 것과 관련되어 있다. 내가 앞으로 부르게 될 것처럼 절대자유의 행위라는 개념은 그의 작업에서 핵심적인 역할을 맡게 되는데, 그 이유는 개인들이나 집단들이 중요한 정치적인 변화나 사회적인 변화를 일으키기 위해 개입할 수 있는 방법을 설명할 때 그것이 중심적인 것이 되기 때문이다. 나는 먼저 지젝의 설명에 대해서, 그 다음엔 그에게 있어 그것이 맡고 있는 역할에 대해서, 끝으로 내가 그것에 관하여 갖고 있는 어떤 유보사항들에 대해 논의하게 될 것이다.

지젝에 따르면 절대자유의 행위는 개인이나 집단 둘 가운데 하나에 의해 수행될 수 있는데, 어떤 경우에도 그 구조나 '논리'는 동일한 것이다. 본질적으로 지젝에게서는 발생하거나 자신이 할 수 있는 모든 일이 일종의 단일적인 대타자에 의해 미리 결정되는지 그 여부에 대한 문제를 절대자유가 제기하게 된다는 것이다. 지젝의 견해에서 실행들이 인정되고 있다는 것은 대타자에 의해 결정되는 경우가 될 뿐만 아니라, 우세한 법전에 이의를 제기해서 위태롭게 만들 수 있는 소위 '전복적인' 모든 실행들이 실제로는 스스로 그 법전에 의해 결정되고 어떤 의미로는 인정되는 것으로 드러나며, 따라서 그것들의 전복적인 목표에 이르지 못한다는 것이다. 어떤 행위가 진정으로 전복적인 것이 되려면 그것은 더욱 철저하거나 근본적이거나 혹은 완전한 방법으로 그 법전과 결별해야 하며, 지젝이 라깡의 작업에서 행위의 개념으로부터 끌어내온 것이라고 말한 절대자유의 행위라는 그의 개념은 완전한 결별이란 이런 생각을 포착하려는 의도이다.

『당신의 증후를 즐겨라!』라는 저서에서 지젝은 로셀리니의 영화 《스트롬볼리》의 마지막 장면에 나오는 '우유부단'을 취하여 절대자유의 행위라는 이런 개념—혹은 적어도 그런 행위의 주관적인 차원—을 논의할 기회로 삼는다.[1] 이 영화는 카린이 몇 년 동안 자신의 가정을 꾸렸던 작은 마을에서의 숨막히는 생활과 남편으로부터 도망쳐 나오는 장면으로 끝나는데, 그녀는 화산섬의 분화구 지역에 도달하자 그곳에서 연무에 휩싸여 버린다. 그녀는 의식을 잃기 시작하면서 자신을 받아준 공동체를 부정—"아니오"라는 말—하고 난 다음 잠시 후에 깨어나 어떤 종류의 현현 같은 경험을 하게 되는데, 섬생활의 음침한 냉혹함이 섬뜩한 아름다움이란 그녀 자신의 음미로 변하게 된다. 지젝이 강조하는 것처럼 이 영화의 종결부는 카린이 취하게 될 그 다음 단계를 기본적으로 막연한 상태에 남겨두게 된다. 즉 마을로 되돌아가야 할지 달아나야 할지. 적어도 이것은 사물들이 이탈리아 버전에서 전개되는 방식인데, 왜냐하면 보이스오버라는 기교로 미국 버전은 카린이 그 마을에서의 생활에 타협책을 찾아낸다는 사실을 의심할 여지없이 우리에게 남겨두기 때문이다. 분명히 지젝은 미국 버전이 잘못됐다고 생각하는 이유로서 카린의 포기라는 **행위**(act)가 그 다음에 수행될지도 모를 어떤 **행동**(action)과 혼동되어서는 안 된다는 것이 극히 중요하고 또한 이것이 바로 로셀리니가 내세우는 요점이기 때문이라고 말한다.

> 그 종결부의 바로 이런 우유부단함에 의해 「스트롬볼리」는 행위의 고유한 차원을 보여준다. 그것은 어떤 **행동**도 아직 수행되지 않았을지라도 **행위**가 이미 완수된 정확히 그 시점에서 끝난다. 카린에 의해 행해진(혹은 더욱 적절하게는 '견디어진') 행위는 **상징적 자살**이란 행위이다. 다시 말해 '모두를 상실하는' 행위이고 상징적 현실로부터 철수하는 행위인데, 그 덕분에 우리는 '영점'에서, 즉 헤겔이 '추상적 부정성'이라 부른 절대자유의 지점에서 새롭게 시작할 수 있다.[2]

지젝이 이 영화에 묘사된 이런 절대자유의 행위의 주관적인 차원이 상실이나 포기로 일단 경험했던 것은 '상실 그 자체의 상실' 혹은 포기의 포기로 변형된다. 다시 말해서 '잠시 전에 [카린이] 상실할까봐 두려워했던' 것이 사실상 그녀에게서 가치와 의미를 완전히 결여하게 되고, 따라서 일찍이 그녀의 두려움이 되어왔던 것에도 불구하고 그녀는 아무것도 상실할 수 없다는 것을 알게 된다.[3] '라깡적인 의미에서 **행위**'가 되는 이런 행위는 "우리가 포기 그 자체를 포기하고 [또한] 상실에서 잃을 것이 아무 것도 없다는 사실을 알게 되는 수단에 의한 철수"[4]라는 행위가 된다.

이러한 포기의 포기는 지젝이 그렇게 부르는 것처럼 '실제적인 자살'로부터 카린의 '상징적인 자살'을 구별해내는 것이다. 실제적인 자살에서 그 행위는 "상징적인 의사소통의 그물망 속에 붙잡혀 있고, 자신을 죽임으로써 그 주체는 대타자에게 메시지를 전하려고 시도하는데, 다시 말해 그것은 [예를 들어] 죄의 인정, 정신 차리게 하는 경고, 감상적인 호소로서 기능하는 행위가 된다."[5] 그에 비해서 상징적인 자살이란 행위는 "바로 그 간주체적 회로로부터 주체를 제외시키는 것을 목표로 삼는다."[6]

이처럼 배가된 포기, 즉 '포기의 포기' 혹은 '상실의 상실'은 근본적인 자유의 행위를 규정하는 특징이 된다. 두 번째로 중요한 측면은 "행위가 그것의 … 행위자를 근본적으로 변화시킨다"는 것이다. 다시 말해서 "행위 이후에 나는 문자 그대로 '이전과 같은 동일자가 아니다.'"[7] 그 주체는 "절멸된 다음에 다시 태어난다." 이 말은 "그 행위가 일종의 … 주체의 소멸(aphanisis)에 관련된다"[8]는 뜻이다. 이런 소멸은 주체가 이전의 모든 동일성을 획득해 왔던 수단인 이전의 모든 상징적인 정박들과의 단절로 인해 일어난다. 따라서 새로운 상징적 그물망은 낡은 주체의 '죽음'과 새로운 주체의 '탄생'을 수반하게 된다.

다음과 같은 관점에 주목해 보자. '어떤 행위'의 두 가지 특징들—주체의 재탄생과 이제부터는 두려워할 것도 없고 아무 것도 그를 해칠 수 없다는 사실에 대한 깨달음—은 종교적인 개종과 신앙을 기술해 왔던 방법이고, 지젝의 행위 개념에 상응하는 종교적인 색채를 부여해 주는 방법들이다. 나는 이것이 우발적인지 부수적인지 잘 모르겠지만 우리가 단지 이 문제의 주관적인 차원만을 생각해 왔다는 사실에 의해 만들어진 인상이다.

우리는 또한 주체의 근본적인 변화가 정치적인 결과나 실질적인 결과에 대하여 유명할 정도로 애매하다는 것을 주목해 봐야 한다. 재생이란 종교적인 은유에서, 혹은 예를 들어 데카르트의 주관적 계몽에서처럼 더욱 인식론적인 기능에서 주체는 어떤 의미로는 완전히 다시 태어나는데—동일한 것은 아무 것도 없고 모든 것이 변하는데—그에 비해서 이런 재생은 어떤 실질적인 종류의 즉각적이거나 명백한 변화도 혹은 어떤 종류의 현실적인 변화도 없이 일어날 수도 있다. 이런 관점은 적절히 말해서 소위 명상적인 경험에 대해 주목되었듯이 데카르트의『성찰』에 나오는 금욕(*askesis*)에 관하여 수많은 주석자들이 주목해 왔다. 순전히 주관적인 변화에는 관련된 사람들의 생활에 대하여 현실적인 실질적 결과가 있을 것이라는 함의는 없다. 다시 말해서 절대자유의 행위에는 어떤 실질적인 변화를 가져올 필요가 없다는 것이다. 한 가지 중요한 의미로서 모든 것을 있는 그대로 남겨둘 수 있다. 그런데 모든 것을 있는 그대로 남겨둘 수도 있지만 그렇지 않을 수도 있다는 것이다. 라깡이 맨 처음 고정점(quilting point)을 소개하면서 선택했던 바로 그 사례는 라신의『아탈리아』에 나오는 고위층 신부의 '신에 대한 두려움'인데, 그 사례는 죽을 위험에 직면하여 자신의 결의를 유지시켜 줄 뿐만 아니라 우유부단한 아브너를 원인으로 변환시키는 상징적 체계에서 주체의 정박을 나타내 준다.

이전의 상태가 돌이킬 수 없을 만큼 파괴되어 있는 행위의 정치적 차원을 알아보기 위해서 우리는 그 객관적인 효과들을 고려해 볼 필요가 있는데, 거기에는 한편으로 특별히 행위자에 대한 행위의 결과들이 포함되고, 다른 한편으로는 넓은 의미에서 행위의 결과들이 포함되어 있다.

양쪽의 경우에 행위의 결과들은 근본적으로 불충분하게 결정될 뿐이다. 따라서 지젝이 말하는 주관적인 재생은 행위가 '근본적으로 설명될 수 없다'는 사실과 함께 진행되고 충분히 그 결과들을 예견할 수 없다는 사실과 함께 진행되는데, 특히 그것은 '기존의 상징적인 공간을 변경시킬 수 있는 방법'이 된다.[9] 행위에서는 모든 것을 위태롭게 만들고 모든 것이 문제가 되게 하며, 거기에는 그 자신과 그의 상징적 동일성이 포함된다. 그것은 "'아무 것도 동일한 것으로 남겨두지 않는' 파열이다."[10] 또한 이것은 역사가 사전에 전개될 것이지만 그 과정을 회고적으로 설명할 수 있을 뿐인 그런 방식을 우리가 결코 예견할 수 없는 이유에 대해 설명해 주길 바라고 있다.

더욱 더 "행위는 … 항상 '범죄'가 되거나" 혹은 "그가 소속되어 있는 상징적인 공동체의 한계를 넘어서는 … 위반이 된다."[11] 그 이유는 많은 말로 언급되지는 않더라도 현재의 상징적 대타자의 관점에서 행위가 본질적으로 파괴적이면서도 까닭 없는 것이 되는 것처럼 보이기 때문이다. 따라서 지젝은 행위가 항상 부정적이라고 말하는데, 행위는 항상 "절멸의 행위, 없애버리기의 행위로서 우리는 그 다음에 무슨 일이 벌어질지 알지 못할 뿐만 아니라 최종적인 결과가 궁극적으로는 중요하지 않고, 정확히 말해 순수한 행위의 '아니오!'에 대한 관계에서 부차적인 것이다."[12] 그렇다면 전복적인 실행들이 해낼 수 없는 것, 즉 행위가 대타자와의 파열을 성취해낸다는 것은 꽤나 쉽게 알아볼 수 있다.

끝으로 지젝은 크레온에 대한 안티고네의 "아니오!"로 흔히 들어보이곤 하는 행위의 전형적인 사례가 여성의 행위라는 것은 우연이 아니라고 생각한다. 또한 그는 참된 행위가 '여성적'인지 어떤지 생각해 보고 있는데, 그에 비해 남성적인 수행은 새로운 질서의 기초를 마련해 주는 몸짓이 된다. 이러한 관점으로부터 본다면 다음과 같다.

남성적인 것/여성적인 것의 차이점은 더 이상 능동적/수동적인, 영적/감성적인, 문화/자연 등등의 것과 일치하지 않는다. 남성적인 활동은 이미 여성적인 행위의 끝없이 깊은 차원으로부터의 도피가 된다. '자연과의 단절'은 여성 편에 있고 남성의 강박적인 활동은 궁극적으로 이런 파열의 외상적인 절개부위를 고치려는 필사적인 시도일 뿐이다.[13]

지젝은 『당신의 증후를 즐겨라!』의 뒷부분에 나오는 더욱 발전된 곳에서 라깡이 이해하고 있는 것처럼 참된 행위를 진정한 윤리적 행위와 똑같은 것으로 보고 있다. 그러한 행위는 "우리가 실제적으로 '자유로워지는' 오직 그 순간만을 보여준다. 안티고네는 공동체로부터 축출된 이후에 '자유롭게' 된다."[14] 또한 지젝은 안티고네의 행위와 비슷한 행위들이 오늘날 전형적으로 '테러리스트'라는 칭호를 받게 된다고 생각하는데, 그것은 "모택동주의 테러리스트 조직인 '적군파'의 지도자였던 가드런 엔슬린의 몸짓과 비슷하며, 그녀는 1978년에 최고보호감옥에서 자살했다." 그곳에서는 "진정으로 교란시켰던 것이 … 폭탄이 아니라 강요된 선택의 거부, 즉 근본적인 사회계약의 거부였다."[15] 안티고네의 행위가 지닌 이처럼 근본적인 특성에 대해 주장하면서 지젝은 다음과 같이 덧붙이고 있다. "오늘날 안티고네가 대체적으로 '교화되어' 압제적인 국가권력에 항거하는 공동체의 감상적 수호자가 될 때, 크레온에 대한 그녀의 '아니오!'가 지닌 중상적인 특성을 주장하는 일이 더욱 더 필요하게 된다. '테러리스트'인 가드런에 대하여 말하기를 원치 않는 사람들은 안티고네에 대해서도 침묵을 지켜야 할 것이다."[16] 따라서 적군파(RAF)가 기본적인 윤리적 원칙들조차 유보시켰을 때 그들이 너무 앞서나갔다고 비난하기는커녕 우리는 그들의 '윤리적인 것의 보류'가 보편적인 상징적 계약에서 주체의 소외에 대한 거부가 된다는 것을 인정해야 한다.[17]

안티고네의 행위가 법 밖에 놓여 있을 뿐만 아니라 법과 완전히 단절되리라는 것은 지젝의 의도에서 중요한 사항이다. 그런데도 엔슬린과의 비교는 확실히 너무 멀리까지 확장되어 있다. 양쪽의 경우에 있어서 그들의 자살행위에 유사성이 있듯이 국가권력에 대해 '아니오!'라는 말은 틀림없이 존재한다. 또한 안티고네가 '공동체의 수호자'가 아니라는 것도 사실인데, 그 이유는 그녀와 함께 살고 있으며 아마도 극중에는 이점에 관한 증거가 거의 없을지라도 그녀가 돌보고 있는 사람들에게 가져올 수 있는 결과들에 대해 그녀의 행위가 눈을 감고 있기 때문이다. 그러나 "[적군파의] '테러리즘'에 대하여 실제로 불안케 만들었던 것은 폭탄이 아니라 강요된 선택에 대한 거부, 즉 기본적인 사회계약에 대한 거부였다"[18]는 사실이 뒤따라 오지 못한다. 그와는 반대로 적군파를 안티고네로부터 구별해 주는 것은 정확히 테러운동인데, 그녀는 테러리스트가 아니다. 오히려 그녀는 잘못되었다고 생각되는 지배자에의 순종을 거부하는 사람이며, 더구나 상위법의 이름으로 그렇게 하는 사람이다.

참으로 나는 지젝이 중요한 방식에 있어 실제로 서로 다른 경우들을 너무 성급하게 일괄적으로 다룬다고 생각한다. 안티고네와 엔슬린은 서로 다른 경우일 뿐만 아니라 안티고네와 신느 드 쿠퐁텐도 역시 마찬가지인데, 지젝은 그들도 서로 비교하고 있다. 나는 나중에 가서 안티고네의 행위가 요구된 의미에서 절대자유의 행위가 **아니라**고 주장하게 된다. 신느 드 쿠퐁텐의 행위는 그렇더라도 안티고네의 행위는 그렇지 않다고 주장할 수 있다. 또한 안티고네의 행위가 그렇지 않은 이유는 그 법이 오이디푸스의 깨뜨려진 법일지라도 법의 이름 아래 그녀가 행위하고 또한 맹목적으로 자신을 희생시키기 때문이다.

지젝의 행위 개념은 정신분석에 대한 주디스 버틀러의 비판에 대하여 『까다로운 주체』에 나오는 그의 반응에서 중요한 역할을 해낸다. 이러한 반응은 그의 견해들이 기존의 권력구조에 저항할 가능성을 전혀 허용하지 않는다는 비판에 대한 라깡의 방어라는 맥락에서 일어나고 있다. 왜냐하면 버틀러가 『권력의 정신적 삶』에서 주장하는 바와 같이 모든 저항들은 '법의 지속성을 가정하고', 따라서 '그대로의 상태에 기여하고' 있기 때문이다.[19] 만일 이것이 그러하다면 모든 "저항은 영속적으로 패배하게끔 되어 있는 것처럼 보인다."[20]

지젝의 반응은 버틀러가 라깡을 잘못 받아들였다고 주장하는 것이다. 정말로 라깡에게는 "우세한 상징적 질서에 대한 근본적인 재표명은 전적으로 가능하고, 이것은 고정점(*point de capiton*)이 … 지니고 있는 것이다. 새로운 고정점이 나타날 때 사회상징적 영역은 위치를 바꿀 뿐만 아니라 바로 그 구조원리가 변하게 된다."[21] 따라서 "라깡은 고유한 행위, 즉 상징적 죽음을 통한 이행에 의하여 전반적인 상징적 영역에 대한 근본적인 재표명의 가능성을 활짝 열어두고 있다."[22] 또한 이것이 『안티고네』에 관한 라깡 독해의 전반적인 관점이라고 그는 주장한다.

안티고네는 … 크레온에게 구체화된 그 도시의 사회상징적 권력을 무시함으로써 자신의 전반적인 사회적 실존을 위태롭게 만든다. … 라깡에게는 '대타자의 순간적인 유보'라는 위험한 일에 손을 대지 않고는 고유한 윤리적 행위란 있을 수 없다. 오로지 주체가 대타자에 의해 더 이상 '은닉되지' 않는 몸짓을 감행할 때에

만 진실한 행위가 일어나게 된다.[23]

정신분석에서 법과의 대립이 단지 다른 수단에 의한 그것의 인정과 보존이라는 버틀러의 관점은 프로이트까지 거슬러 올라가서 정신분석 그 자체 내에 형성된 옛날의 관점일 뿐인데, 원시종족에 대한 그의 설명은 다음과 같이 문제가 되는 것을 파악하게 해준다. 즉 아버지에 대한 형제들의 반란은 그의 법에 대한 그들 자신의 복종을 강화시킬 뿐이다. 또한 우리 모두는 라깡의 공적인 선언으로부터 라깡이 스스로 이런 관점을 보증하고 있다는 것을 알지 못할까? 프랑스의 학생혁명 당시 그의 비판에서 그는 5월의 자아들/월(月)들(mois)을 가리키고 있으며, 더구나 그들이 틀림없이 발견하게 될 주인을 찾고 있었다는 그의 비난은 모든 반란이 그 연쇄가 깨지고 있다고 생각되는 법 안에서 행위하고 또한 그 법을 확인한다는 것을 가르쳐 주는 명백한 지표가 된다. 그 관점은 반란이 구조적이라는 것이다. 그렇지 않을까? 왜냐하면 구조들이 거리를 행진하는 것은 아니더라도 누가 할 것인지 결정해 준다. 그렇다면 저항이 어떻게 근본적인 변화로 이끌어 줄까?

지젝은 실질적인 사회변화라는 것이 쉬운 문제가 아니라는 점에 일반적으로 동의하고 있다. 한편으로 그는 상징적 질서에 대한 '상상적인' 저항이 있을 수 있다고 말하면서 그것은 "우리를 결정해 주는 상징적인 그물망의 오인"이라고 말하는데, 다른 한편으로 버틀러는 라깡의 관점에서 볼 때 지나치게 낙관적이면서 동시에 지나치게 비관적이라고 말한다.[24] 그녀의 낙관론은 "수행적인 재형상화와 전치의 실행을 통해 대타자의 기능을 불안케 하는 전복적인 가능성"에 대한 과대평가로부터 나오는데, 그러한 실행들이 "전복시키려고 의도하는 것을 궁극적으로 지지혜주는 까닭은 그러한 '위반'의 바로 그 영역이 그 … 대타자에 의해 … 이미 고려되고 있기" 때문이며, 거기에는 "상징적인 규준들 그리고 그것들의 성문화된 위반" 둘 모두를 포함하고 있다.[25] 다른 한편, 그녀의 비관론은 "전체적으로 헤게모니적인 상징적 질서의 철저한 재구축을" 만들어낼 수 있는 근본적으로 전복적인 '행위'를 허용해 주지 않는다.[26] 버틀러는 그 어떤 '항의'도 뒤집어엎을 것을 요구하는 법을 모방한다고 주장하고 헤게모니적인 상징적 질서가 전치라는 막다른 몸짓에 의해 전복될 수 있을 뿐이라고 주장하는 반면에, 지젝은 대타자를 무시하고 대타자에게 '아니오!'라고 말하는 그런 행위가 상징적 질서 그 자체의 완벽한 재형상화를 만들어낼 수 있는 유일한 사건이라고 반대주장을 펴고 있다.

따라서 우리는 지젝이 말하는 행위가 변화의 맥락에서 상당히 중요한 역할을 떠맡고 또한 정말로 떠맡아야 한다는 것을 알 수 있다. 우세한 사회적 질서가 강요하는 효과들은 그 명령들을 따르는 주관적인 순응에서 뿐만 아니라 그것의 규준을 위반하는 '전복적인' 행위에서도 뚜렷하게 나타난다. 그런데도 정치적 변화라는 관점에서 보면 행위의 이런 견해에는 바로 그런 불안케 하는 함의가 존재하는 것처럼 보일 수도 있다. 다시 말해서 그것의 근본적인 불확정성은 **모든** 정치적인 행동이 근거 없다는 것, 절대적인 의미에서—현재 질서의 관점에서 뿐만 아니라 근거 없음 그 자체로부터—근거 없다는 것을 의미하고 있다. 이 점을 알아보기 위해 다름 아닌 『안티고네』라는 전형적인 사례의 어떤 것을 다루는 지젝과 라깡의 방법으로 되돌아가 보려고 한다.

지젝의 의도에는 안티고네의 행위가 법의 외부에 놓여 있다는 사실이 중요하다. 그러나 이것이 정말 그럴까? 크레온에 대한 안티고네의 거부, 즉 그녀의 '아니오'가 근본적으로 불확정적이라는 것에 대해 또한 그러한 것이 일반적으로 고정점의 특성이 된다는 것에 대해 나는 동의할 수 있지만 그녀의 행동은 무법적인 것도 아니고 상징적인 세계를 넘어선 것도 아니다. 따라서 안티고네의 경우와 엔슬린의 경우 사이에 명백한 어떤 유사성이 존재하는데도 그들 사이에는 중요한 차이점들이 있다. 그것이 바로 '아니라고 말하기'가 된다는 것은 안티고네의 행위가 갖는 극히 중요한 특성이다. 그녀의 대립은 무언이고, 완강하며, 그녀는 자신의 도시에 대해 자신의 행위가 가져올 결과들에 대해서도 개의치 않고, 그녀는 크레온의 법을 뒤집어엎든가 전복시키려고 시도하지 않으며, 그녀의 도시이자 그의 도시를 파괴하려는 어떠한 실제적인 시도도 하지 않는데, 왜냐하면 그녀는 자신이 행위하고 있는 이름의 '상위법'이 존재한다는 사실을 알고 있기 때문이다. 이런 관점에서 그녀는 루터와 더욱 비슷한데, 그는 "여기에 제가 서 있고 다른 것은 아무 것도 할 수 없습니다"라는 말과 함께 그가 신의 의지를 행하고 있다는 앎에 있어서 단호하다. 더 나아가서 그녀가 루터와 더욱 유사한 이유는 그녀의 동기가 아버지의 법에 대한 복종으로부터 나온다는 것이기 때문이다.

안티고네가 선택한다는 것은 사실이다. 그녀는 죽음을 선택하고, 라깡이 관찰하고 있는 것처럼 죽음을 선택함에 있어 그녀는 그러한 범인의 존재에 대한 수호자가 되는 것을 선택하고 있다. 이런 선택이 근본적인 자유의 하나일까? 혹은 적어도 그녀가 극중의 인물이 아니라고 잠시 가정한다면 그녀의 선택이 신경증적인 선택이라고, 더욱이 그녀가 심한 신경증 환자라고 말할 수 있을까? 우리가 이런 관점으로 안티고네를 바라볼 마음의 준비가 되어 있다면 나에게는 마치 안티고네의 '임상사례'가 프로이트에 의해 그의 『히스테리 연구』에서 안나 오(Anna O.)처럼 설명되었던 것으로 보이는데, 이 젊은 여성은 아버지의 이상들에 헌신했고, 그녀 자신을 희생시키고 자신의 욕망을 희생시켰으며, 오이디푸스 콤플렉스를 영속화시켰다. 안티고네도 그와 똑같이 하고 있다.

그래도 한 가지 차이점이 있다. 극중의 인물은 오로지 그녀 스스로 행위하고 있을 뿐이지 어떤 종류의 도움을 구하거나 필요로 하지 않는데, 신경증 환자인 안나 오는 자신의 증상들을 갖고 있다. 그녀는 그런 증상들을 호소하고 그 때문에 도움을 구하게 된다. 이것은 히스테리가 의미한 것의 일부가 된다. 그들의 증상들에서 남자들과 여자들은 아버지의 이름으로 강요된 희생을 거부하게 될 것이다. 이런 관점은 라깡이 아버지의 이름 위에 자신의 위치를 올려놓는 명확화의 맥락에서 더 쉽게 고려되는데, 그때 그는 열일곱 번째 세미나인 『정신분석의 이면』에서 분석의 목표를 오이디푸스 콤플렉스의 너머에 위치시킨다. 안티고네의 경우에는 우리가 증상들에게 분석적인 형태를 부여하기 위해 조직된 임상적인 상황을 다루지 않기 때문에 실제로 한 가지 사례를 취급하는 방식으로 그것을 취급할 수는 없다. 그러나 우리는 프로이트 이래로 히스테리 환자들이 그들의 증상에도 불구하고 그들 자신의 욕망보다 아버지의 욕망을 유지시키고 싶어하는 욕망을 내보이는 일이 그들에게는 매우 흔하다는 사실을 잘 알게 되었다. 이것이 더욱 확장시킬 수 있는 어떤 것이다. 예를 들어 식욕부진증 클리닉에서 우리가 알고 있듯이 그것은 죽음의 지점까지 확장될 수 있다.

만일 안티고네를 이런 식으로 생각한 다음 그녀를 한 가지 사례와 비교한다면 우리는 그녀가 크레온을 거부하는 첫 시점에서 히스테리의 젊은 여성을 가장 닮아 있다고 말할 수도 있다. 왜냐하면 그녀는 자신의 삶에서 무서운 불의의 사고들이 닥쳐왔을 때 결정을 내려야 한다고 강요당하는 상황에서 맹목적으로 뭔가를 결정하는 여성이기 때문이다. 이 점에서 내가 옳다면 물어봐야 할 중요한 질문은 이런 것들이다. 안티고네는 어떤 의미로 자신의 욕망에 따라 행위하고 있는가? 또한 그녀의 '행위'는 지젝이 보고 있는 방식으로 기술될 수 있는가?

안티고네가 '자신의 욕망에 따라 행위하고' 있다는 것이 사실이라면 우리는 이것이 무얼 의미하는지 생각해 봐야 한다. 알아둬야 할 첫 번째 것은 그 극중에서 그녀는 분명히 자신의 욕망에 따라 행위하고 있지만 그때 문제가 되는 것은 그녀의 의식적인 욕망이라는 점이다. 어떤 점에서는 그녀의 욕망이 무엇인지 그에 대한 어떠한 반성도 없고, 놀라움도 없으며, 의심이나 반추도 없고 분석도 없다. 그녀는 항상 그리고 끊임없이 자신의 욕망에 따라 행위하고 있으며, 그녀를 이끌어 가는 것에 대해 분명히 알고 있다. 알아둬야 할 두 번째 것은 라깡이 『세미나 VII』에서 말한 것처럼 그녀가 자신의 욕망에 굴복하지 않았다고 말할 수 있는 그 어떤 시기가 있다면 자신의 사형선고를 받아들이는 그 시점을 넘어섰던 때라는 것이다.[27] 이제 만일 그녀가 자신의 욕망에 관하여 굴복하지 않았다면, 이것은 그녀가 절대자유의 행위에서 대타자를 넘어섰던 시기와는 아무런 상관도 없다. 그것은 오히려 그녀가 대타자를 위해 존재해 왔던 것을 인정하는 시기가 되고 그녀는 그 점을 받아들였다.

더구나 『안티고네』라는 비극의 파토스가 욕망과의 관계의 특별한 형태에 우리의 관심을 끌어 모으는데, 그 욕망은 내적이고 구조적인 불만족—만족되지 못한 욕망에 대한 욕망—때문에 모든 것의 한계를 넘어가 버리는 경향을 보이지만, 특히 여기서는 그 사람 자신의 이상들의 한계를 넘어가는 것이다. 이것이 히스테리의 욕망이다. 또한 만일 정신분석이 '히스테리의 욕망'에 대해서 말할 수 있다면 그 이유는 히스테리 환자의 욕망과 강박증 환자의 욕망을 구별할 수 있기 때문이다. 이것이 바로 햄릿이 우울한 강박증 환자의 사례로 나타나는 까닭이다. 그 반면에 안티고네는 조증적인 히스테리 행동의 대표자로 제시된다. 햄릿이 이상적인 아버지라는 인물의 포로가 되었던 반면에 안티고네는 아버지 욕망의 영웅, 즉 아버지의 욕망에 대한 순교자가 되었다.

이러한 이유로서 라깡에게 『안티고네』에서의 전환점은 안티고네가 경험했던 상실에 대해 그녀 자신이 잘 알게 되고 그 상실에 의해 작동되는 시점이 되기 때문이다. 그것은 그녀가 "나는 오빠를 묻어줄거야"라고 결심하면서 크레온에게 '아니오!'라고 말하는 그런 시점이 아니다. 바로 이 시점에서 그녀가 자신의 욕망이라고 믿는 것이라면 무엇이든 사실상 자신의 증상의 표현인 의식적인 결정이 되는데, 그 증상이라는 것은 가족들의 운명에 따라 희생당하고 행위하려는 그녀의 경향성을 말한다. 이것은 안티고네가 다음과 같이 말할 수 있는 그녀의 욕망을 의미한다. "나는 눈먼 아버지의 눈이 되어왔다. 나는 그가 가장 사랑하는 보배였고 그 자신의 시선—그의 죄를 표상하는 이런 시선—만큼 그에게 귀중한 것이었다. 더구나 나는 이 죄를 내 자신의 것으로 여겨왔다."

이것은 적어도 사물들이 애초부터 그녀가 맨 처음 크레온에게 아니라고 말하는 사건 위에 놓이는 방법이다. 그러나 극중에서는 그 다음에 이어지는 중요한 계기가 있다는 것을 주목해 보자. 그것은 특정한 누비질(*capitonnage*)의 역할을 해내는데, 그 역할은 안티고네의 맨 처음 행위의 의미를 사후적으로 결정해 준다. 그녀가 자신의 동일시에서 어떤 상실—그런 까닭에 그녀의 비탄—을 받아들일 수 있는 것은 이미 작성된 그녀의 운명이 되어왔던 바와 이런 운명의 시니피앙들이 되고 있는 바를 받아들일 수 있게 된 이후일 뿐이다. 그녀가 '두 가지 죽음들 사이'에 존재하고 **여전히** 그것을 하기로 작정한 때는 오로지 이런 비탄의 시기일 뿐인데, 그 이유는 그녀가 자신의 인생의 이상들을 포기해 버렸다고 말할 수 있는 것과 그녀가 쾌락원칙을 넘어선 영역에 소속된다고 생각될 수 있는 것이 그녀의 운명이 되고 결국 받아들이게 되었음을 그녀가 알고 있기 때문이다.

처음으로 그 상황은 그녀가 두 가지 대안들 가운데 선택하도록 강요되는 그런 방식으로 구성되어 있는데, 오빠를 묻어주든가 자신의 욕망에 굴복하는 것이다. 두 번째 시기에 서술된 이상들의 상실, 특히 그녀의 여성적인 이상들의 단념과 포기는 증상적인 입장이 되어왔던 것을 그녀의 여성다움과의 새로운 관계로 변형시킬 수 있게 된다. 그녀는 자신이 오이디푸스적인 대상을 **체현**시켰던 입장으로부터 그녀가 다른 방식으로 하나의 대상이 되길 승낙하는 시점으로 옮겨가는데, 적어도 원칙적으로는 사랑하고 사랑받을 수 있는 어떤 사람과 하다 못해 원칙적으로 아이를 가질 수 있는 어떤 사람으로 변해간다. 따라서 이런 시점에서 그녀는 자기 자신을 딸로서 볼 뿐만 아니라—또한 나는 이것이 오빠의 상실과 남편의 상실에 대해 당혹케 하는 시점을 설명해 주리라고 생각한다—가상적인 신부와 가상적인 어머니로도 보게 된다. 바로 이 시기에 그녀는 처음으로 여성으로서 자신의 성취들이 되었음직한 한 가지 생각을 형성하게 된다. 그녀가 무엇을 상실했는지 깨닫는다 하더라도—이것은 매우 중요하고 라깡에 의해 강조되고 있다—그녀는 이러한 수긍에도 불구하고 여전히 자신의 운명을 그 모든 결과들 속에서 깨닫고 행하는 것으로 결정하게 된다.

요약해 보면 안티고네의 '행위'에 관하여 내가 구성해내고 싶은 일반적인 관점은 지젝이 언급하는 절대자유를 만들어내기는커녕 크레온에 대한 그녀의 최초의 '아니오!'는 그녀의 가족들의 운명과 아버지의 법에 완전히 일치하고 그녀를 그것들에 묶어둔다. 반항과 희생 양쪽의 행위인 그녀의 '아니오!'는 그 위상이 맨 처음엔 매우 애매하다. 다시 말해 그녀는 자신의 (오이디푸스적인) 법의 이름으로 자신의 도시의 법에 반항하는데, 그 법에 대하여 바로 그 동일한 행위에 의해 그녀는 반항적으로 자기 자신을 희생시킨다. 정말로 이러한 애매성은 해결되지만 그녀가 자신의 이상들을 포기하고 자신의 운명을 정하게 되는 오로지 두 번째 시기에만 해결될 뿐이다. 그러나 이런 두 번째 시기에 **역시** 그런 이상들의 인식과 인정이 필연적으로 수반된다. 내 생각으로 그녀가 자신의 이상들을 **포기**할 때일지라도 자신의 상실에 대한 훗날의 **인정** 외에는 '상실의 상실'이란 것은 없다.

여기에 정신분석의 목표와 비슷한 어떤 유사성이 있게 되는데, 그 목표는 자신의 운명이 되어왔던 것을 발견하게 되는 지점에 도달하는 것이다. 이것은 『세미나 VII』에서 라깡이 다음과 같은 방식으로 만들어 낸 관점이다. "이 법칙은 우선 첫째로 항상 이전 세대에서 그 사람보다 앞서 표명되기 시작했던 어떤 것의 수용이 되고, 정확히 말해서 아테(*Atè*)가 되는 어떤 것의 수용이 된다."[28] 따라서 라깡은 다음과 같이 주장하게 되고 안티고네에게 적용되는 그런 것이다. 즉 주체는 대타자의 욕망의 결과가 되면서 동시에 주체 쪽에서 이것의 수용이 있게 된다는 것이다. 정신분석 치료에서 우리는 완전히 자동적인 것을 다루는 것은 아니다. 거기에는 주체에 의해 요구된 선택이 있다. 이런 선택은 항상 라깡이 아테라고 기술한 것의 **수용**과 관련된다. 비록 이런 아테가 "안티고네의 아테라는 비극적인 수준에 항상 도달하는 것은 아니지만" 그럼에도 그것은 '불운과 밀접하게 관련되어' 있다.[29]

안티고네의 경우에 다른 곳에서처럼 우리는 죽음에 대한 욕망과 죽음욕동을 구별해야 한다. 이 경우에는 그리고 다른 경우에도 역시 그것들은 서로 잘 상응하게 될 것이다. 이것은 논쟁을 필요로 하지 않는다. 그러나 라깡은 죽음욕동이 누군가의 삶 속으로 진입해 들어갈 수 있는 방법을 보여주는 데에서 그가 죽음에 대한 순수한 욕망 속에 있다는 것을 보여주는 것보다 훨씬 더 흥미로워한다. 그러나 우리는 순수한 욕망이 항상 죽음에 대한 순수한 욕망이 되리라고 말할 수 있다. 사실상 라깡의 그 다음 작업─특히 『세미나 XI』의 마지막 페이지─에서 우리는 순수한 욕망으로서 죽음에 대한 욕망이 아닌 그런 것은 없다는 주장을 찾아보게 된다.[30]

내가 이런 관점을 언급하는 이유는 지젝이 욕망에 대해 다소 이상화된 견해를 갖고 있는 것으로 믿기 때문이다. 또한 그 둘 가운데 변덕스럽고 무근거한 측면의 이상화를 의미하지 않는 안티고네의 욕망과 그녀의 희생에 관한 라깡의 입장을 적절히 고려하기 위하여 우리가 1964년 라깡의 『세미나 XI』의 마지막 페이지를 인용해야 한다고 생각하는데, 거기서는 1960년의 『세미나 VII』에서 논의된 안티고네의 사례에 대하여 색다른 견해를 보여주고 있다. 라깡은 안티고네의 경우에 관하여 욕망에 대한 찬양 그리고 그것과 변덕스런 행동 사이에 간혹 일으키는 혼동이 정신분석의 윤리에 대하여 우리를 심각하게 잘못 인도할 수 있다는 견해를 지지하는 어떤 의견을 내놓고 있다. 라깡은 이렇게 말하고 있다 : "숨어 있는 신들에게 희생의 대상을 바치는 일은 마치 어떤 기괴한 마술에 걸린 것처럼 굴복에 저항할 수 있는 주체가 거의 없는 어떤 것이 되고 … . 확실히 희생의 매혹 그 자체에 굴복하지 않는 사람은 매우 드물다."[31] 우리는 순수한 욕망이란 관념을 가진 철학자로서 칸트를 안티고네의 곁에 놔둘 수 있다. 또한 안티고네의 경우처럼 칸트의 윤리학은 지젝에 의해 사실상 잘 구성된 관점인 희생의 비밀스런 향락을 수반하게 된다.

『세미나 XI』의 마지막 페이지에는 이런 '순수한 욕망'에 관한 라깡의 생각과 관련된 더 나은 표현이 나오는데, 그때 그는 역시 순수상태에 있는 욕망이 희생 속에서, 정확히 말해 자신의 인간적인 배려 속에 사랑의 대상이 되는 모든 것의 희생에서 그 절정에 이른다는 것을 우리에게 알려주고 있다. 즉 칸트의 '정념적'(pathological)이란 의미에서 정념적인 대상의 거부뿐만 아니라 그것의 희생과 그것의 살해까지도 말이다. 따라서 나는 우리가 4년 후의 라깡의 견해를 고려하는 이런 관점으로부터 안티고네에 관하여, 그녀의 욕망에 관하여, 즉 그녀가 모든 사람들을 넘어서서 얼마나 멀리 떨어져 있고 자신의 욕망에 굴복하지 않는지 그에 관하여 라깡의 모든 고려사항들이 이런 '순수한 욕망'의 보증이나 찬양으로 보이는 것이 아니라고 생각한다.

내가 보고 있는 것처럼 지젝의 입장을 요약해 보면 정치적인 행동에 관한 그의 분석의 핵심에는 절대자유의 행위라는 개념이 있다. 또한 이 개념의 핵심은 대타자와의 파열이란 개념이다. 대타자와 파열되지 않는 어떠한 실행도 대타자 그 자체에 의해 가능해지는 이런저런 실행들을 반복할 운명에 놓이게 될 텐데, 그 결과로서 바뀌지도 않고 위협당하지도 않은 채로 남아 있게 된다. 따라서 대타자와 파열될 수 있는 유일한 실행은 앞에서 약술된 행위의 특징을 갖는 것이다.

이제 이것이 제기하는 문제는 얼마나 근본적인 이런 파열이 대타자의 변화를 보증할 필요가 있는가 하는 것이다. 또한 여기서 지젝이 탐탁치 못한 딜레마에 부딪치고 있다는 생각이 떠오른다. 한편으로 그 행위는 근본적인 '아니라고 말하기'에 기반을 둘 필요가 있는데, '아니라고 말하기'는 주어진 대타자에 의해 설명될 수 없을 뿐만 아니라 그 어떤 다른 대타자에 의해서도 설명될 수 없다. 이렇게 된 이유는 지젝이 이해하고 있는 것처럼 절대자유의 행위가 가능한 모든 상징적 차원들의 외부에 놓여 있다는 사실로부터 그것의 본질적인 특징들(그것의 자유, 그것의 무근거성, 그것의 범죄성, 그것의 설명할 수 없음과 예상할 수 없음)을 끌어내오기 때문이다. 안티고네가 이러한 필요조건에 따르지 않는다는 생각뿐만 아니라 그것이 단순한 변덕으로부터 행위를 구별할 수 없도록 만든다는 생각이 떠오른다. 절대자유의 행위와 근거 없는 행위를 구별해낼 수 있는 아무런 객관적인 기준도 없고 그 어떤 주관적인 특성에의 호소도 분명히 존재하지 않는다. 다른 한편 절대자유의 행위는 주어진 상징적 질서에 비해서 자유로울 수도 있다. 물론 이것은 자유를 절대적이라기보다는 상대적인 것으로 만드는데, 대타자의 특수한 형태 혹은 확정에 대하여 상대적인 것이다. 그것은 그것의 비난으로부터 자유로워지고, 그것의 관점으로부터 아무런 근거가 없으며, 그것의 눈에 범죄적으로 보이고, 아마도 그것의 구조 내에서 설명할 수 없고 예상할 수 없게 될 것이다. 그러나 지젝이 그렇게 하고 싶어하는 일, 즉 주어진 구조와의 파열이란 수단을 제공하는 일을 그것이 해낼 수 있을지는 불분명하다.

끝으로 안티고네의 행위가 실제로 얼마나 과격한에 대하여 지젝이 과대평가하기 쉬운 경향을 보인다고 생각되는데, 적어도 그것에 의해 절대적으로 '아니라고 말하기' 혹은 거절이 된다. 그녀의 행위가 필수적인 의미로 절대자유의 행위가 된다는 것은 있을 성싶지 않다고 생각되는데, 그 이유는 앞에서 논의된 바와 같이 그녀의 '아니라고 말하기'가 그녀의 동기의 근원이 되는 아버지의 토착적인 법에 충성을 보이고 있기 때문이다. 나는 이런 행위에서 '절대자유'의 근거를 거의 찾아볼 수 없다.

Chapter 10
데카르트와 과학의 주체

과학은 프로이트에게 하나의 이상이었고, 정신분석을 포함한 것으로서 느리지만 신중한 발전과 함께 제한적이나 중요한 성공을 거둔 것이었다. 프로이트는 정신분석이 과학적인 연구처럼 '진리에의 복종'과 함께 로고스의 편에 서 있는 것으로 믿었고, 그것은 '착각의 거부'를 통해 쾌락의 포기를 수반했다.[1] 정신분석을 포함하고 있는 "과학은 … 우리의 정신활동을 가능케 해주는 쾌락원칙의 가장 완벽한 포기이다."[2]

라깡은 과학에 관한 프로이트의 이상주의를 공유하지 않으면서 정신분석에 대한 과학의 중요성을 부정하지도 않는다. 그는 여러 경우에 과학에 관하여 또한 정신분석과의 연결에 관하여 말하고 있으며, 그 표현들은 라깡의 작업 가운데 과학의 이론이 존재한다는 것이다.

그는 정신분석이 현대 과학 없이는 가능하지 못했을 것이라고 말한다. 이것은 우리가 적어도 다음과 같은 두 가지 주제들로 구분할 수 있다는 일반적인 주장이 된다.

1. 우리가 정신분석에서 작동시키는 주체도 역시 과학의 주체이다.
2. 이 과학의 주체는 데카르트의 코기토이다.

이 장에서 나는 정신분석과 과학 간의 이러한 연결을 특히 주체라는 문제를 통하여 발전시켜 보려고 한다.

■ 에피스테메에서 관조까지

라깡이 '과학의 주체'라는 개념에 기여한 중요성을 알아보기 위해서는 열일곱 번째 세미나인 『정신분석의 이면』에서 논의된 네 가지 담론들과 맺는 과학의 관계, 특히 과학과 주인의 담론 간의 관계에 대한 다음과 같은 추론을 고려해 보자. 라깡은 지식(*savoir*)의 두 얼굴들과 관련시켜 플라톤의 『메논』에 대해 논의하고 있다. 불어는 *savoir*와 *connaissance*라는 두 단어를 사용하지만 영어는 knowledge라는 한 단어를 이용한다. '*savoir*'는 '그것을 알기'(knowing that)이고, 다시 말해 명제적이다. 반면에 '*connaissance*'는 버틀란트 러셀의 용어로는 앎에 의한 지식(knowledge by acquaintance)이다. 따라서 본식(savoir)의 두 얼굴들은 첫째 소위 이론적인 지식으로서의 표명된 측면이고, 둘째 라깡이 노하우(*savoir–faire*)라 부른 것이다.

그는 소크라테스가 제시하고 있는 친숙한 사례를 생각하고 있는데, 만일 어떤 사람이 올바른 질문을 하게 된다면 노예 자신이 갖고 있음을 알지 못하는 지식을 노예에게서 추출해낼 수 있다는 그런 사례이다. 그가 선정한 사례에서는 두 변의 길이가 2피트인 정사각형의 면적을 두 배로 늘리는 정사각형을 그려내는 방법에 관한 지식이다. 물론 처음엔 노예가 두 변의 길이를 두 배로 잡는 잘못을 저지르지만 그 다음엔 일련의 질문들을 거쳐 2의 제곱근을 이용하는 올바른 답을 끌어내게 된다. 소크라테스는 이것을 상기와 기억에 관한 자신의 이론의 증거로 삼고, 따라서 이전의 구체화의 증거로 삼지만 라깡은 그 사례에서 다른 교훈을 끌어내온다. 그는 그것이 철학의 함의를 보여준다고 주장하는데, 노예의 지식과 그의 노하우를 사유화하고 주인의 담론으로의 합일화를 궁극적으로 사유화하는 철학이다.

> 에피스테메가 전달 가능한 지식으로 표명되는 한에서 에피스테메의 전반적인
> 기능은 … 항상 장인들, 다시 말해 노예들의 기술로부터 빌려오게 된다. 그것은
> 이런 지식이 주인의 지식이 되게끔 하기 위해 이 지식의 정수를 추출해내는 문제
> 이다.[3]

이 사례에서 노예는 무척 어리석은 것처럼 보여 일종의 어수룩한 사람, 조롱당하는 인물처럼 보이고 있지만, 이처럼 조롱당하는 방식으로 은밀히 알려지는 것은 노예의 지식의 수용(收用)이 된다. 다시 말해 그것은 주인의 지식으로 전환된다. 따라서 라깡은 철학이 주인의 담론을 위해 행위하고, 여기서는 노예의 지식에 대한 '배신'의 '역사적 기능'을 드러내며 주인의 지식으로의 변환을 보여준다고 주장한다.[4] 철학의 위치에

관한 문제를 추구하는 일이 흥미롭게 보일지라도 나는 과학의 위치에 관하여 우리가 어떤 결론을 끌어낼 수 있을지 그것을 보고 싶다.

우리를 지배하고 있는 이런 과학이 라깡의 표현에 따르면 노예의 노하우를 주인의 지식(*savoir*)으로 바꾸는 이러한 변환의 열매라고 주장할 수 있다. 이런 변환이 적어도 과학의 필요조건이 된다고 생각할 수 있는 이유를 알아보는 것은 쉬운 일이다. 그 추론은 이와 같은 식으로 진행될 수도 있다. 기능공의 실제적인 노하우는 각각의 기능공에게 있는데, 그들은 기술을 배우고 꼭 필요한 실제적인 지식을 획득하기 위하여 견습기간을 보냈을 것이다. 훈련은 본질적으로 개별적이었을 테고, 기술의 지식은 전형적으로 1 대 1의 관계를 기본으로 삼아 전달되었을 것이다. 더구나 요구된 사회구조들도 크게 복잡할 필요는 없다. 틀림없이 기능공의 연장과 장비는 다른 사람들에 의해 제작될 수 있는데, 거기에는 분업과 교환계통이 필요하고, 또한 표준을 보증하며 회원들의 이득을 보호해 주는 동업조합이나 집단이 존재할 수도 있다. 그러나 아마도 그 이상을 필요로 하지는 않을 것이다.

이제 현대 과학지식의 경우를 생각해 보자. 그것이 각 개인에게 있다고 더 이상 말할 수는 없다. 그것은 조각나 있고 대개는 이런저런 종류의 매우 복잡한 사회기관들에 걸쳐 분산되어 있는데, 현대적인 형태의 과학 지식의 저장소가 된다고 말할 수 있는 사람이 하나도 없는 그런 식이다. 현대 과학적인 맥락에서 아무도 자신의 과학적인 연구를 수행하는 데에 꼭 필요한 모든 지식을 소유하지 못하는데, 필요한 지식은 동료들과 실험실 테크니션들, 제조공장들 등등과 공유되고 있다. 이것의 결과는 현대 과학의 지식이 복잡하고 고도로 구조화된 사회기관들—대학교, 실험실, 제조공장, 산업복합단지—의 네트워크를 필요로 하는데, 바로 여기에 이런 지식이 들어 있다는 것이다. 단지 그 지식은 단 한 사람이 소유하기엔 너무나 복잡하다. 더구나 복잡한 사회구조들—대학교, 공과대학, 전문대학—이 그것의 전달에 필수적이다. 사실상 현대 과학적인 지식이 우리가 살고 있는 이 물질적인 세계에서 구체화되고 이 세계에 두루 분산되어 있는데, 과학자가 자신의 작업에 필요로 하는 바로 그 기계들과 기구들 속에 있으며 컴퓨터와 동력장치, 그리고 우리 주위에 있는 다른 형태의 에너지 이용 기계류 모두 속에 들어 있다.

이런 관점은 과학자인 피터 메더워에 의해 잘 구성되었는데, 그는 약 20년 전(즉 개인용 컴퓨터가 출현하기 이전)에 이런 관점을 설명하기 위해 텔레비전 세트를 예로 들었다.

> 텔레비전 세트(매일 사용하는 아마도 가장 복잡한 과학을 기초로 하는 새로운 장치)가 어느 누구에게도 효과적으로 이해될 수 있는 범위 내에 들어 있지 않은 이유는 전자공학과 유리기구와 진공기술에 대해 알고 있으며 플라스틱 주형의 노하우를 가진 사람이 하나도 없기 때문인데, 그 노하우는 만일 어떤 홀로코스트가 과학과 테크놀로지를 말살해서 우리가 다시 시작할 수밖에 없다면 이처럼 총명한 한 인간이 텔레비전 세트를 제때에 복원하게 될 사람들의 활동을 재지시하고 수정할 수 있을 만큼의 숙련도를 뜻한다. 분명히 TV세트를 조립할 수 있는 이론적인 이해와 실제적인 노하우를 가진 것은 어떤 한 개인이 아니라 엔지니어들과 과학기술자들의 위원회나 컨소시엄이었다. TV세트를 탄생시켰던 것은 한때 그래 보였던 것과는 달리 커다란 협동사업이었다.[5]

플라톤의 『메논』이 주인에 의해 노예의 지식이나 기능공의 지식의 몰수와 약탈을 그려내고 있다는 암시를 받을 수도 있는데, 그것은 결국

현대 과학에서 그 정점을 이룰 기나긴 과정의 첫 단계라는 것이다. 그렇
다면 여기서의 질문은 노예/기능공의 지식을 주인의 지식으로 바꾸는
변환이 본래 또 스스로 과학의 출현 시점과 닮은 어떤 것을 만들어낼 수
있느냐 하는 것이다. 라깡의 입장은 플라톤의 사례가 주인 담론의 구성
과 관련된 모든 것을 갖추고 있지만 특별히 과학의 출현과 관련된 것은
아무 것도 없든가 극히 적다는 것이다.[6] 기껏해야 그것은 관조(*theoria*)를
만들어내는데, 플라톤의 경우에는 덕의 지식과 그 밖의 영원한 선험적
진리의 지식을 만들어내지만 과학은 아니라는 것이다.

▪ 과학의 출현

과학적 지식의 출현은 그 밖의 다른 어떤 것을 필요로 했다. 즉 그
것은 데카르트의 주체의 출현을 요구했다. 과학은 데카르트와 함께 태어
났다고 라깡은 주장하는데, 그는 "S_1과 S_2의 엄격한 관계로부터 주체를
끌어냈다."[7] 그는 덧붙이기를 노예로부터 주인에게로 옮겨가는 지식의
이러한 이동과 구별해야 하는 것은 "오로지 시니피앙의 분절만이 언표
(énoncé)를 지지해 주는 한, 그 언표의 가능한 모든 기능들을 … 길러내는
특정한 방식"이다.[8]

다시 말해서 현대 과학은 특별한 역사적 사건을 필요로 했다. 즉 주
체의 현대적인 형태의 출현이고, 이것은 데카르트의 코기토와 함께 출현
한다. 라깡이 이런 주장을 하고 있는 「과학과 진실」이란 논문은 1965-
1966년간의 세미나인 『정신분석의 대상』의 첫 번째 강의였다.[9] 훗날의
텍스트에 나오는 과학에 대한 라깡의 입장이 「과학과 진실」에서의 주장

과 다르다는 것을 암시해 주는 더욱 발전된 논의가 있다.[10] 이것이 과연 그런지 그 여부와 만일 그렇다면 그의 후기 견해는 얼마나 근본적으로 벗어나 있을지, 이런 문제는 내가 여기서 더 다듬어낼 수도 없고, 이 문제를 논평했던 저자들에 대해서도 논의하지 않을 것이다.[11]

현대 과학이 데카르트의 코기토를 필요로 했다는 이런 주장이 얼마나 이상한 것인지 쉽게 잊어버린다. 확실히 데카르트가 첫 번째 현대 철학자라는 사실에 대해, 또한 다양한 방법으로 이렇다는 사실에 대해 논박하는 일은 없다. 그러나 그의 과학적인 견해들은 전형적으로 연장(*res extensa*)의 형이상학에 국한된 것처럼 보인다. 예를 들어서 코이레는 마음을 '신들의 우주'에 기입하길 거절하는 '데카르트의 정신'과 바로 그 구성이 신의 존재를 의미하는 코기토와의 사이를 구별하고 있다.[12] 실제로 라깡은 "데카르트가 신에게 아무런 역할도 없는 과학의 최초 기본들을 시작한다"[13]고 선언했을 때 코이레의 이 언급을 메아리처럼 되풀이했을 수도 있다. 그러나 라깡의 견해로는 과학의 출현에 결정적이었던 것은 수학화한 자연의 형태로 새로운 대상의 구성일 뿐만 아니라 과학의 주체로서 데카르트의 코기토의 출현이 되기도 하였다.

데카르트 철학의 표준적인 견해는 데카르트가 물리세계의 완전히 수학화한 형이상학을 정립할 수 있었던 코기토의 내부세계에 수량화할 수 없는 것, 즉 사유와 감각을 채워넣음으로써 이뤄졌다는 것이다. 이제 라깡이 그러하듯이 코기토가 또한 과학의 주체라고 주장하는 것은 표준적인 견해의 완전한 반전이 아니더라도 그로부터의 근본적인 이탈이 된다. 그러나 사실상 라깡의 표현을 빌려서 데카르트의 코기토를 '과학의 상관물'이라고 말하는 것이 더욱 정확할 수도 있다.[14] 이것이 의미하는 바는 라깡의 명제가 그의 스승들인 코이레와 코제브의 과학철학의 완전한 개정이 아니라, 오히려 그것에 결여되어 있다고 라깡이 생각한 것을 채워넣으려는 시도이다.

▪ 과학의 인식론

과학의 주체라는 문제를 추구하는 데 있어서 어떤 경우에도 나는 「과학과 진실」에 초점을 맞출 생각이다.

과학의 **주체**에 부여한 중요성 덕분에 라깡은 개별적인 과학들의 대상을 규정하려는 시도에서 실패했던 인식론적인 접근방법을 비판하게 된다. 일반적인 용어로서 인식론은 모든 (현대) 과학의 대상 구성에서 필수적인 전제조건으로 생각되는 바를 무시했다고 그는 말하는데, 그것이 바로 데카르트의 코기토의 출현이 된다. 따라서 인식론은 우선 첫째로 갈릴레오의 새로운 물리학으로서 현대 과학의 기초를 삼았던 이런 '결정적인 변환'을 충분히 설명할 수 없었다.

> 그 대상을 구성하는 … 어떤 특정한 환원법이 … 꼭 필요하고 [또한] … 과학의 탄생에 항상 결정적이다. 인식론은 그 임무와 동일한 … 그 자체를 증명한 일이 없으면서 모든 경우에 각각 이것을 규정하도록 제안하고 있다.[15]

라깡이 자신의 눈앞에 누굴 두고서 하는 말인지 분명치 않으나 과학에 대한 인식론적 접근방법이 특히 경험론적 전통에서 기다란 계보를 갖고 있으며, 적어도 데이비드 흄의 『인성론』의 소제목처럼 "도덕적 주체들에게 추론의 실험적인 방법을 도입하려는 시도"[16]와 함께 그가 그 정도로 멀리까지 그 흔적을 되돌아 볼 수 있는 것이 사실이고 베이컨에게로 거슬러 올라갈 수도 있다. 그러나 인식론적 접근방법은 칼 포퍼에게서 아마도 최상의 대표자로서 틀림없이 최고로 잘 알려진 대표자를 찾아내게 될 것이다. 그는 위조가능성에 대한 본질적으로 인식론적인 기준에 의해 과학과 비과학 사이의 구분을 규정하려고 시도한다. 그는 가설들을 만들어내는 일에 대담하고 그것들이 허위라는 것을 보여주려는 시도에서도 겁이 없다. 표준구(*locus classicus*)는 포퍼가 구분의 문제를 "우리로 하여금 한편으론 경험적인 과학과 다른 한편으론 '형이상학적' 체계뿐만 아니라 수학 및 논리학과의 사이를 구분할 수 있도록 해주는 기준을 찾아내는"[17] 문제로 규정하는 곳이다.

라깡도 역시 과학과 그 나머지 사이의 구분에 대해 이야기한다. 그러나 포퍼의 구분과는 달리 라깡의 구분은 한편으로 '경험적인' 과학과 다른 한편으로 논리학이나 수학과의 사이에 선을 긋지 않게 될 것이다. 또한 수리물리학은 그 전성기에 과학적 연구를 위한 포퍼의 모델이 되지만 그 기준은 과학에 있어 특별한 권한이 주어진 위치를 수학에게 부여하지 않으며, 그 정밀도를 통해 수학용어로 표현된 가정된 법칙과 이론들의 위조가능성을 증가시키는 장점을 지닌다는 사실과는 거리가 멀다.

▪ 주체

「과학과 진실」이란 논문은 주체와 과학이란 두 가지 분리된 문제들이 뒤섞여 있다. 첫째, 앞선 논의에서 암시된 바와 같이 과학의 주체는 자연의 수리적 연구처럼 과학을 가능하게 만들어 주는 주체이다. 라깡에게서 그것이 드러내 주는 것처럼 이렇게 특별히 현대적인 형태의 주체성과 과학은 두 가지 방식으로 비늘처럼 겹쳐져 있다. 첫 번째 방식은 데카르트의 주체가 출현되는 형태에서 주체 '양상'의 수정이 과학에서의 개시역할을 해낸다는 것이다. 두 번째 방식은 과학이 그 시초로부터 주체의 이런 위치를 더욱 더 강화시키는 쪽으로 진행되어 왔다는 것이다. 라깡의 표현대로 "나에게 근본적인 것처럼 보이는 바는 그 용어의 두 가지 의미에서 우리 주체의 위치가 수정되는데, 그 이유는 그것이 거기로부터 시작되고 과학이 그것을 계속해서 더욱 더 강화시켜 준다는 것이다."[18] 라깡의 설명에 따르면 과학의 주체의 이러한 '강화'는 본질적으로 과학기술의 기하급수적 발전의 결과인데, 라깡은 그것을 "에너지론의 확대라고 부를 수 있는 것의 특징으로 삼는 연쇄반응"의 형태에서 "우리의 세계에 대한 [과학의] 간섭(inmixing)의 급속히 진행되는 형태"로 묘사하고 있다.[19] 과학의 기술적 차원에 대한 이런 두 번째 관점은 주체성에 대한 그 영향과 함께 과학의 주체에 관한 이런 논의의 문맥에서 중요한 문제가 된다. 물질적 대상들과 부속품들, 기계 및 산업으로 구체화될 수 있는 것으로서 관련된 지식, S_2에 의하여 모든 과학기술은 과학공식들의 구체화로 보인다. 라깡의 표현대로라면 "달착륙선은 … 기구의 형태로 실현된 뉴턴의 공식이다."[20]

주체에 관한 두 번째 문제는 과학의 주체가 데카르트의 생각처럼 과학에서 제외된 것이 아니라는 주장에서 야기된다. 논의된 여러 방식들로 그것 자체는 역시 과학적 연구에서 다루기 쉬운 것이다. 만일 여기에 우리가 과학의 주체는 역시 무의식의 주체도 된다는 더한층 진전된 관찰을 덧붙인다면 정신분석이 과학의 문제에 갖는 관심은 즉각적으로 분명해진다.

내가 처음에 말했듯이 라깡에게는 그의 과학 이론이 있는데, 그 이론은 중요한 관점에서 그에 대한 프로이트의 견해와 다르다. 프로이트의 경우에는 실제로 오로지 '견해들'에 대해 말할 수 있을 뿐이지 이론에 대해서는 말할 수 없다. 더욱 복잡하지만 덜 이상적인 라깡의 태도는 현대 과학과 그 근원의 역사적 이해에 대한 세심한 관심에 의존해 있고 상당히 이론적인 반영과 정교화에 의존해 있다. 이런 사례로서 프로이트에 대한 라깡의 다음과 같은 논평을 생각해 보자. 그것은 라깡이 취한 접근 방법과 그가 도달한 결론 양쪽 모두에게 교훈적이다.

프로이트는 인류의 '순진한 자기애'에게 불어닥친 세 번의 '주요한 타격'에 대해 언급하고 있는데, 정신분석이 자아가 제 집의 주인이 아니라는 것을 보여줌으로써 세 번째 타격이 된다.[21] 첫 번째 타격은 '코페르니쿠스적 전회'로서, "우리의 지구가 우주의 중심이 아니고 상상하기 어려울 만큼 광대한 우주계통의 단지 아주 작은 파편에 불과하다는 것을 인간들이 알게 되었을 때" 그것은 스스로 우주의 중심에 있다고 간주했던 믿음을 파괴시켜 버렸다. 프로이트는 "비슷한 어떤 것이 이미 알렉산드리아의 과학에 의해 주장되었을지라도 이것이 우리 마음 속에서 코페르니쿠스의 이름과 연상된다"고 덧붙인다.[22]

라깡은 첫 번째 과학적 혁명에서 중요한 단계로 믿어져야 하는 사람은 코페르니쿠스가 아니라 케플러라는 의견을 진술한다. 또한 두 번째 중요한 단계는 우주의 태양 중심적인 견해를 더 선호하여 지구중심적인 견해를 포기한 것이 아니라 오히려 천체들의 타원운동을 위해 원운동을 포기해 버렸다는 것이다.[23] 그것은 확실히 약간 까다로운 것처럼 들리겠지만 여기서의 관점은 단순한 역사적 정확성의 문제에 관련된다. 과학사에서의 대중적인 견해에는 코페르니쿠스의 이론들이 중세 교회의 편견에 대한 과학의 승리였다는 것이 들어 있다. 그러나 라깡은 우리의 태양계의 중심을 태양에 다시 두는 일에서 무엇이 그처럼 '혁명적'(원문 그대로)이냐고 묻고 있다. 라깡에 따르면 진정으로 혁신적인 단계는 원운동을 타원운동으로 대체하는 것이었다. 처음부터 이것은 '완벽한 형태'인 원과 같은 상상적인 개념을 버리고 타원의 궤도로 대체하는 것을 의미했는데, 타원궤도에는 두 개의 초점이 있고 그 중 하나는 비어 있었다. 그러나 역시 더욱 중요한 것은 케플러의 행성 운동법칙이 갈릴레오의 위대한 발견인 관성의 법칙을 위해 길을 닦아놓았다는 것이고, 관성의 법칙이 케플러 법칙에 대한 설명을 제공해 주었다. 그 다음에 이것은 뉴턴으로 하여금 인력의 법칙을 발견할 수 있도록 해주었는데, 행성체들의 운동("그것이 회전한다")과 보통의 세속적인 대상들의 운동("그것은 떨어진다") 둘 모두를 한 가지 법칙 밑에 두게 된다. 따라서 라깡에게는 천체와 속세의 물체를 모두 지배하는 행성운동에 관한 케플러의 원래의 법칙으로부터 뉴턴의 만유인력의 법칙으로 발전해 가는 것이 우주의 수학적인 천체도 작성에 의해 상상계의 점진적인 극복을 보여주고 있다.[24] 달리 말해서 라깡은 '완벽한 형태'인 원에 특전을 부여하는 상상계에 대한 도전보다 뉴턴의 공식의 전복적인 무게중심에 훨씬 더 각별한 강조점을 두고 있다.

우리는 이러한 프로이트의 명제에 다음과 같이 덧붙일 수 있다. 과학의 근원들은 섹슈얼리티의 이론들에서 찾아보게 되고, 또한 과학이 출현함에 따라 과학이 말하고 있는 현실을 점차 '탈리비도화'(delibidinize), 즉 탈성화(desexualize)된다. 이것은 물론 프로이트에게서 구식의 명제가 되고, 라깡이 "극단적인 경우에 초기 과학은 … 일종의 성적인 기교가 될 수 있다"[25]고 말할 때처럼 라깡에게서 수많은 메아리를 들을 수 있게 해준다. 그 다음에는 직접적인 함의가 뒤따르는데, 자크−알랭 밀레의 표현으로는 "과학적인 접근방법이 세계관의 탈성화를 떠맡게 되고, … 이 세계에서 존재의 탈성화를 떠맡게 된다"[26]는 것은 자연의 수학화 때문이다.

그러나 이것마저도 주된 관점이 못 된다. 다시 말해서 라깡의 견해로 가장 중요한 단계는 뉴턴이 얼마큼 일정거리의 작용의 개념을 수학 공식으로 소개했을 때 발생하는데, 그 작용은 "이 세계가 확장되는 만큼 멀리까지 이 힘을 전달하는 매질의 어떠한 역할도 없이 각각의 지점에서 질량의 요소들을 타자들의 인력에 따르게 한다"[27]는 것이다. 이것은 역시 라깡의 다음과 같은 언급에 비교될 수 있다.

> 어떤 사람들이 알아차렸던 것처럼 특별히 더욱 중요한 인물은 코페르니쿠스가 아니라 케플러가 되는데, 그의 작업에서 그것은 동일한 방식으로 회전하지 않으며 타원형 내에서 돌고 있다는 사실 때문이고, 이미 중심의 기능에 의문을 던지고 있기 때문이다. 케플러의 작업에서 그것이 추락하는 그 방향은 초점이라 부르는 타원형의 한 점이고 그 대칭점에는 아무 것도 없다. 그것은 확실히 중심의 이미지를 수정해 놓는다. 그러나 "그것이 추락한다"는 말은 전복의 무게를 얻게 되는데, 그것이 무엇으로 귀착하게 될까? 바로 이것이고 그 이상은 없다. 즉 $F = g \cdot mm'/d^2$ 이다.[28]

나는 라깡이 '완벽한 형태'로서 원에 특전을 부여하는 상상계에 대한 도전보다 뉴턴 공식의 전복적인 무게중심에 훨씬 더 각별한 강세를 두고 있다는 것을 강조해둔다. 그 발견이 지극히 중요해지는 까닭은 첫째, 인력의 법칙인 $F = g \cdot mm'/d^2$ 가 자연현상을 설명하기 위해 소개된 순수한 수학공식이었기 때문이며, 둘째, 자연현상은 **다름 아닌** 수학적인 법칙에 의해 설명되었기 때문이다. 뉴턴의 일정거리의 작용이란 개념이 아무런 간섭기제도 가정하지 못했고—나는 가설을 만들지 않는다(*hypotheses non fingo*)—또한 이 개념이 뉴턴 자신의 시대에 만들어냈던 논쟁, 즉 호이겐스와 라이프니츠에 의한 거부는 가정된 기계적 원인들에 의지하지 않으면서 순수한 수학적 용어로 설명해낼 수 있었던 견해의 변화에 의해 만들어진 대변동에 대한 증거가 된다.

뉴턴의 언급인 "나는 가설을 만들지 않는다"는 것은 일정거리의 인력과 작용에 관한 논쟁의 문맥 내에서 만들어졌다. 그것은 오로지 인력의 법칙의 수학공식화에 대한 그의 집착을 가리킨다. 라이프니츠는 뉴턴의 인력을 신이라 할지라도 도저히 이해할 수 없는 '신비한 특성'으로 간주했다.[29]

라깡이 보는 바와 같이 혁명은 우리들의 자기애라는 편견을 깨뜨리는 것—프로이트에게 보조를 맞춰서—이라기보다는 경험세계의 수학화로 구성되어 있다. 또한 나는 다시금 앞서 만들어낸 관점을 반복해보려고 한다. 즉 과학과 지식으로부터 상상적인 것을 축소시키고 제거하는 것은 이러한 우주의 수학화이다.

라깡의 수많은 상세한 설명들은 현대 과학의 출현에 대한 코이레의 작업에서 끌어온 것이다. 코이레의 중점적 명제는 현대 과학의 출현으로 이끌었던 '변환'(그가 바슐라르에게서 취해온 용어)이 '공간의 기하학'에 의해 초래되었다는 것이다. 다시 말해 갈릴레오 이전 물리학의 '구체적 공간'의 소실과 '유클리드 기하학의 추상적 공간'에 의한 대체가 이뤄졌다는 것이다.[30] 그는 이것이 관성의 법칙의 발견을 위한 필수적인 변화였다고 말한다. 라깡이 강조한 바는 이런 수학화에 의해 유도된

형이상학적 변형이다.

또한 당연히 데카르트의 형이상학은 물질세계의 이러한 형이상학적 변형에서 핵심 역할을 해냈다. 데카르트는 물질세계의 특성들을 연장과 운동으로 환원시키고, 그럼으로써 그것의 수학화을 보증하고 현대 우주론에 기여하게 된다.

공교롭게도 자연세계의 수학화는 데카르트의 세계에 대해 현대적으로 되어가는 유일한 사물에 관한 것이다. 거기에는 진공도 없고 빈 공간도 없다. 다시 말해 오로지 단 하나의 동질적이고 한없이 확장되는 사물이 있을 뿐인데, 그것은 객관적이고 측정 가능하지만 물질에 관한 후속적인 과학 이론들과 유사성은 거의 없어 보인다.

역으로 부차적인 특성들("사물들은 우리에게 어떻게 보이는가")과 일차적인 특성들("사물들은 진정으로 어떤 것인가") 사이의 구별은 정신적인 것의 영역에 대한 과학적 연구들을 면제해 주는 모든 것의 탓으로 돌린다. 부차적인 특성들은 우주의 내용의 일부가 되는 실체들—마음들—의 탓으로 돌릴 수도 있는데, 그러나 그것들은 과학적인 연구에 민감하지 않다.

그러나 라깡은 코기토를 다르게 읽어내고 그가 이 문제로 자주 되돌아온다는 것은 그에게 그것의 중요성을 보여주면서 동시에 코기토의 이론화를 수반하게 만드는 엄청난 작업임을 알려주게 된다. 포함된 근거의 어떤 표시는 라깡의 1949년의 언급과 1964년의 주장을 비교함으로써 알아볼 수 있는데, 1949년의 언급은 정신분석의 경험이 "코기토에서 직접 유래한 그 어떤 철학과도 우리들의 관계를 좋지 않게 만들어 준다"[31]는 것이고, 1964년에 그가 자신의 선도적인 원칙으로 내세운 주장은 "과학의 본질적인 상관물로 생각되는 주체의 특정한 순간이고, 경험 속에서 엄격히 반복될 수 있는지 아마도 결정되어 있을 역사적으로 규정된 순간인데, 데카르트가 코기토라는 이름으로 시작하는 것이다."[32]

■ 데카르트

데카르트는 자신의 『성찰』에서 '견고하고 지속되기 쉬운'[33] 진리를 설정하기 시작한다. 이와 같은 목적을 위해 그는 과장된 회의방법을 채용하는데, 그 방법은 절대적으로 확실하고 따라서 이런 근본적인 회의에서 면제된 그 어떤 것이라도 남아 있는지 그 여부를 확정하기 위해 회의에 대한 최소한의 근거를 찾아낼 수 있는 것이라면 그 무엇이든 회의하는 것으로 구성되어 있다. 그 회의는 제2성찰에서 코기토의 절대적인 확실성의 출현에 의해 멈춰진다. 나의 사유(회의하기, 미심쩍게 생각하기 등등)라는 단순한 사실로부터 내가 존재한다는 것이 뒤따르게 된다.

> 고의적으로 또 끊임없이 나를 속이고 또한 그가 할 수 있을 만큼 나를 속이게 하는 최고의 힘과 간교함을 지닌 사기꾼이 있지만, 내가 어떤 것이라고 생각하는 한에 있어 나는 아무 것도 아니라는 것을 그는 결코 초래할 수 없음은 [가능한 일이다.] 따라서 모든 것을 매우 철저히 고려해 본 연후에 나는 마침내 **나는 있다, 나는 존재한다**'라는 이런 명제가 나에 의해 제안되거나 혹은 내 마음 속에 품어질 때마다 반드시 진실하다는 결론을 내려야 한다.[34]

내가 알고 있는 한, 라깡은 항상 그 대안과 더 잘 알려진 공식화인 "Cogito ergo sum", 즉 "나는 생각한다, 그러므로 나는 존재한다"를 가리키고 있는데, 그것은 『성찰』에 나타나는 것이 아니라 다른 작품들, 즉 『규칙』 (*Regulae*)과 불어로는 『방법서설』(*Discours de la Méthode*)에 나온다. 그러나 라깡이 코기토를 해석하는 방법과 그가 "Cogito, 'ergo sum'", 즉 "나는 생각한다, '그러므로 나는 존재한다'"라고 쓴다는 사실은 그의 해설자들이 그런 것처럼 코기토에 그 확실성을 부여해 주는 **언술행위**가 된다는 것이 명백하다. 또한 라깡이 질을 떨어뜨리는 불어인 "나는 생각하고 있다"(*Je suis pensant*)로 표현하고 있는 공식화를 잊지 말아야 한다. 이런 관점에서 **언술행위**("나에 의해 제안되거나 혹은 내 마음 속에 품어질 때마다")를 가리키는 『성찰』의 공식화는 라깡의 직관을 더 잘 반영해 주는데, 그의 직관은 "나는 존재한다"의 **필연성**이 그것을 공식화하는 행위 속에 온전히 놓여 있다는 것이다. 이것을 나는 라깡이 다음과 같이 말할 때 자신의 관점이 되는 것으로 생각한다. "데카르트는 '나는 회의한다'라는 언술에서 자신의 '나는 생각한다'를 이해하는 것이지 아직도 이런 지식 모두를 회의하고 있는 언표에서 이해하는 것은 아니다."[35]

이제 만일 '나는 존재한다'의 확실성이 순전히 **언술행위**로부터 유도된다면 이런 확실성은 '점과 같고', 순간적이고 덧없으며 삽화적이다. 만일 확실성이 있다면 그것은 "나는 생각하고 있다"라는 언술의 시간보다 더 오래 지속되지 않는 확실성이다. 게루는 이것을 표현하기 위해 주장자적(assertoric) 진리라는 용어를 사용하고[36] 힌티카도 유사한 관점을 만들어낸다.[37] 하지만 데카르트는 견고하고 지속되기 쉬운 진리를 정립하고 싶어한다. 그러나 코기토의 이런 주장자적 진리는 필요한 견고성과 영속성을 부여하지도 못하고 수립하지도 못한다. 따라서 그것은 회의적인 도전을 가라앉힐 수 없다. 정말로 코기토는 "나는 있다, 나는 존재한다 ; 나는 있다, 나는 존재한다"라는 반복을 통해 자신의 확실성을 끊임없이 수립하려는 몸짓의 반복으로 주체를 환원시킴으로써 궁극적으로 아이러니한 회의주의의 승리처럼 보일 수도 있다는 것이다.

데카르트는 자신이 생각하는 것(res cogitans)이라고 즉각적인 결론을 내리는 것이 사실이다. 그가 말하는 것처럼 "하지만 그렇다면 나는 무엇인가? 생각하는 것이다. 그것은 무엇인가? 의심하고 이해하고 확인하고 부정하고 자진해서 하고 마음에 내키지 않는 것이며, 또한 상상도 하고 감각적인 지각을 갖는 것이다."[38] 그러나 라깡이 지적해내는 것처럼 이것은 데카르트가 "나는 생각하고 있다"의 주장자적 확실성으로부터 생각하고 있는 내가 실체(res cogitans)라고 하는 결론으로 건너뛰는 성급하고 보증되지 않은 도약이 된다. 라깡은 다음과 같이 표현하고 있다.

> 데카르트에게서 확실성은 그것이 일단 지나가 버리면 획득된 것으로 간주될 수 있는 순간이 아니다. 각각의 시간마다 또한 각각의 사람에 의하여 그것은 반복되어야 하며 … .
>
> 데카르트가 사고의 '나는 생각한다'에서 온전히 장악하게 되는 확실성의 개념을 소개할 때 … 그의 실수는 이것이 지식이라고 믿는 것이고, 그가 이런 확실성의 어떤 것을 알고 있다는 것이며, '나는 생각한다'를 단지 사라지는 한 시점으로 만들지 않는 것이라고 말할 수 있다.[39]

버틀란트 러셀은 만일 "나는 생각하고 있다"라는 전제를 받아들일 준비가 되어 있다면 그 나머지는 뒤따라오게 된다는 데카르트의 코기토에 대해 반대의견을 제시한다.[40] 그러나 그는 그 전제가 너무 많은 것을 인정한다고 말한다. 말하도록 인가된 가장 많은 것은 "나는 생각하고 있다"가 아니라 "계속되는 생각이 있다"라는 것이다. 라깡의 명제는 정반대이다. 그는 주체가 있다는 것은 받아들이지만 그것이 실체가 없는 주체라고 결론을 내린다. 물론 이런 결론에 도달할 수 있으려면 "제2성찰"의 덧없고 점과 같은 코기토에서 멈춰서야 하는데, 그 시점에서 데카르트적인 사색가가 "'나는 있다, 나는 존재한다' 는 것은 내가 그것을 말하거나 내 마음 속에 품을 때마다 반드시 진실하다"고 말함으로써 코기토를 그것의 순수한 언술로 환원시킨다.

■ 과학의 주체

이것은 라깡이 읽어낸 것처럼 데카르트적 주체이다. 그것은 데카르트적 코기토를 정확히 읽어낸 것일 수도 있고 아닐 수도 있다. 그러나 그것은 분명히 방어할 수 있는 것이다. 그래도 문제는 남는데, 그것은 어떤 방식으로 '과학적인' 것으로 간주될까 하는 것이다.

장–클로드 밀네는 다음과 같은 용어로 이 문제에 대답한다. 고전적인 수리물리학이 대상에게서 모든 특성들을 제거하듯이 이런 물리학에 상응하는 주체의 이론도 모든 특성들이 제거되어야 할 것이다.

정신적이든 신체적이든 경험적인 개성의 적절한 질적인 표지들은 어떠한 것도 그것[주체]에 적합하지 않을 것이다. 영혼의 질적인 특성들도 그것에 더욱 적합한 것은 없을 것이다. 그것은 죽어야 할 것도 아니고, 불사적인 것도 아니며, 순수하지도 불순하지도 않고, 정당하지도 부당하지도 않으며, 죄인도 성인도 아니고, 저주받지도 구원받지도 않는다. 그것은 오랫동안 그러한 주체성을 구성하는 것으로 생각되었던 형식적인 특성들에 의해 적합해지지 않을 것이다. 그것은 자기

도 아니고 반사성도 아니며 의식도 아니다.[41]

밀네에 따르면 데카르트의 주체는 그 자체가 모든 특성들로부터 분리되어 있고, 그의 생각 자체는 엄밀히 말해서 미분화되고 '특성이 없으며', 혹은 그의 말처럼 "[데카르트적 주체를] 규정시켜 주는 그 사고 자체는 정확히 평범한 것이다"(*La pensée même par quoi on définit [le sujet cartésien] est strictement quelconque*).[42] 이러한 주체는 현대 과학에 적절할 뿐만 아니라, 그것은 또한 라깡이 논증한 것으로 알려진 바와 같이 프로이트 무의식의 설정에 꼭 필요하다.

이것은 재치 있는 암시가 되겠지만 나는 그럴 것으로 생각하지 않는다. 현대 과학의 주체가 현대 과학 그 자체의 반영이라고 생각함에 있어서는 전통적으로 데카르트에서 시작하여 현대 철학자들이 직면해 왔던 어려움에 봉착하게 되는데, 그것은 현대 과학의 인식론적 요구조건에 의해 주체성의 특징을 삼으려는 시도이다. 한 예를 들어서 칸트의 주체 혹은 칸트가 통각의 초월적 통일체라고 부른 바는 과학이 (그가 이해하는 바대로) 가능해지기 위하여 주체성이 되어야 하는 바에 의해 기술되고 있다. 칸트의 경우에 이것의 결과는 주체에 관한 매우 복잡하고 일관되지 않을 것 같은 이론이 된다.[43]

나는 밀네가 과학의 주체에 기여해 준 그 속성들이나 그들의 결여를 논박하고 있는 것은 아니다. 정말로 밀네의 견해는 빗나가지 않는다. 다시 말해 그가 이러한 '특성들 없는 주체'에 대하여 말하고 있는 바는 라깡의 「과학과 진실」에 나오는 그의 중요한 명제와 완전히 일치하는데, '과학의 주체'의 더욱 더 큰 함의가 되는 것이다. 오히려 나의 관심사는 만일 코기토가 과학의 대상의 위엄으로까지 상승된다면 동일한 극기는 연장의 것(*res extensa*)에서와 마찬가지로 코기토에서도 수행되어야 한다는 추리에 관한 것이다. 다시 말해 밀네의 견해에서의 문제점은 문제의 주체가 다음과 같은 용어로 이해되어야 한다는 그의 가정이다. 우리에게 과학이 있다면 그것을 가능케 만드는 주체는 무엇과 비슷해야 하는가?

여기서 내 생각으로 밀네의 설명이 놓친 것은 적어도 이런 관점에서 문제의 주체, 즉 과학의 주체가 과학을 가능케 만든 주체일 뿐만 아니라 과학이 제외한 주체이기도 한데, 라깡의 용어로는 과학이 '봉합하는' 주체가 된다. 과학을 가능케 하는 것과 과학이 제외한 것의 이러한 결합은 라깡의 과학의 주체에 관해 변별적인 것이 된다. 이것은 어째서 과학이 이런 주체에 대해 표명할 수 없는지 그 이유가 된다. 나는 나중에 이 문제로 되돌아갈 것이다.

일반적으로 현대 과학인 수리물리학이 코기토의 개시에 의해 가능해진다는 명제는 우리가 과학과 비과학 사이의 경계로 되돌아가게 해주는 흥미로운 문제다. 라깡의 표현대로 "우리가 정신분석에서 작용하고 있는 주체는 오로지 과학의 주체가 될 수 있을 뿐이라고 말하는 것은 역설적인 것처럼 보인다. 그런데도 바로 여기서 경계가 만들어져야 하는데, 그렇지 않으면 모든 것이 뒤섞이고 다른 곳에서는 객관적이라 부르는 일종의 불성실함이 시작되는 것이다.[44] 물리학이 현대 과학의 전형으로 간주될 때 주체의 과학을 정립하려는 시도들은 관찰을 근거로 세워보려는 경향을 보여왔는데, '도덕적인 주체'에게로 향하는 흄의 '실험적 추리'를 생각해 보라. 현대의 소위 과학적 심리학과 사회과학들은 이런 계보를 갖는다. 그렇지 않다면 그들은 '해석학'과 '자연과학' 사이에서 방법론적인 명확한 구분을 강조하려고 노력해 왔을 것이다. 라깡에게 영향을 준 구조주의, 특히 레비-스트로스와 야콥슨의 구조주의는 그러한 이분법에 관련되는 장점을 지니고 있었다.

이제 라깡이 「과학과 진실」에서 '인문과학'이란 표현에 대해 언급할 때 그 용어에 대한 그의 거부는 과학의 주체라는 개념에 기초를 두고 있다. 그러므로 과학의 주체는 제일 먼저 과학과 비과학 사이에 새로운 경계선을 긋기 위한 '주도적인 원칙'으로 작용하는데, 과학의 편에서 자연과학과 비자연과학—우리가 주체의 과학들이라 부르게 될 것—을 모두 포함하는 것이다. 그러나 그것은 역시 진실한 '주체의 과학들'과 단지 그 명칭을 갖는 체하는 것들과의 사이를 구분하는 데 있어 기준과 정당성 모두를 제공하게 된다. 지식에 대한 원형적 관계로 구성된 주체와 함께 융의 작업을 비과학적이라고 제외시키는 것은 경계의 이런 기준이 된다. 즉 그것은 레비-브륄과 전(前)논리적인 원시적 정신상태란 개념이고, 피아제와 소아-주체의 소위 '자아중심적인' 담론이며, 끝으로 본원에 더욱 가깝게 정신분석에서 주체를 '유아화하려는' 항상 존재하는 유혹을 말한다. 이 모든 것을 연결해 주는 것은 그것들이 자신의 대위법으로서 '완전한' 주체가 되거나 의미하는 것이다. 따라서 '원시인'의 혹은 소아의 정신상태는 주체의 이상과의 비교로서 측정된다. 그 모두는 '완전한' 주체, '인간적인' 주체, 이런 저런 심리적 특성들을 부여받은 주체—논리적이고 추론적인 주체—를 전제하게 되는데, 알고 있는 원형적인 주체이고 유아화된 아직 발달 중인 주체를 말한다.

라깡은 이런 관점에 대하여 매우 명백하다. 주체가 육체적 특성이나 심리적 특성 혹은 그 밖의 다른 특성들을 부여받았던 모든 경우, "주체를 더욱 더 구체화하려고 시도하는" 그 어떤 방법으로 주체에게 살이 붙었던 모든 경우에 변함없이 "고태적인 착각, … '주체의 심리학화'"가 만들어지고 있다. 이런 '유혹'은 다른 곳에서와 마찬가지로 정신분석에

서도 존재한다.[45]

　다른 한편으로 라깡은 주체를 과학의 편에 위치시키는데, 그것은 다음의 것으로 구체화된다. "의미화 조합들의 모체에 대한 공식으로 정확히 환원되어 있는 주체의 철저히 계산될 수 있는 특성"을 지닌 게임 이론이고, "그의 구체화를 참조하지 않은 것과 마찬가지로 시인의 마음도 참조하지 않는 시학을 구성할 수 있는" 언어학이며,[46] 그 다음은 그의 주체가 앞에서 언급된 바와 같이 '과학의 상관물'이 된다는 논리학이다.[47] 논리학의 경우는 특히 흥미로워서 나는 뒤에 이 문제로 되돌아올 것이다.

　여기서 경계의 문제는 제안된 기준이 얼마나 잘 해내는지 그런 의문을 야기한다. 과학의 주체라는 개념에 의해 정신분석과 집합론과 수리물리학처럼 다양한 영역들을 어느 정도까지 통합될 수 있을까? 그것들은 무엇을 공통으로 갖고 있는가? 혹은 그 대신에 이런 다양한 영역들에 걸쳐 얼마나 통일된 주체의 개념이 존재할 수 있는가?

▪ 무의식의 주체

　정신분석에서 우리가 작동하고 있는 주체는 오로지 과학의 주체가 될 수 있을 뿐이다. 또는 라깡의 표현대로 "정신분석이 과학인지(즉 그 영역이 과학적인지)에 대하여 아는 문제로부터 구별되는 것은 그 실천이 과학의 주체 이외의 다른 주체를 의미하지 않는다는 사실[이다]."[48] '심리적' 주체를 소개하려는 유혹에 면제되기는커녕 정신분석의 역사는, 비록 이것이 프로이트 자신의 실패라기보다는 프로이트 이후 이론들의 실패일지라도 바로 그렇게 하는 이론들에 의해 명시되는 것이다.

무의식의 주체가 과학의 주체인 반면에 라깡은 주체의 치료에서 정신분석을 위한 특별한 자리를 마련해 둔다. 특히 정신분석은 주체의 분열을 조장하는데, 과학은 항상 실패하기 마련이지만 주체를 '봉합하려는' 시도이다. 따라서 만일 전이라는 것이 지식에게 말을 건네는 사랑의 한 형태라는 라깡의 공식을 우리가 채용한다면, 정신분석적인 담론이 지식과 진실 사이에서 촉진시키는 이런 주체의 분열은 전이 속에서 그 표현을 찾아내게 된다. 라깡은 괴델의 불완전성 정리[49]가 주체 쪽에서 주체의 분열을 봉합하려는 실패한 시도를 내보여 준다고 주장한다. 괴델의 정리는 수학의 어떤 진리들이 스스로를 증명할 수 없다는 증거와 함께 진리와 지식 사이에 생긴 메울 수 없는 틈새의 완전히 수학적인 사례가 된다. 괴델의 정리는 모든 진리를 지식으로 만듦으로써 과학에 의해 주체를 봉합하려는 시도의 실패를 가르쳐 준다. 그러나 그의 정리가 이런 실패의 분명한 실례를 제공해 주긴 하지만 우리는 수리물리학에서조차 이것을 찾아볼 수 있다. 라깡은 가우스[50]가 비유클리드 기하학에서 자신의 작업을 허락하지 않고 보류해 두었던 데에서 그 사례를 취하게 되는데, 그 이유는 라깡의 말에 따르면 "어떠한 진리도 알기를 견딜 수 있는 것에 선행할 수가 없다."[51]

▪ 정신분석과 과학의 이상

나는 이제 정신분석과 과학 간의 관계에 대한 프로이트의 견해로 되돌아가려고 한다.

내가 처음에 말했던 것처럼 프로이트는 정신분석을 과학 쪽에 두고서 정신분석 이론에서 진실한 것이 이런 저런 착각들로부터 유래된 쾌락의 포기를 통해 획득되어 왔다고 주장한다. 그런 착각들 가운데에는 종교의 착각들, 인류의 완벽가능성 주위에서의 착각들, 사회적 이상들의 도달에 관한 착각들이 있다.

어떤 사람들은 프로이트가 정신분석을 특정한 과학적 모델이나 이상에 따라야 할 필요성이나 아마도 더욱 열망할 것 같은 필요성으로 보는 한편, 정신분석이 과학의 이상들에 대한 요구조건에 부합하지 않고 실제로 부합할 수 없다는 견해를 취해왔다. 그들은 정신분석의 과학적인 이상에 대한 프로이트의 믿음이 단지 그의 실증주의를 나타낼 뿐이라고 주장해 왔는데, 그가 해부학에서 훈련받은 흔적과 브뤼케-헬름홀츠학파의 이상들에 집착하고 있는 흔적을 말한다. 정신분석이 과학이라고 더 이상 신중하게 믿는 사람은 아무도 없고, 이렇게 볼 수 없도록 방해한 것은 틀림없이 프로이트의 실증주의였다.

다른 한편, 프로이트의 '실증주의'를 참조하는 것이 아니라 그의 '과학주의'를 참조함으로써 라깡은 정신분석과 과학 간의 관계에 대한 프로이트의 태도를 더욱 미묘한 차이로 평가하는 모습을 보여준다. 프로이트의 과학주의는 "영원히 그의 이름을 지니게 될 통로를 닦아주었고 … . 이 통로는 이런 과학주의의 이상들을 결코 뿜어내지 못했으며 … 또한 … 그것이 실어 나르고 있는 이런 후자의 표시는 우연한 것이 아니라 오히려 그것에 대해 본질적인 것으로 남아 있게 된다."[52]

프로이트는 정신분석에 대한 특정한 과학적 모델을 열망하고 있다. 라깡도 이런 태도를 프로이트와 공유하는 것으로 생각될 수 있지만, 예외로서 그의 전형적인 과학들은 프로이트가 브뤼케-헬름홀츠학파에서 찾아냈던 과학들 대신에 언어학과 수학 및 논리학[그의 학소(matheme)를 생각해 보라]이 된다. 그러나 사실상 그의 태도는 매우 다른 것이다. 그의 입장은 과학이 진실과 지식에 대한 관계의 이상적인 모델을 정신분석에 제공한다는 것은 아니다. 과학의 주체가 정신분석이 작용하는 주체라는 언급은 과학이 정신분석에 연루되는 것을 의미하는데, 정신분석이 작용하고 있는 바로 그 대상인 '주체'가 과학 그 자체에 의해 구조화된다는 것이다.

우리가 정신분석에서 작용하고 있는 주체는 오로지 과학의 주체가 될 수 있을 뿐이라는 명제는 프로이트적이라기보다는 오히려 라깡적인데, 과학에 대한 그의 반영과 그 역사에 대한 그의 지식을 통하여 발전된 것이다. 우리가 앞에서 봐왔던 이것을 어떤 사람들은 특히 코이레와 코제브의 작업을 통해 일별하고 있다. 라깡으로 하여금 정신분석이 과학인지 그 여부를 묻는 오래된 질문을 새로운 질문으로 바꾸게끔 만든 것은 바로 이런 통찰이다. "정신분석을 포함한 과학이란 무엇인가?"[53] 혹은 라깡이 관찰한 바대로 "정신분석이 과학인지 그 여부를 아는 문제"는 "그 실천이 과학의 주체 이외의 그 어떤 주체도 의미하지 않는다는 사실"과 구별되어야 한다.[54]

나는 라깡이 과학의 주체로 언급한 것에 의해 제기된 수많은 문제들을 검토해 보았다. 나는 이 문제들을 철저히 들여다 보지 못했고 그 문제들을 철저히 연구하지도 못했다. 전반적인 논의는 다음과 같다. 프로이트에게 과학은 하나의 이상이었는데, 그것을 배경으로 정신분석은 평가되었다. 라깡에게서 주체성을 변환시켰던 것은 역사적인 순간이 된다. 과학의 주체라는 오직 한 가지가 있는데, 그것이 바로 데카르트의 코기토이다. 정신분석은 과학과 코기토 둘 모두의 자국을 따라오게 되었다.

이것이 역사상 우연한 일이 아닌 까닭은 과학과 코기토 둘 모두의 출현이 정신분석의 창안을 위한 전제조건이었기 때문이다. 정신분석에 대한 과학의 연관성은 우리가 정신분석의 관점에서 무엇으로 과학을 만들려고 하는지 그 문제를 제기하게 된다.

Chapter 11

라깡과 야콥슨
은유와 환유

라깡은 무의식의 언어적 특성이 이미 프로이트에 의해 인식되었다고 주장했다. 그는 무의식이 상징적이고 따라서 시니피앙들의 연쇄라는 명제는 그의 것이라고 말하는데, "그것은 그것들이 개시했던 경험에 일치하는 그만큼 프로이트의 텍스트에도 면밀히 일치한다는 오직 그런 의미에서"라고 말한다.[1] 프로이트가 자신의 시대에 제네바와 페트로그라드에서 이뤄지고 있던 언어학에서의 발견을 무시한 것은 "무의식을 지배하는 일차과정의 것들로서 프로이트가 묘사한 기제들은 이 학파의 언어학이 언어 효과의 가장 근본적인 두 축들, 즉 은유와 환유를 결정한다고 믿는 기능들과 정확하게 상응한다는 사실을 더욱 더 교훈적으로"[2] 만들어 준다.

이러한 은유 이론과 그보다는 영향력이 적은 환유 이론을 통해서 라깡은 많은 작업을 해낸다. 프로이트의 일차과정 기제들 가운데 하나인 압축이 은유의 한 형태가 되는데, 전치가 환유의 한 형태가 되는 것과 마찬가지라고 그는 말한다. 주체는 은유이고, 오이디푸스 콤플렉스의 아버지도 은유이며, 증상도 은유이고, 사랑도 역시 은유이다.[3]

이 모두의 근본적인 것은 라깡이 무의식이 언어처럼 구조화되어 있다는 자신의 명제를 개념화하는 방식이 도출되는 은유 이론이다. 비록 이 이론에서 '은유'가 인정될 만큼 그 통상적인 의미에 연결되어 있을지라도 특별한 방식으로 이해되고 있는데, 그 관습상의 어법으로부터 뚜렷하게 벗어난 것이다. 더구나 나로서는 이 이론이 그에 대해 자세히 써왔던 저자들에게도 선명히 이해되었던 그런 것으로 보이지 않는다. 이것은 라깡의 견해에 대한 공감적인 해설을 제공해 주려고 시도해 왔던 사람들에게도 적용되는데, 그것은 그의 이론에서 장점을 거의 찾아보지 못했던 사람들에게도 마찬가지로 적용된다. 이후로 나는 라깡의 은유 이론에 대하여 자세하고도 때로는 비판적인 분석을 가하려고 한다. 라깡의 이론은 첫째 그 이론을 암시했던 로만 야콥슨의 논문에 관련시켜 고려할 경우와 둘째 어떠한 시도에도 라깡이 익숙했던 것으로 생각되지 않는 그런 특정한 시도들에 관련시켜 고려할 경우에 은유가 무엇인지 말하는 분석철학자들에 의해 가장 잘 이해되는 것처럼 보인다.

야콥슨과 라깡 둘 모두에 대한 나의 기본적인 분석은 환유의 구조가 상대적으로 간단한 편이지만 은유에는 세 가지 주요 형태가 있다는 관점이다. 은유의 세 가지 형태는 각각 서로 다른 구조를 가지고 있다. 나는 이것들을 대용 은유, 확장 은유 및 동격 은유라고 부르려 하는데, 그 이유는 나중에 분명해질 것이다. 이런 구분의 요점은 야콥슨의 설명과 라깡의 설명 모두가 세 가지 형태들 가운데 한 가지에만 적용되고 있다는 것이다. 나는 이런 구조적인 다양성을 고려하는 더욱 포괄적인 은유 이론 내에서 서로 모순되는 수많은 정의들이 어떻게 조화를 이룰 수 있는지 보여주게 될 것이다.

■ 야콥슨

야콥슨의 은유 이론과 환유 이론은 광범위하게 논의되어 왔지만 그것이 잘 이해되어 왔다고 생각하지는 않는다. 그의 해설은 때로 따라 잡기가 어려우며, 그가 말한 것들 가운데 어떤 것은 다소 오해하게 만들기도 하다. 다음의 것들은 문제의 그 논문에서 야콥슨의 입장을 명백하고 정확하게 특징짓는 것으로 생각되는데, 그의 이론 가운데 유일하게 가장 중요한—참으로 치명적인—어려움을 드러내놓는 것이다. 야콥슨은 당연히 자신의 은유 이론에 대해 다양한 비판들을 받기 쉬웠지만 이런 비판은 흔히 잘못되어 왔다. 나는 나중에 꽤나 전형적인 방식으로 야콥슨이 오해되는 것으로 믿어지는 한 가지 사례에 대해 논의하려고 한다.

야콥슨의 1956년 논문인 「언어의 두 측면과 실어증의 두 유형」은 야콥슨과 할레의 『언어의 기본』이라는 책의 제2부로 나타났다. 말(speech)에 대한 언어의 관계라는 문제에 접근하면서 야콥슨은 다음과 같이 주장한다. 소쉬르에 의해 부재중(*in absentia*)과 참석중(*in praesentia*)으로 알려진 두 계열의 관계들에서 언어의 단위들을 서로 연결시키는 언어의 연사(syntagmatic)축과 계사(paradigmatic)축은 선택과 결합이란 이중의 작용에 말이 관련된다는 것을 의미하는데, 선택은 언어단위들을 계사체적으로 연결된 계열에서 선택하는 것이며, 결합은 더 높은 정도의 복잡성을 갖는 단위들이 연사체적으로 결합되는 것을 말한다. 그는 계속해 이런 언어작용의 어느 한쪽이 교대로 이중이 되는 것은 바로 이것에서 뒤따라온다고 말한다. 수많은 단위들로부터 한 단위의 격리(다른 것을 선택할 수 있었던 가능성과 관련된 것)는 다른 것들이 그것을 대신할 수 있음을 의미하는 반면에, 더 큰 단위들로 되어가는 단위들의 결합은 각각의 단위가 더 큰 단위들에 의해 제공되는 맥락 내에 나타나는 것을 의미한다. 유사성의 관계와 인접성의 관계로도 기술되는 계열(paradigmatic)관계와 결합(syntagmatic)관계는 언어의 은유 극(pole)과 환유 극이 된다고 야콥슨은 말한다. 야콥슨은 이것이 실어증 연구에 명백한 의미를 갖는다고 암시하는데, 왜냐하면 "실어증의 모든 형태는 다소 심각한 어떤 장애가 되어 있는데, 선택과 대용능력의 장애이거나 결합과 문장구조의 장애로 되어 있고 … 은유는 유사성 장애와 다르고 환유는 인접성 장애와 다르다."[4]

이것의 교훈은 기질적 근거를 갖는 언어 장애에 대한 어떤 설명이 서술적으로 적절해지려면 언어학적 연구들을 무시할 수 없다는 것인데, 실어증이 언어의 구조에 의해 가장 잘 이해될 수 있는 방식으로 나타나는 경우에 그렇다.

다음의 목록은 앞에서 언급된 용어들 간의 관계를 정리해 본 것이다.[5]

야콥슨은 계속해서 이렇게 말하고 있다 : "담론의 발달은 서로 다른 두 가지 의미론적 노선들을 따라 일어날 수 있다. 하나의 화제는 그들의 유사성과 그들의 인접성을 통해 다른 화제로 옮겨갈 수 있다. 은유적인 방식은 첫 번째 경우에 가장 적절한 용어가 될 것이고 환유적인 방식은 두 번째 경우에 적절할 수 있는데, 그 이유는 그들이 각각 은유와 환유에서 그들의 가장 압축된 표현을 찾아내기 때문이다."[6]

축	계사체	연사체
양상	선택 대용(치환)	결합 맥락
관계(소쉬르)	부재중	참석중
관계(야콥슨)	유사성	인접성
비유	은유	환유

그러나 유사성과 인접성의 관계로부터 은유와 환유로 옮겨가기 전에 그에겐 의미론적인 것과 위치적인 것이라 부르는 두 측면들을 구별할 필요가 있다. 이것은 위치적 유사성과 위치적 인접성을 부여해 주고 의미론적 유사성과 의미론적 인접성을 부여해 준다. 이제 야콥슨은 다음과 같이 위치적 유사성에 대한 적절한 정의를 제공한다 : "두 단어들이 서로를 대신할 수 있는 능력은 위치적 유사성의 실례가 된다."[7] 또한 위치적 인접성이 서로 결합할 수 있는 두 단어들의 가능성이 되리라는 것은 알기 쉬운 일이다. 그러나 의미론적 인접성과 의미론적 유사성에 대해서는 어떻게 규정되어야 할지 전혀 분명치 않다.

그가 제공하는 특별한 사례들과 그에 대한 논의는 그가 의미한 것으로 은유('오두막' 대신에 '소굴')나 환유('오두막' 대신에 '초가지붕')가 존재하기 위해서는 의미론적 유사성의 토대를 은유에 두고 의미론적 인접성의 토대를 환유에 두면서 두 명사들[8] 간에 위치적 유사성이 존재해야 한다는 것을 보여주고 있다. 따라서 은유와 환유 사이의 차이는 **의미론적 유사성**과 **의미론적 인접성** 사이의 차이가 된다. 그에 따라 은유와 환유 모두 위치적 유사성에 의존하기 때문에 그들은 모두 선택과 치환이란 계사축을 바꾸면서도 통사구조를 보존시킨 수사학적 장치로 보일 것이다. 이런 관점에서 의미론적인 것과 위치적인 것 사이의 구별이 은유와 환유에 대한 야콥슨의 설명에 있어(또한 아마도 비유의 존재에 대한 그의 설명에도) 분명히 매우 중요한 까닭은 그것이 오로지 그 목적을 위해 소개되어 왔기 때문이다. 그렇다면 그것은 어떻게 이해되어야 할까?

그 구별은 나에게는 분명한 것으로 보이지 않지만 다음은 야콥슨이 마음 속에 품고 있는 것처럼 보인다. 만일 위치적인 유사성이 서로 대체할 수 있는 두 단어들의 능력이 되고 위치적인 인접성이 서로 결합할 수 있는 두 단어들의 능력이 된다면 "무엇이든 이 치명적인 뼈대를 흔들고 있다"는 말은 은유를 포함하고 있는데, '뼈대'와 '신체'가 위치적으로 유사하고 의미론적 유사성에 의해 서로 관련되기 때문이다. 다른 한편으로 "오, 그는 왕관을 위한 일에 만족해 왔어"라는 말이 환유가 되는 까닭은 '왕관'과 '왕'이 위치적으로 유사하고 의미론적으로 인접해 있기 때문이다.

은유와 환유의 특성화는 비유들(『옥스퍼드 영어사전』[OED]에 따르면 비유로서 그것에 고유한 것 이외의 다른 의미로서 명사의 사용을 의미한다)을 언어의 (의미론적) 구조에 연결시키려는 시도에 대해 주목할 만한 것이다. 그 명사들이 가리키는 대상들 간의 관계에 의해(전체에 대한 부분, 담긴 내용에 대한 담은 용기, 결과에 대한 원인 등등) 비유들을 기술하는 것은 그 가능성이 매우 그럴 듯하겠지만 야콥슨의 설명은 비유들이 언어의 내적인 관계들, 즉 의미론적 인접성과 의미론적 유사성에 의해 가능해진다는 것을 보여주려는 시도에 있어 그 값어치가 있다. 그러나 그는 후자에 대해서 명백한 정의를 내려본 일이 없다. 앞서 살펴본 사례들에서 우리는 그 구별을 직관적으로 파악해 볼—'뼈대'와 '신체'가 의미론적으로 유사하게 보이고 '왕관'과 '왕'이 의미론적으로 인접해 있는 것으로 보일—수 있지만 그 구별은 여전히 설명을 필요로 하고 있다. 야콥슨의 분석이 암시하고 있는 것처럼 특히 그것들이 위치적으로 유사한 시니피앙들의 가능한 모든 짝들을 상호 간에 고갈시키는 것을 의미할 경우이다. 이런 시니피앙들이 명사(名詞 noun)와 명사구에 국한될 경우라 할지라도 모든 짝들이 의미론적으로 인접되거나 혹은 의미론적으로 유사해지도록 명확한 구별이 가능한 것처럼 보이지 않는다.

유사성이란 개념은 은유 이론에서 중요한 역할을 해오고 있었다. 아리스토텔레스 이후로 은유는 '유사성'이나 '닮은 꼴' 혹은 '유비'에 기초를 둔 것으로 기술되어 왔고, 이것은 대개 야콥슨의 용어가 획득하려고 꾀하는 것이다. 틀림없이 어떤 것들은 다른 것들보다 더욱 유사한 것으로 지각된다. 다시 말해 비록 여기서 사물들 간의 자연적인 유사함에 대한 인식만큼 유사성에 대한 우리의 인식이 여전히 언어의 효과가 될지라도 유사성이 새로운 사례들로 뻗치는 의미의 '은유적 확장'이라는 것(강, 병, 동굴, 화산 등등의 '입')에 분명히 관련되고 있다. 우리는 나중에 확장 은유로 되돌아오게 될 것이다. 라코프와 존슨에 의해 기술된 의미론적 유사성의 다른 유형이 있는데, 거기서 지각된 유사성은 시니피앙 그 자체에 의해 훨씬 더 분명하게 구조화되어 있다.[9] 여기서 연상을 통해 관련된 테마들("논쟁은 전쟁이다", "이론은 빌딩이다", "언어는 운반기구이거나 수로이다")은 특정한 은유적 담론들("그의 논쟁은 맹공을 받고 있었다", "그 입장은 방어하기 어렵다", "그는 내 명제를 분쇄했다", "그는 자신의 생각을 훌륭하게 전달해 준다")을 촉진시킨다.

그러나 의미론적 유사성에 대한 야콥슨의 개념은 고전적인 작품들의 유사성이 아니고 유사성도 다른 것으로 환원되지 않는다. 실제로 은유와 환유에 대한 야콥슨의 견해를 피에르 퐁타니에가 제안했던 견해와 비교해 보면 다음과 같은 관점이 나타나게 된다.[10] 첫째, 매우 분류적인 퐁타니에는 환유와 제유 사이를 다음과 같은 기반 위에서 구별하는데, 환유는 대상이 분리된 '전체'가 되는 '상호관계'나 '대응관계'에 관련되지만 제유는 두 대상들이 모여 하나의 '단위'(앙상블)나 '전체'를 형성하게 되는 '연결' 관계에 관련된다. 그러나 만일 우리가 그 둘을 모두 '환유' ― '왕관'이 '왕'이나 '국가'의 자리에 나타나고 '돛'이 '배'의 자리에 나타나게 하기 위해 전체, 결과, 담긴 내용 등등(의 기호) 대신에 부분, 원인, 담는 용기 등등(의 기호)의 치환으로서 환유의 분류―라고 부른다면 이런 분류는 본질적으로 야콥슨의 환유범주와 동일한 것이다. 그 둘은 '발현된' 명사와 '잠복된' 명사 사이의 관계를 강조하고 있다. 그 차이점은 퐁타니에가 사물들 사이를 유지하는 것으로 묘사하고 있는 관계를 언어 내의 의미론적 관계로 설명할 수 있는 방법을 야콥슨이 보여주는 것이 될 것이다. 만일 이것이 옳다면 야콥슨의 '의미론적 유사성'은 은유의 고전적인 특성이 '닮은 꼴'이나 '유사성' 혹은 '유비'의 관계에 관련되는 것을 반영해 주려는 것이다.

그러나 은유는 시니피앙들 간의 특수한 의미론적 관계에 전혀 의존하지 않는다고 말하는 것이 더욱 옳은 것처럼 보인다. 예를 들어 뱀을 '풀숲의 좁다란 녀석'으로 그려낸 에밀리 디킨슨의 묘사나 가을을 '원숙한 태양의 절친한 친구'로 부른 키트의 묘사도 환유와 똑같은 방식으로 이런 시니피앙들 사이에 있는 기존의 의미론적 관계에 의존하지 않는다. 다시 말해 그 상황은 오히려 새로운 관계(또한 아마도 새로운 의미)가 이런 은유적 묘사들에 의해 만들어진다는 것이다.[11]

출현되는 두 번째 관점은 은유가 치환과 관련될 수도 있고 아닐 수도 있다는 것이다. '쌍둥이 기둥'은 사회의 '기초'를 대신할 수 있고 '체질하기'는 증거의 '조사'를 대신할 수 있지만, 시니피앙들의 치환이 아니라 시니피앙들의 병치를 통하여 나타나는 훨씬 더 흔한 은유도 있다. 그 예를 들어보면 "침묵은 금이다", "사랑은 전쟁이다" 혹은 "당신은 나의 죽음이 될 것이다." 이런 유형의 은유를 '대용 은유'에 대조시켜 '동격 은유'라고 부르자. 'B의 A'라는 표현에서 '의'라는 전치사가 영어에서는 두 가지 용법을 갖는다는 점을 유의해 보자. 하나는 동격의 용법이고('피의 바다', '노스탤지어의 물결', '황금의 심장'[12]에서처럼), 또 하나는 소유격의 용법이다('정의의 저울', '신의 손'에서처럼). 이런 두 가지 용법은 각각 동격 은유와 대용 은유에 상응한다. '법과 질서의 쌍둥이 기둥'은 동격 은유이지만 동일한 표현이 소유격으로도 사용되어 대용 은유를 만들어내는데, 그때 셰익스피어에게는 "매춘부의 어리석음으로 변하게 된 세계의 삼중기둥"으로 묘사된 마크 앤터니[13]가 있게 된다.

동격 용법은 A는 B라고 말하고, 바다는 피라고(피로 되어 있다), 물결은 노스탤지어라고(즉 노스탤지어로 되어 있다) 말하는데, 소유격 용법은 전형적으로 소유격의 사용과 함께 '정의의 저울'(justice's scales) 혹은 '신의 손'(God's hand)이란 형태로 변할 수 있다. 그렇다면 이것은 은유가 반드시 치환의 결과는 아니라는 것을 보여준다[라깡의 "사랑은 태양 속에서 웃고 있는 보석이다"(*L'amour est un caillou riant dans le soleil*)와 비교해 보라]. 그러나 이것은 환유와 명백히 대조되는데, 그 이유는 환유가 오로지 치환에 의해 만들어질 수 있기 때문이다.

이러한 두 가지 관점들—은유에서가 아니라 환유에서 특징지을 수 있는 것으로 증명되는 의미론적 관계가 있다는 것, 그리고 모든 은유가 아니라 모든 환유가 치환에 의해 만들어진다는 것—은 은유와 환유 사이의 불균형을 가리키는데, 그것은 퐁타니에와 같은 연구에서 곧 인식될 수 있다. 그는 제유와 환유를 특수한 관계(전체에 대한 부분 등등)로 기술해 오면서 은유를 유사함의 비유로 기술하고 있는데, 그것은 "한 가지 생각을 오로지 그 생각과 어떤 형태의 일치나 유비와의 연결만을 갖는 더욱 인상적인 다른 생각의 기호로서 제시하는 것"[14]으로 되어 있다.

현 상태로 이러한 정의는 우리에게 많은 것을 말해주지 못한다. 어떤 짝의 명사들이라도 그에 해당하는 까닭은 모든 것이 이런 저런 측면에서 다른 모든 것을 닮아 있기 때문이다. 그러나 그것이 암시하는 바는 환유에서 그런 것처럼 은유에 관련되어 있는 상술할 만한 의미론적 관계들이 전혀 없다는 것이다. 이러한 비대칭이 중요하지만 그것은 인접성과 유사성이란 야콥슨의 의미론적 대조에 의해 숨겨진다.

퐁타니에의 비유 이론에 관한 세 번째 관점은 야콥슨이 고려하지 못한 은유가 있다는 것인데, 예를 들면 한정적인 혹은 형용사적인 은유와 동사적인 은유로서 위치적으로 인접해 있는 시니피앙들의 병치에 의해 만들어진다. 즉 '피어오르는 분노', '솜털로 덮인 창문들'(크리스틴 브룩-로즈가 지적한 것처럼 대용의 이중 은유, 즉 '눈들' 대신에 '창문들', 그리고 '눈들'을 은유적으로 수식하는 '솜털로 덮인'), '푸릇한 생각들', 혹은 앞에서 언급한 "침묵은 금이다."[15] 동사적 은유의 사례들은 "그는 그녀를 경작했고 그녀는 수확했다" 혹은 "군중이 런던 브리지를 흘러넘쳤다"인데, 거기서 다시금 은유 명사들 간의 관계는 치환이라기보다는 오히려 병치이다. 모든 품사들이 은유에 민감한 것으로 생각하는 데에 아무런 장애도 없는 것처럼 보인다. 우리는 이미 은유와 환유 사이에 두 가지 차이점들을 제시했으며, 이젠 세 번째 차이점을 살펴보려고 한다. 모든 환유는 체언들이지만 은유는 모든 품사들로 확장된다. 나는 여기서 명사(名詞) 은유만을 다룰 생각인데, 그것이 가장 중요한 것이기 때문이다.

다른 모든 것들은 동격 은유("침묵은 금이다")이든가 확장 은유('강의 입')이고, 가장 두드러진 특징은 그것의 의미론적 효과, 즉 라깡의 '의미 효과'(*effet de sens*)를 명사(名詞)로 옮겨놓는 것이다.

대용 은유와 확장 은유 및 동격 은유 사이의 차이점들이 중요해지는 까닭은 그것들을 제대로 평가하는 일의 실패가 대부분의 은유 이론의 한계에 대한 이유도 되기 때문이다.

수많은 저자들이 은유의 일반적인 설명을 의미론적 이탈이란 개념에 따라 행하려고 시도해 왔다. 거기에는 폴 지프, 힐러리 퍼트남, 노암 촘스키가 포함되고 장–프랑수와 료타르도 포함되는 것 같다. 그 생각은 한 문장이 의미론적으로가 아니라 통사론적으로 잘 형성될 수 있다는 것이다. 은유는 의미론적으로 일탈된 문장인데, 비표준이 요구되고 따라서 '은유적인' 의미론적 해석이 필요해지는 의미론적으로 일탈된 문장이 된다. 퍼트남은 딜런 토마스에게서 그 사례를 취해오는데, "한 슬픔 이전에 나는 거기서 그를 보았다"이다. 은유의 기초를 의미론적 일탈에 두고 있는 이 이론들은 동격 은유가 관여하게 되지만 확장 은유와 대용 은유의 수용에 곤란함을 갖게 되는 가장 그럴 듯한 상태에 놓여 있다. 대용이론이 동격 은유에서 실패하게 되는 까닭은 대용 은유의 사례로서 그에 대해 설명하려는 시도들이 아마도 대신해 왔던 문자대로의 단어들로 은유를 대체하려는 노력으로 이끌어 갔기 때문이다. 그러나 이것은 동격 은유의 해석과 설명을 대용 은유에서의 잠복 명사의 유도와 혼동시키는 것이다.

은유에 대한 가장 유망한 설명은 '상호작용주의' 견해로서, 리처즈가 가장 주목할 만한 제안을 하게 되고 맥스 블랙이 받아들인 것이다.[16] 리처즈에 따르면 "가장 간단한 공식으로, 우리가 은유를 사용할 때 대체로 능동적이면서 동시에 단 하나의 단어나 구에 의해 지지되는 다른 사물들에 대해 두 가지 생각들을 갖게 되는데, 그 의미는 그것들의 상호작용의 결과이다."[17] 이런 견해의 부적절함은 서로 다르게 구조화된 은유들이 문제의 '상호작용'을 성취하는 방식들 간에 서로 구별되지 못한다는 점이다. 나는 나중에 이 문제로 되돌아올 것이다.

야콥슨의 설명이 전통적인 분류에 일치하지 않는다는 것은 심각한 약점이 아닐 수도 있다. 비유에 대한 더 좋은 설명은 표준적인 분류에 관련되는 이론으로 쉽게 이끌어 갈 수 있다. 그러나 이런 설명의 한계점은 은유와 환유 둘 모두의 특정한 속성들을 숨기는 것인데, 그런 속성들은 그것들의 기능에 대한 적절한 설명, 다시 말해 비유를 야기하는 통사론적 수단에 대한 설명과 그것들이 만들어내는 의미론적 효과에 대한 설명에 매우 중요하다. 예를 들어 야콥슨에 의해 평가되어 본 일이 없던 것 한 가지는 정확히 은유와 환유의 서로 다른 통사론과 의미론이며 그 둘의 연결이다. 분명히 은유는 특정한 의미론적 관계를 보이지 않지만 환유가 그런 관계를 보인다는 사실은 모든 은유들이 치환(대용)은 아니더라도(동격 은유와 확장 은유도 있음) 모든 환유들이 치환이라는 사실과 관련되어 있다.

환유들과 대용 은유들은 시니피앙들의 연쇄에 나타나지 않는 잠복 명사가 어쨌든 행하는 바에 의해 함축된다는 것을 필요로 한다. 또한 발현 명사와 잠복 명사(담는 용기와 담긴 내용, 부분과 전체 등등) 사이의 의미론적 연결이 잠복 명사를 획득하는 데에 도움이 된다. 그러나 잠복 명사가 없는 동격 은유("침묵은 금이다")에서 이런 요구조건은 필요치 않다. 요구되고 있는 그 둘 사이에 그 어떤 특수한 의미론적 관계도 없다면 그 명사들의 이례적인 병치는 가까스로 은유가 된다.

동격적인 환유가 없는 까닭은 단지 환유에서 시니피앙들 간의 의미론적 관계가 동격이 아니라 소유격이기 때문이다. 환유의 동격적인 사용은 두 명사들 간의 의미론적 관계라는 특성에 의해 제외되는데, 그에 비해 가능성이 있는 소유격의 사용은 비유를 만들어내지 못한다. 예를 들어 '돛'과 '술잔'은 각각 '배'와 '포도주'에 대한 환유가 된다. 그러나 '배의 돛'이나 '포도주의 술잔'처럼 동격으로 사용되면 그 어떤 동격적인 독해도 가능하지 않다. '뱃멀미의 파도'에서 뱃멀미는 파도이지만 '배의 돛'에서 돛은 배가 아니다. 동격적인 독해가 환유의 경우에는 가능하지 않지만, 소유격의 독해는 이 경우에 그것이 비유를 만들어내지 못하는 것을 제외하고는 가능해진다. '배의 돛'(sail of the ship)은 동격이 되는데, 그 이유는 그것이 '배의 돛'(the ship's sail)으로 변할 수 있기 때문이다. 그러나 '배'와 '돛' 사이의 의미론적 관계 때문에 이것은 비유가 아니다.

그러나 다른 한편으로 동격 은유의 구성에 대한 방해물은 없다. 왜냐하면 은유적인 명사들 사이에는 특별한 의미론적 관계가 없기 때문이다.

야콥슨의 분석이 환유에 적용될 수 있다고는 하지만 그것이 어떤 형태의 은유도 설명할 수 없다고 나는 믿는다. 특히 대용 은유의 경우에 은유의 효과를 불러오는 수단에 대해 설명할 필요가 있는 까닭은 우리가 어떤 특별한 의미론적 관계의 존재에도 의존할 수 없기 때문이다. 야콥슨의 분석은 이것을 위해 사용된 통사론적 수단에 대한 설명에 의해 보충되어야 한다. 료타르는 한 가지 명사를 다른 명사로 대체하는 단순한 치환은 은유나 환유를 만들어내는 것이 아니라 새로운 문장을 만들어내는 것이라고 지적한다.[18] 그는 이것을 비유에 대해 완전히 구조주의적으로 설명하려는 야콥슨과 같은 시도에 대하여 주요한 반대로 생각하고 있다. 야콥슨의 설명에는 분명히 결함이 있지만 료타르가 암시하는 그런 이유 때문은 아니다. 우리는 '의미론적 유사성'이란 표현이 어째서 은유의 구조적 다양성을 설명할 수 없는지 그 이유를 제시해 봤다. 그러나 비록 야콥슨이 설명하려고 애썼던 대용 은유('이 세계의 삼중기둥')와 환유('이러한 치명적인 뼈대')에 우리 스스로 국한되어 있더라도 그의 이론은 아직 설명하지 못할 것이다. 설명되어야 할 부분으로 남아 있는 것은 대용 은유와 환유에서 대체된 단어가 아직도 잠복된 채로 존재해 있다는 사실이다. 다시 말해서 그것은 다만 부분적으로 감춰져 있을 뿐이고 가려져 왔던 것의 흔적으로 남아 있다.

이 단계에 관여되어 있는 여러 가지 문제들의 개관을 위해 한 걸음 되돌아가 보도록 하자. 첫 번째 문제는 대용 비유에 관련된다. 여기서는 잠복된 시니피앙이 환유와 대용 은유의 경우에 시니피앙들의 발현연쇄에 부착된 채로 남아 있는 일이 어떻게 일어나는지 그에 대한 어떤 설명이 주어져야 한다. 또한 대용 은유와 환유 사이의 **차이점**을 설명해야 한다. 두 번째 문제는 동격 은유에 대해 어떤 설명을 해내야 하는 일이다. 세 번째 문제는 비(非)명사(名詞)적 은유에 관한 문제이다. 은유적인 명사(名辭)가 명사구(名詞句)가 되지 않는 은유에 대한 설명이 요구된다. 첫 번째 문제에 관하여 야콥슨은 아무런 대답도 준비하지 못한다. 그는 잠복된 시니피앙이 발현된 연쇄에 어떻게 부착되어 있는지 그에 대한 설명을 해주지 못한다. 그러나 그는 의미론적 유사성과 의미론적 인접성으로 대용 은유와 환유 사이의 차이점에 대해 설명하고 있지만, 동격 은유나 은유들을 명사에 연루되지 않는 것으로는 전혀 생각해 본 일이 없었던 것 같다. 따라서 야콥슨은 이런 여러 가지 문제들 가운데 오직 하나만, 다시 말해 대용 은유와 환유 사이의 차이점만을 생각하고 있다.

이제 우리는 의미론적 인접성에 대해 설명할 수 있게 되었지만 의미론적 유사성은 더욱 애매한 것으로 드러났다. 그러나 이런 애매성에는 한 가지 이유가 있는데, 그것은 다만 은유가 특별한 의미론적 관계를 포함하지 않기 때문이다. 따라서 모든 대용 은유들에 적용할 수 있는 그 어떤 종류의 '유사성'이나 '유사점'을 기술한다는 것은 불가능한 일이다. 그러한 결과는 우리가 환유를 대용 은유의 특별한 사례로 기술할 수 있게 되는 것인데, 거기서 두 가지 시니피앙들 사이에 특정한 관계들이 유지되고 이런 관계들 가운데 어떤 것도 '은유'를 유지시켜 주지 못하는 모든 사례들에 단지 이름을 붙여줄 뿐이다. 그렇다면 우리는 환유어(metonym)들, 대용 은유들, 확장 은유들 그리고 다양한 종류들(동사적·명사적·부사적 등등)의 동격 은유들을 갖게 될 것이다. 이제 내가 보여주려고 하는 바는 라깡이 '환유'를 특별한 관계가 유지되는 대용 은유의 한 사례라는 의미로 사용하고 있으며, '은유'를 이런 관계들이 부재하는 대용 은유라는 의미로 사용하고 있다는 점이다.

실어증에 관한 야콥슨의 논문이 라깡의 「무의식에서 문자의 심급, 혹은 프로이트 이래의 이성」이란 논문에서 즉각적인 반향을 불러일으켰다는 사실은 잘 알려져 있는데, 은유와 환유가 프로이트에 의해 처음 발견된 압축과 전치라는 무의식적 기제들에 등가적인 시적(poetic) 기능이라는 라깡의 주장을 불러일으키고 있다. 야콥슨 작업의 영향력이 1952년에 이미 명백해졌지만 1957년 이전에는 어느 곳에서도 라깡이 은유와 환유에 각별한 중요성을 부여하지 않고 있다.[19]

라깡과 야콥슨이 압축과 전치를 수사에 비교하는 방법에서 차이를 보인다고 알려져 왔다. 야콥슨은 전치와 압축을 유사성의 계열축에 놔둔다. 이 논문을 불어로 번역했던 니콜라스 뤼베는 다음과 같이 쓰고 있다.

> 동일한 비교가 자꾸 라깡에 의해 이뤄지지 않고 있음을 볼 수 있는데 … , [그는] 각각 압축과 은유를 동일시하고 전치와 환유를 동일시한다. 로만 야콥슨은 … 그 차이점을 압축 개념의 부정확함으로 설명할 수 있다고 생각하는데, 프로이트에게서 그것은 은유 사례들과 제유 사례들 모두를 포함하는 것처럼 보인다.[20]

료타르는 이런 차이가 프로이트의 부정확함 때문이라는 의견에 동의하지 않고 다른 두 가지 요인들의 결과라고 주장한다. 하나는 언어학적 개념을 무의식의 영역에 적용하는 것이고, 또 하나는 꿈작업에서 언어의 작용을 재발견하려는 소망이다.[21] 그는 무의식이 언어처럼 구조화되어 있다는 라깡의 주장을 훼손시키기 위해 이러한 일치의 결여를 취해오고 있다. 내 견해로는 역시 둘 사이의 차이점은 어떻게 은유와 환유를 가장 잘 범주화할 수 있는지 그에 관한 서로 다른 견해들의 결과이다. 라깡은 야콥슨에게 진 부채가 분명해지고 인정됨에도 불구하고 결국 다른 설명을 제시하며, 만일 은유가 압축에 관련되고 환유가 전치에 관련된다는 주장이 이해된다고 한다면 이런 차이는 구별되어야 한다.

라깡은 '배' 대신 '돛'으로의 치환을 환유의 한 사례로 생각할 만큼 유쾌하다 : "배와 돛 사이의 연결은 다름 아닌 시니피앙이란 장소에 있으며, 또한 … 환유는 이런 연결의 단어 대 단어에 그 기초를 두고 있다."[22] 앞에서 규정된 의미론적 인접성의 환유적인 연결은 진부하긴 했지만 이런 예증을 환유의 진정한 사례로 만들어 준다. 이 글은 이렇게 계속된다 : "우리는 시니피앙이 구성하는 효과적인 영역의 첫 번째 경사면을 환유라고 부르게 될 것이고, 그렇게 해서 그 의미 [sens]가 거기서 일어나게 되는데",[23] 그것은 환유에 대한 야콥슨의 설명에서 매우 중요한 소쉬르의 연사축에 대한 인유가 된다. 그렇다면 환유에 대하여 라깡은 야콥슨의 분석을 매우 모범적으로 채용하고 있는 것처럼 보인다.

라깡은 「잠든 보아스」(Booz endormi)에서 인용한 "그의 다발은 빈약하지도 밉살스럽지도 않았소"라는 스탠자를 은유의 한 예로 삼고 있다. 그러나 라깡이 올바르게 지적한 것처럼 만일 '다발'이 '보아스'의 자리를 대신한다면 의미론적 관계는 인접성의 관계(고전적으로는 "소유자를 대신하는 사물")가 되어야 하고, 따라서 그 실례는 환유의 관계가 될 수밖에 없다. 그러나 그것은 은유이다. 먼저 소유격의 중요성에 대한 라깡의 언급을 생각해 보자 : "그러나 일단 그의 다발이 그의 자리를 빼앗아 버리면 그를 그것에 부착시키는 작은 '그의'라는 가느다란 실오라기가 그 위에 부가적인 장애물이 되면서 보아스는 그 자리로 되돌아갈 수 없게 된다. 그 이유는 그것이 빈곤함과 증오의 중심에 그를 붙잡아두게 될 소유자의 자격으로 그의 귀환을 묶어두기 때문이다."[24] 이것에는 본래부터 그 실례를 은유로 간주할 만한 아무런 이유도 없는 것처럼 보이는데, 왜냐하면 '보아스'와 '다발'(gerbe) 사이의 의미론적 관계가 인접성의 관계이기 때문이다. 그래도 핵심적인 어구는 '소유자의 자격'이 되는데, 왜냐하면 라깡은 여기서가 아니라 다른 장소에서 '다발'이 보아스의 자리가 아닌 남근의 자리를 직접 대신한다고 분명하게 밝혀두기 때문이다.[25]

그처럼 보아스는 이 글에서 다른 시니피앙인 남근에 의해 표상된다. 따라서 다발과 남근 사이에 아무런 의미론적 관계가 없기 때문에 이 실례는 은유가 된다.

상징으로서의 남근에 대한 언급이 여기서 요구되는 이유는 '다발'과 상상적인 남근 사이에 분명한 자연적인 유사점이 존재하기 때문이다.

그러나 이러한 두 대상들의 자연적인 유사점과 의미론적 유사성의 개념을 혼동하지 않는 일이 중요하다. 배와 돛 사이의 시공간에서 '자연적인' 인접성이 환유의 근거가 되지 못하는 것은 데이비드 흄이 봤던 것처럼 부단한 결합이 인과론의 근거가 되지 못하는 것과 같다. 자연적인 인접성은 환유가 가능해지도록 하기 위해 의미론적 인접성과 마주 대하고 있어야 하지만, 의미론적 인접성의 모든 관계들은 그처럼 마주 대하는 것이 아니다.

그와 비슷하게 '다발'과 남근이 서로를 닮아 있다는 사실은 그들 사이에 의미론적 유사성의 관계를 성립시켜 주지 않을 것이다. 사실상 실제로 서로 닮아 보이는 사물들은 서로 간에 은유가 되기 어려운데, 참신함이 실제적인 은유 형성에 중요한 것으로 채택되기보다 오히려 일반적으로는 특성의 표시로 채택되는 것이 사실이라 할지라도 현저하거나 새로운 유사점이 은유의 특징이 된다는 암시에 따라 인정되는 것과 만찬가지이다. 여기서 다시금 사물들이 서로 간에 자연적으로 닮아 있는 그 정도와 은유가 사용되고 진부해져 왔던 그 정도 사이를 우리는 구분해야 할 필요가 있다. 전자는 이 세계에 관한 사실이 되고 후자는 언어에 관한 사실이 된다.

훌륭한 은유에서 참신함은 용법의 문제만이 아니다. 눈에 띄는 은유들은 뜻밖에 비교되고 우리가 뭔가 새로운 것을 알아차리도록 만들어 주는 것은 정확히 은유 그 자체이다. 대용 은유에 대해 설명할 수 있는 잠복 시니피앙과 현행 시니피앙 사이에 의미론적 관계('유사점' 등등)가 없다고 말하는 것이 옳은 까닭은 바로 이것 때문이다.

라깡은 야콥슨의 설명에 빠져 있는 중요한 요소들을 파악하게 해주는 어떤 문장에서, 잠복 시니피앙이 그 자체를 대체했던 다른 시니피앙과 맺는 관계에 의해서가 아니라 인접성에 의해 관련된 연쇄 내의 다른 시니피앙들과 맺고 있는 관계에 의하여 은유가 발생한다고 말한다.

은유의 창조적인 섬광은 두 가지 이미지들, 즉 동일하게 실현된 두 시니피앙들의 병치로부터 솟아나오지 않는다. 그것은 두 시니피앙들 사이에서 번뜩이는데, 그 중 하나는 의미화 연쇄 내의 다른 것의 자리를 차지함으로써 다른 것을 대체했던 것이며, 숨겨진 시니피앙은 연쇄의 나머지와 맺어진 (환유적인) 연결 덕분에 존재하게 된다.

다른 단어를 대신하는 한 단어 : 이것이 은유의 공식이다.[26]

"그의 다발은 빈약하지도 밉살스럽지도 않았소"에서 '보아스'는 '그의 다발'과 맺는 의미론적 유사성의 관계가 아니라, 라깡이 '환유적'이라 부른 연쇄의 나머지와 맺는 관계를 통해(오직 그 관계뿐임) 존재하게 된다. 그 서술은 분명히 보아스에게 적용되는데, 그것은 관련된 두 시니피앙들 사이에 그 어떤 의미론적 관계도 없이 대용 은유가 어떻게 잘 기능할 수 있는지 설명해 주고 있다.

앞에서 인용된 문장은 은유에 대한 라깡 자신의 관점과 브르통의 관점을 대조시켜 준다. '강한 이미지'로 브르통이 취해온 사례 가운데 하나는 "다리 위에 앉은 암코양이의 머리에서 이슬방울이 흔들린다"(*Sur le pont la rosée à tête de chatte se berçait*)인데, 내가 앞에서 동격 은유로 기술했던 것으로서 거기에는 단어들의 치환이 아니라 병치가 있다. 비록 라깡은 마음 속에 오직 대용 은유를 지니고 있어서 이것이 은유라는 것을 부정한다 할지라도 "사랑은 태양 아래 웃고 있는 조약돌이다"(*L'amour est un caillou riant dans le soleil*)는 동격이다. (그것의 근대성은 그것을 의미의 경계에서 있는 경우로 만들어 주는 의미론적 병치 때문인데, 왜냐하면 동격 은유가 당연히 언어만큼 오래되었기 때문이다.) 라깡은 그것이 "그의 다발은 빈약하지도 밉살스럽지도 않았소"와 동일한 구조를 갖는다고 말하지만 오히려 그것은 사실상 "침묵은 금이다" 혹은 "사랑은 전쟁이다"와 같은 동격 은유의 구조에 훨씬 더 가깝다.

라깡은 환유를 "시니피앙들 사이에서 단어 대 단어의 연결"로 기술하고 있다. 이런 연결들 가운데 어떤 것은 의미론적이고 대용 은유와 환유를 만들어낼 수 있다. 인접되어 연결된 시니피앙들은 그것(잠복 시니피앙^{역주})의 자리를 차지했던 현행 시니피앙보다는 잠복 시니피앙에 적용되고 참조되면서 은유를 만들어내기 위해 행동한다. 예를 들어 "더 이상 울지 마라, 슬픈 샘이여"에서 비은유적인 요소들(맥스 블랙의 '구조')이 잠복적인 '눈'에 적용되고 현행적인 '샘'에 적용된다. 반면에 라깡이 '의미작용의 효과'(effet du signification)라고 부른 은유적인 효과는 잠복 명사와 현행 명사를 함께 가져오는 매우 특별한 방식으로 만들어지는데, 눈과 샘의 명백한 동일화가 이뤄지지 않을 그런 효과이다. 이것과 비슷한 은유가 작동되는 이유는 현행 명사(블랙의 '초점')와 잠복 명사가 의미론적으로 유사한 일련의 명사들에 소속되기 때문인데, 그 명사들은 어떤 특정한 서술이 진실해지는 한 부류의 대상들을 선택하게 되고, 이 경우에 물이 나오게 하는 모든 사물들의 부류가 되기도 한다.[27] 그러나 이것이 올바를 수 없는 이유는 "사랑은 태양아래 웃고 있는 조약돌이다"가 보여주는 것처럼 은유가 명사들 간의 유사성을 변함없이 선택하는 것은 아니기 때문이다. 어떤 은유는 '공모'(collusion)보다는 '충돌'(collision)에 더 많이 의존하고 있다.

그렇다면 '의미작용 효과'란 정확히 무엇인가? 그것은 문제의 은유형태에 따라 달라진다. 확장 은유를 들어보면, 어떤 명사의 의미가 확장되거나 확대되어 그 명사가 정상적으로는 적용되지 않을 그런 대상들에게 적용되고 있다['강의 어귀'(the mouth of the river)]. 이것은 흔히 비유의 남용이 된다. 확장 은유의 의미효과는 새로운 의미의 창조가 되는데, 결국엔 사전의 표제어가 되어갈 것이다. 단어들의 의미는 변하고 확장은유는 화자 개개인의 창조적인 재능과는 별로 상관이 없는데, 그 까닭은 유통이 실제로 채용되고 획득되기 전에 그것이 그 언어 내에 잠재적으로 존재할 것이기 때문이다.

입에는 일차적 의미(OED : "음식의 소화를 위한 동물의 몸에 있는 외부 구멍")와 부차적 의미(OED : "입을 닮은 사물들에 적용되는 것")가 있을 수 있다는 사실 덕분에 어떤 저자들은 단어가 한때는 오로지 일차적 의미로만 사용되다가 그 다음에는 다른 대상들로 확장된다고 가정하기에 이르렀다. 이러한 의미 확장이 항상 일어나고 있다는 것을 부정하고 싶지 않다. 틀림없이 일어나고 있긴 하지만 이것이 확장되어 부차적 의미가 실제로 생겨나는 방법이 된다는 생각은 거의 확실히 거짓이다.

더구나 소쉬르가 지적했듯이 통시적 사실에 호소하여 언어의 공시적 특성이 되는 명사의 의미를 설명할 수 있다고 생각하는 것은 오류이다. 따라서 특별한 경우에 명사가 한때 일차적 의미로 사용된 다음에 확장된다는 것이 사실일지라도 이것이 일차적 의미와 부차적 의미 사이의 차이에 대해 아무런 설명도 되지 못하는 것처럼 보인다.[28]

그러나 동격 은유에 대해서는 어떠한가? 블랙은 동격 은유인 "가난한 자들은 유럽의 니그로들이다"를 확장 은유로 취급하여 "주어진 문맥 내에서 '니그로'라는 초점단어가 새로운 의미를 획득하게 되는데, 그것은 문자적인 용법에서의 의미도 아니고 그 어떤 문자적인 대리자가 가질 수 있는 의미도 아니다."[29]

동격 은유에 관하여 "사랑은 전쟁이다" 혹은 "당신은 나의 선샤인입니다"가 무엇을 의미하는지 물어보면 여러분들은 몇 가지 다른 대답들을 얻게 될 것이다. 도널드 데이비드슨이 "은유가 메시지를 가져온다는, 어떤 내용이나 의미를 (당연히 문자대로의 의미를 제외하고) 지니고 있다는 생각"을 통렬히 비난하는 것은 확실히 옳은 일이다.[30] 만일 그가 동격 은유를 의미하는 것으로 여긴다면 그것이 오로지 친우들만을 이야기하는 것이라는 그의 암시는 썩 잘한 말이다. 동격 은유에는 은유적 의미가 없기 때문에 우리가 만족스럽게 패러프레이즈할 수 있을 만큼 은유적 의미가 너무 많거나 너무 적은 것은 아니다. 우리는 "사랑은 전쟁이다"에서 완벽한 패러프레이즈에 도달할 수 없을 정도로 무한히 발전시키고 다듬을 수 있는 두 가지 테마를 갖게 된다. 그 오류는 이 은유를 확장 은유와 혼동하거나 대용 은유와 혼동하는 일인데, 특히 확장 은유와 혼동함으로써 '전쟁'의 의미나 '사랑'의 의미, 혹은 그 둘의 의미가 평범한 의미를 넘어서까지 확장된다는 것을 암시하게 된다.

다른 한편, 대용 은유(예를 들어 '이런 치명적인 뼈대')는 전통적인 개념에 가장 가깝다. 여기에는 되찾을 수 있는 다른 명사를 대신하는 한 명사의 치환이 있다. 여기서 시니피앙들의 시적인 상호작용이 일어나는데, 현행 시니피앙과 잠복 시니피앙 사이에서 연상적인 일련의 대비와 유사함, 대립과 병발에 의해 야기된다. 또한 이것은 (대용) 은유의 산물인데, 라깡의 표현대로 '의미작용에서의 신품종'이다.

환유는 구조적으로 대용 은유와 비슷한데 둘 모두 잠복 명사와 현행 명사를 갖고 있기 때문이다. 차이가 있다면 환유에서는 잠복 명사와 현행 명사 사이에 의미론적 연결(원인과 결과, 담는 그릇과 담긴 내용 등등)

이 확립되어 있다는 점이다. 그러나 이런 연결은 공모가 아니라 충돌에 기대하는 의미효과를 완화시켜 준다. 다른 한편, 이런 연결이 의미하는 것은 '뼈대'로부터 오는 지지, 다시 말해 은유적인 명사와는 상관없는 현행 연쇄로부터 오는 지지가 잠복명사를 제 자리에 유지시키는 데에 별로 필요치 않다는 것이다.

은유는 현행 시니피앙과 잠복 시니피앙 간의 의미론적 관계에 의해 작동될 뿐만 아니라 언어가 자유로이 쓸 수 있는 어떤 수단도 이용한 다는 것이다. "바로 그 주사위가 그를 복종시킨다"(The very dice obey him) 에서 정관사는 명사구를 명확히 묘사하게 만드는데, 그 묘사는 정확한 참조를 지니거나 지니려고 한다. 문장구조의 이러한 환유적인 기여는 은 유적인 독해를 보증하기에 충분하다. 정관사의 기능과 유사한 기능은 "그 경계로부터 어떠한 여행자도 되돌아가지 못하는 그런 미지의 나라" 에서처럼 종속절에 의해 수행될 수 있으며, 거기서 '미지의 나라'는 죽 음을 가리키지만 잠복 시니피앙에게 주어진 환유적인 지지가 더욱 복잡 해진 그런 차이점을 갖게 되는데, 그 이유는 종속절이 잠복된 시니피앙 이나 시니피앙들 혹은 현행 시니피앙들에 관계하든가 또는 현행구조와 잠복구조 둘 모두에 동시에 관계할 수 있기 때문이다. 라깡이 "그의 다발 은 빈약하지도 밉살스럽지도 않았소"로 보여주는 것처럼 소유격 형용사 는 역시 잠복 시니피앙들을 현행 연쇄에 묶어둘 수도 있다. 그 효과는 클 레오파트라가 안토니우스의 죽음을 "해로운 신들이 우리의 보배를 훔쳐 갔을 때까지는 이 세상이 그들의 것과 똑같았다고 그들에게 말하는 것 은 내가 그들에게 내 홀(笏)을 던져버리는 것일 텐데"라고 애도할 때와 동일한데, 거기에서 셰익스피어가 관사를 사용했다면 안토니우스를 대 신하는 '우리의 보배'라는 은유적인 효과는 없었을 것이다. 끝으로 지시

형용사도 동일한 역할을 해낼 수 있어서 "이러한 유사(流砂, quicksands)를 레피두스는 피하게 되는데, 당신이 가라앉기 때문이지"에서 '이러한'은 그 언표에게 그 언술의 문맥을 참조시키고 따라서 문자대로의 언표로서 보다는 은유로서의 그 역할을 참조하게 된다.

"바로 그 주사위가 그를 복종시킨다"에서도 "해로운 신들이 우리의 보배를 훔쳐갔을 때까지는 이 세상이 그들의 것과 똑같았다고 그들에게 말하는 것은 내가 그들에게 내 홀(笏)을 던져버리는 것일 텐데"에서도 잠복 시니피앙들과 환유적으로 관련된 현행 명사들과의 사이에 그어떤 의미론적 연결도 없다는 것이다. 각각의 경우에 현행 명사와 잠복명사 사이에 있는 유일한 의미론적 연결은 실제적인 초점 명사와 언급되지 않은 어떤 것과의 사이에 있는 것('주사위'와 운명, '매듭'과 사랑)이고, 이런 연결은 전체적인 현행 연쇄의 은유적인 독해를 일으키기에 충분하다. 그러나 "그 경계로부터 어떠한 여행자도 되돌아가지 못하는 그런 미지의 나라"는 다르다. 그것은 형용사적 은유와 공통의 구조를 공유하고 있는데, 현행 형용사, 형용사 절, 혹은 종속절이 현행 명사나 잠복명사(밤하늘을 대신하는 '별들이 총총한 마루') 혹은 둘 모두에게 적용될 수 있는 구조이다.

게다가 시니피앙들의 잠복 연쇄와 현행 연쇄의 존재는 은유가 다듬어지고 발전하도록 허용해 준다. "이것만큼 작은 **거미줄**로 나는 카시오만큼 커다란 파리를 **덫**에 걸리게 할 것이다." 기발한 착상이나 비유 혹은 풍유는 동일한 구조를 갖는다. 어떤 모순어법도 은유가 되는데, 전형적으로 형용사인 한정적인 명사는 현행 명사보다는 차라리 잠복 명사에 적용된다. 예를 들어 "이제 나 스스로 가장 맛있는 독약을 먹으려 한다." "이것만큼 작은 거미줄로 나는 카시오만큼 커다란 파리를 덫에 걸리게 할 것이다"는 초점 명사보다는 오히려 한정적인 명사들(형용사들 혹은 형용사절들)이 은유를 확립시켜 주는 다른 경우들과 비슷하다. 그런 경우들에서의 '일탈'은 오로지 다음과 같은 사실에만 있는데, 한정적인 명사들이 현행 시니피앙들에—그것들이 (현행 시니피앙들에^{역주}) 명백하게 잘못되어 있거나 혹은 부적절해진 문맥 내에 있다는 의미로—적용될 수 없다(그러나 간혹은 적용될 것이라)는 사실이다.

대용 은유가 기초하고 있는 의미론적 기준을 잠복명사 대신 현행 명사의 치환 효과로 간주하기보다는 현행 명사와 잠복 명사 사이에서 희미하게 지각되는 '유사점'이나 '유비'의 관계로 간주하는 것은 오류이다. 은유적인 표현과 비은유적인 표현과의 사이 혹은 문자대로의 표현과 비문자대로의 표현과의 사이에는 오로지 정도의 차이만 있을 뿐이고, 그것은 현행 시니피앙들 사이에서 의미론적 관계의 성질로부터 나타나는 결과이다. 모든 경우에 환유적인 관계는 잠복 시니피앙을 현행 연쇄 '아래에' 유지시킬 수 있지만 라깡의 '새로운 의미작용' 혹은 '의미작용에서 새로운 종류'인 은유적인 효과는 '엄폐된' 잠복 시니피앙과 은유적 현행 시니피앙 사이의 (의미론적) 관계에 의존한다. (라깡은 현행 연쇄 '아래에' 잠복 시니피앙의 실제적인 유지를 '의미화 효과'라고 부른다.)

은유는 하부언어적인 혹은 상부언어적인 것이 아니라 가장 산문체적인 언어처럼 정확히 동일한 언어구조에 의존하고 그런 구조에 의해 야기되는 것이다. 그것은 모든 문법적인 수단들에 의해 언어의 처리방식대로 지지될 수 있는데, 그 수단들 자체는 유사관계로부터 아무런 기여도 없이 은유를 만들어낼 수 있다.

앞에서 이미 보여준 바와 같이 대용 은유는 잠복 명사가 현행 명사로부터 이끌어내는 환유적인 지지에 의존한다. 이렇게 된 이유는 잠복명사와 현행 연쇄에서 그것을 대체하는 명사와의 사이에 '유사성'으로 부적절하게 기술된 의미론적 연결이 일반적으로 아무런 도움도 없이 은유를 만들어낼 수는 없기 때문이다. 그러나 죽은 은유 혹은 휴면 은유(예를 들어 '강의 어귀')에서 환유적인 지지는 순전히 통사적인 지지를 해주는 지점까지 모든 의미론적 내용을 비워낼 수 있다.

소위 '죽은' 은유('강의 어귀', '증거를 체질하기')는 전형적으로 확장 은유가 되며, 또한 실제로 살아 있는 은유가 되었던 일은 결코 없다. 확장 은유로서 그것은 사전의 표제어가 되어가는 경향을 보이는데, 사전에서는 확장된 의미나 부차적 의미로 나타나게 될 것이다.

환유는 비유의 남용이 될 수 없는데, 그 이유는 정의상 환유어는 두 명사들을 필요로 하지만 비유의 남용은 단지 한 명사만을 필요로 하기 때문이다. 그러나 '죽은 환유어'(영국과 호주에서 '왕관 대 …')의 경우들이 있는데, 거기서 환유어는 일반적으로 그것이 대신하는 것의 자리에서 사용된다.

끝으로 이제 대용 은유의 아종(亞種)으로 아리스토텔레스의 노년 대신에 '인생의 해질녘'과 같은 더욱 복잡한 '유비' 은유로 되돌아가 보자. 아리스토텔레스는 생략된 비유 혹은 유비의 형태에서 두 개의 시니피앙들이 아니라 네 개의 시니피앙들을 보게 된다. 노년이 인생에 상응되듯이 해질녘은 하루에 상응되고, C가 D에 상응되듯이 A는 B에 상응됨으로써 하나가 아니라 두 개의 잠복 시니피앙들이 존재한다. 이미 언급된 것처럼 대용 은유의 이런 형태는 매우 흔하다. '연령의 꽃', '물의 얼굴', "배의 부(富)가 해변에 다가오다", '신의 왕국' 같은 것들이 있다. 이것을 셰익스피어에서 찾아보자.

그 다음의 시저 같은 강타!

점차로 내 자궁의 기억이

나의 용감한 모든 이집트인들과 함께

무덤 없이 누워 있을 때까지 …

'내 자궁의 기억'이란 은유는 클레오파트라의 자손들을 나타낸다. 여기서 우리는 현행 연쇄 속에 있는 잠복 명사들에 대한 의미론적 지지를 많이 발견하게 된다. 그러나 이런 은유와 다른 은유들 사이에 매우 넓게 벌어져 있는 더욱 중요한 차이점은 여기에 전치의 효과가 있다는 것이다. 초점이 '기억'일지라도 그 은유는 다른 곳, 특히 '자궁'에 반향을 갖게 된다.

진정한 유비 은유는 치환의 하나이고, 셍 페럴망은 라깡이 참조하고 있는 저서에서 곧장 자신의 심층으로부터 꺼내오게 되는데, 그때 그는 버클리에게서 찾아낸 동격의 실례인 '허위 학습의 대양'을 대용 은유로 간주하면서 그것을 '압축된 유비'로 분석하려고 시도한다.[31] 나는 이것이 아리스토텔레스의 것보다 더욱 풍부하고 더욱 중요한 은유라는 그의 주장에 대해서는 토론하지 않으려고 한다. 그러나 내 의견으로는 이렇게 된 이유로 그가 제시한 것이 잘못되어 있다고 본다. 그는 '허위 학습의 대양'을 C가 D에 상응되듯이 A가 B에 상응되는 유비에 근거하고 있는 것으로 취급하는데, C의 A라고 말함으로써(또한 아리스토텔레스처럼 B의 C 혹은 D의 A가 아니라고 말함으로써) B와 D라는 명사들이 독자에 의해 환기되도록 남겨둔다고 주장한다.

아리스토텔레스는 은유의 첫 번째 학소를 만들어냈다. 그는 노년에 대한 '인생의 해질녘'이란 은유를 유비에 근거해두고 있었다. 노년이 인생에 상응하듯이 해질녘은 하루에 상응한다. 명사들 대신 문자로 치환하면 우리는 다음과 같은 것을 얻을 수 있다. C가 D에 상응하듯이 A가 B에 상응한다는 것은 두 가지 은유들의 근거가 된다. 즉 C 대신 D의 A('노년' 대신 '인생의 해질녘')와 A 대신 B의 C('해질녘' 대신 '하루의 노년')이다. 또는 다음과 같은 도식으로 표현해 볼 수 있다.

$$\frac{C \text{ of } B}{A \quad (D)} \text{ and } \frac{A \text{ of } D}{C \quad (B)}$$

'허위 학습의 대양'이란 구조는 아리스토텔레스의 구조(C 대신 D의 A 혹은 A 대신 B의 C)가 아니라 단순히 C의 A이며, 이것은 독자로 하여금 두 가지 빠진 용어들인 B와 D를 제공하도록 남겨둔다고 페럴망은 말한다. '인생의 해질녘'에서 두 가지는 암암리에 포함될지라도 유비의 네 가지 용어들이 제공된다. 그러나 '허위 학습의 대양'에서 독자에게 B와 D라는 용어들을 제공하도록 요구되는데, 그렇게 해서 은유는 B와 D라는 명사들의 해석 방법에 따라 다른 것들을 의미하게 될 것이다. 즉 '수영하는 사람'과 '과학자', '흐름'과 '진실', 혹은 '굳건한 대지'와 '진실'이다. 그렇지 않다면 그는 은유가 이 모든 것들을 동시에 의미하게 될 것이라고 주장하며, 또한 이것은 더 큰 의미론적 풍부함의 근원이 된다.

그러나 페럴망이 이 한 쌍에 호소해야 한다는 사실과 그것들이 무한히 증식될 수 있다는 사실 두 가지가 이 모든 것 가운데 어떤 것도 은유 그 자체에 포함되지 않는다는 것을 보여주고 있는데, 그에 반대하는 라깡의 견해는 확실히 옳은 것이다.[32] 이런 실례에 은유적인 의미 효과가 존재하는 한 사실상 그것은 두 가지 현행 시니피앙들(A명사와 C명사) 사이에서 튀어나오는 바로 그 경우이다. 그러나 만일 이것이 바로 그 경우가 된다면 이 실례를 대용 은유처럼 구조화된 것으로 해석하려는 라깡의 시도는 올바를 수 없고, 또한 그것을 다음과 같은 공식으로 바꿔 쓰는 그의 표현은 바르지 못한 것으로 나타난다.

$$\frac{대양}{학습} \ of \ \frac{허위}{x} \ \rightarrow \ 대양 \ (-) \ \frac{1}{?}$$

은유는 동격이다. 대양은 허위 학습으로 **구성되어** 있다. 즉 허위 학습은 대양이 되고, 따라서 그것은 대용 은유로 취급되지 말아야 한다.

더욱이 여기에는 라깡과 브르통 사이에서 볼 수 있는 차이점이 놓여 있다. 환유적인 관계가 현행 연쇄 '밑의' 위치에 잠복 시니피앙을 유지시키지 못한다면 본질적으로 다른 두 이미지들의 병치는 결코 대용 은유를 만들어낼 수 없다. 대용 은유는 비유나 직유에 비교될 수도 없고 이미지들의 병치에 비교될 수도 없지만 시니피앙들을 담론에 숨겨진 채로 존재하게 만드는 통사적 수단을 이용하는 것이다.

통사적으로 은유는 매우 복잡하다. 나는 은유에 적어도 세 가지 형태가 있다는 것을 보여주었다. 즉 대용 은유와 동격 은유 및 확장 은유이다. 모든 변이형들에 공통되는 하나의 의미론적 특성화를 찾아내려는 시도의 결과로서 나타난 이런 통사적 복잡성을 무시하는 일반적인 경향이 존재해 왔다.

통사적으로는 단 한 가지 유형의 환유어가 있을 뿐이다. 그것은 특수한 유형의 의미론적 관계에 관련되는데, 그에 대해서는 야콥슨의 용어인 **의미론적 인접성**이 그 어떤 용어와 마찬가지로 적절해 보인다. 비록 라깡은 모든 은유들이 대용 은유라고 암시하고 있지만 라깡이 사용하고 있는 어떤 실례들은 동격 은유에 가장 적합해 보인다는 것을 나는 제시한 바 있다. 리처즈와 블랙의 상호작용주의적인 설명들은 동격 은유를 가리키지만 그들은 모두 어느 정도까지는 동격 은유를 대용 은유와 혼동하고 있다. 동격 은유에 대하여 그들의 것으로 간주된 은유적인 의미는 이런 혼동의 결과이다. 만일 우리가 이것을 오로지 동격 은유에만 적용시킨다면 은유는 은유적인 의미를 갖지 못한다는 데이비드슨의 말은 본질적으로 옳다. 오직 대용 은유의 경우에만 우리는 은유적인 의미에 대해 말할 수 있다.

주

Chapter 1_폐제

01 foreclosure(*forclusion*)는 저당물의 유질(流質)이란 법률용어지만 '버려서 없애는' 뜻의 폐제(廢除)가 마침 "법정의 추정상속권의 상속권을 소멸시키는 것"이란 의미도 포함하고 있어 '폐제'란 용어를 차용함.^{역주}

02 자크 다무레트와 에두아르 피숑의 『사유를 위한 단어들』, 7권(파리 : 비블리오테크 뒤 프랑세 모데른, 1932-1951). 피숑은 역시 〈파리정신분석학회〉에서 정신분석가이자 라깡의 손위 동료였다. 한 가지 흥미로운 사담은 4,500페이지에 달하는 방대한 저서가 부분적으로는 프랑스어의 진수를 보존하려는 욕망을 그 동기로 삼았다는 것이다. 즉 프랑스어는 '모든 현대 언어들 가운데 가장 논리적이고 가장 규제된 것' (1권, 7번째 단락)으로서 반드시 프랑스의 사상가들을 그 어떤 다른 언어의 화자들보다 더욱 분명한 사상가로 만든다는 것이다. 이 논제의 모라스(Maurass)적인 함의—피숑은 〈악시옹 프랑세즈〉의 회원이었음—는 프랑스어 화자들의 특정한 하위집단들이 그 언어에 최적으로 접근하지 못한다는 관찰에서 분명해지는데, 거기에는 유대인과 가난한 자들이 포함되고(2589쪽), 또한 "두 언어들의 중간에서 절충안이 되는 사유체계"를 갖는 2개 국어를 자유롭게 사용하는 사람들이 포함된다(74번째 단락). 장-마르크 듀발의 「순정주의자들이 두려워하는 것은 프랑스 사유과정의 타락인가? 앙리에트 발터에 대한 대답」, 『언어와 사회의 최근 문제』 6(1999) : 231-34.

03 utterance는 *énonciation*으로서 '언술' (행위)로 번역하고 statement는 *énoncé*로서 '언표'로 번역함.^{역주}

04 라깡의 『세미나 3권, 정신병, 1955-1956』, 러셀 그릭 번역 (뉴욕 : 노턴, 1993), p. 321.

05 라깡의 「임상 단면의 개시」, 『오르니카르?』 9 (1977) : 7-14.

06 라깡의 『세미나 3권, 정신병』, pp. 85-86.

07 Wolf Man을 흔히 '늑대인간'이라 번역되고 있지만, 부정적인 의미를 풍기는 데다가 '늑대'는 개과의 짐승으로 그 모양이 개나 이리와 비슷한 한국의 특산 (Korean wolf)을 가리키기 때문에 '이리 군'으로 번역함.^{역주}

08 라깡의 「프로이트의 부정 (Verneinung)에 관한 장 이폴리트의 논평에 대한 반응」, 『에크리』, B. Fink 역 (뉴욕 : 노턴, 2006), pp. 321-27을 보시오. 또한 라깡의 『세미나 I, 기교에 관한 프로이트의 논문, 1953-1954』, J. Forrester 역 (뉴욕 : 노턴, 1988)을 참고하시오. 여기에 장 이폴리트의 「프로이트의 부정에 관한 논평」이란 논문이 라깡의 원래의 토론과 함께 실려 있다.

09 프로이트의 『표준영역본』 17권, pp. 79-80에 나오는 「유아신경증의 개인사에서」의 글을 수정하여 번역하였다. 이 글은 『표준영역본』에서 그 용어를 찾아내기가 어렵다는 것을 보여주고 있다. 프로이트의 원문인 *Eine Verdrängung ist etwas anderes als eine Verwerfung*이 (『표준영역본』에서는) "억압은 비난하는 판단과 매우 다른 어떤 것이다"로 번역되어 있다.

10 프로이트의 위의 논문, p. 84. 다시금 나는 영어판을 수정하였지만 이번에는 프로이트의 구두점 찍기를 회복시켜 두었다.

11 라깡의 「프로이트의 부정 (Verneinung)에 관한 장 이폴리트의 논평에 대한 반응」, p. 324.

12 라깡의 위의 논문. 슈레버 사례에서 편집증의 기제에 관한 프로이트의 관찰과 비교해 보라. "내부적으로 억제되었던 지각이 외부로 투사된다고 말하는 것은 올바르지 못했다. 오히려 우리가 지금 보고 있는 바와 같이 진실은 내부적으로 폐지되었던 것 [das innerlich Aufgehobene]이 외부로부터 되돌아온다." 프로이트의 「편집증 (Dementia Paranoides) 사례의 자서전적 설명에 관한 정신분석적 초고」, 『표준영역본』 12권, p. 17.

13 라깡의 『세미나 3권, 정신병』, p. 150.

14 1956년에 출판된 로마 강연에 나타난 이 용어의 첫 번째 용법은 법의 상징적 아버지와 연결된다. "우리가 상징적 기능의 기본을 인식해야 하는 곳은 아버지의 이름인데, 역사의 여명기 이후로 그 기능은 인간을 법의 인물과 동일시하게 되었다." 라깡의 「정신분석에서 말과 언어의 기능과 영역」, 『에크리』 (2006), p. 230.

15 라깡의 「정신병의 그 어떤 가능한 치료보다도 앞선 문제」, 『에크리』 (2006), p. 465.

16 라깡의 『편집증 정신병의 인격과의 관계에 관하여』 (파리 : 쇠이으, 1975), p.

207 (*De la psychose paranoïaque dans ses rapports avec la personnalité*. 라깡의 박사학위 논문임).^{역주}

17 "망상의 전체적인 구성의 기초가 되는 것과 마찬가지로 기본적인 현상들은 기본적이지 않습니다. 그것들은 식물과의 관계에서 잎사귀만큼 기본적이고 … 그것을 보충해 주는 형태들 가운데 몇몇으로 재생되는 식물 전체에 공통된 어떤 것이 있으며 … . 망상은 … 역시 기본적인 현상입니다. 이것이 의미하는 바는 여기서 요소라는 개념이 그 자체 이외에는 그 어떤 것으로도 환원될 수 없는 분화된 구조로서, 바로 그런 구조로서 이외의 다른 방법으로는 받아들여지지 않는다는 것입니다." 라깡의 『세미나 3권, 정신병』, p. 19.

18 슈레버의 언어적 환각들에서 우리는 "그것들을 '고전적으로' 분류시키는 것과는 매우 다른 것[차이점들]을 인식할 수 있는데, … 다시 말해 그 구조가 이미 지각 속에 있는 한 그것들의 말 구조에서 나온 차이점들이다." 라깡의 「정신병의 어떤 가능한 치료보다도 앞선 문제」, 『에크리』(2006), p. 450. 라깡은 로만 야콥슨이 메시지와 부호 사이에서 끌어낸 구별을 따르고 있다. 야콥슨의 「연동자와 구어적 범주와 러시아어 동사」, 『저작 선집』 S. Rudy 편(헤이그, 네덜란드 : 무통, 1971) 2권, pp. 130-47.

19 에반스(D. Evans)의 『라깡 정신분석 사전』(김종주 외 옮김, 인간사랑, 1998)에는 '바탕말'이라고 번역되어 있는데, 라깡이 이 용어에 관심을 두게 된 것은 말이 화자와 청자 모두를 근본적으로 변화시키기 때문이다. 라깡이 흔히 예로 드는 말은 "당신은 제 스승이십니다"(You are my master)와 "당신은 내 아내요." (You are my wife)이다.^{역주}

20 라깡의 「정신병의 어떤 가능한 치료보다도 앞선 문제」, 『에크리』(2006), p. 450.

21 "실제로 관련되어 있는 것은 시니피앙의 효과인데, 그것의 확신 등급(두 번째 등급 : 의미작용의 의미작용)은 첫 번째가 의미작용 그 자체의 자리에 스스로를 드러내는 공허한 수수께끼에 비례되는 무게를 취하는 한에서 그렇다." 라깡의 「정신병의 어떤 가능한 치료보다도 앞선 문제」, 『에크리』(2006), p. 450.

22 D. P. 슈레버의 『나의 신경질환에 대한 회상록』 제2판, I. 매칼핀 및 R. A. 헌터 편역 (캠브리지 : 하버드대학교 출판부, 1988), pp. 182-83.

23 야콥슨의 「연동자와 언어적 범주와 러시아어 동사」, p. 131.

24 라깡의 『세미나 3권, 정신병』, pp. 47-53 ; 「정신병의 어떤 가능한 치료보다도 앞선 문제」, pp. 457-58.

25 라깡의 「정신병의 어떤 가능한 치료보다도 앞선 문제」, p. 474.

26 라깡의 위의 논문, p. 481.

27 라깡의 위의 논문, p. 481.

28 라깡의 위의 논문, p. 481.

29 라깡의 『세미나 3권, 정신병』, p. 251.

30 양체란 신조어는 '윗말에 붙어 모양의 뜻을 나타내는 말'인 '~양'과 "사실과 비슷하게 그럴 듯하게 꾸미는 조동사인 '체하다'를 붙여서 만들어 본 말임. 헬레나 도이치의 'as-if personality'를 『신경정신과학용어집』에서는 '가장성 인격'으로 번역하고 있음. 역주

31 모리츠 카탄의 「슈레버의 전정신병적 단계」, 『국제 정신분석 잡지』 34 (1953) : 43-51과 「정신분열증 사례의 구조적 측면」, 『소아의 정신분석적 연구』 5 (1950) : 175-211을 참조. 또한 헬레네 도이치의 「정서 장애의 어떤 형태들과 정신분열증에 대한 관계」, 『정신분석학 계간지』 11 (1942) : 301-21을 참조.

32 라깡의 『세미나 3권, 정신병』, p. 203.

33 라깡의 「정신병의 어떤 가능한 치료보다도 앞선 문제」, p. 481.

34 라깡의 『세미나 23권, 병증, 1975-1976』(파리 : 쇠이으, 2005).

35 라깡의 「정신병의 어떤 가능한 치료보다도 앞선 문제」, p. 482.

36 라깡의 위의 논문, p. 482.

37 라깡의 위의 논문, p. 458.

38 콜레트 솔레의 「슈레버에서 조이스까지 정신병 환자의 수수께끼 같은 경험」, 『라 코즈 프로디엔느』 23 (1993) : 50-59.

39 프랑스어로 symptôme(증상)과 sinthome(병증)은 동음이의어이다. 라깡의 지적에 따르면 병증은 증상의 고어(古語)이다. 따라서 sinthome의 우리말 가운데 발음이나 의미가 비슷한 번역어를 찾다가 한의학의 병증론(病證論)에서 여러 가지 원인에 의해 경락에 변동이 일어나면 심신에 여러 가지 이상상태가 증후군으로 나타난다는 설명에서 '병증'을 취해왔다. 여기서의 證은 현상으로서의 증상과 다르다. 그런 증상들의 본질인 證을 결정하는 전승의학의 독특한 방법을 말한다. 역주

40 라깡의 『세미나 23권, 병증』, p. 22.

41 라깡의 「리투라테르(Lituraterre)」, 『문학』 3 (1971) : 3.

42 "현현에 의해 그는 말이나 몸짓의 상스러움으로든 혹은 마음 그 자체의 기억할 만한 위상으로든 갑작스런 영적인 출현을 의미했다. 그는 그 글자들의 인간이 이러한 현현들을 극도로 조심스럽게 기록하는 것이라고 믿었는데, 그것들 자체들이 순간들의 가장 미묘하면서 덧없는 것이라고 보았다." 제임스 조이스의 『스티븐 히어로』(런던 : 조나탄 케이프, 1956), p. 216.

43 로버트 숄즈 및 리처드 케인의 『대덜러스 연구회 : 제임스 조이스와 「젊은 예술가의 초상」의 원료』(이밴스턴 : 노드웨스턴대학교 출판부, 1965), p. 21.

44 이것은 편집증에서 향락이 그와 같은 대타자의 위치에 놓여있는 것으로 확인된다는 라깡의 1966년의 논평을 설명해 준다. 라깡의 「불어로 번역된 슈레버 재판장의 『회상록』에 관한 소개」, 『오르니카르?』 38 (1986) : 7. 이 논문은 원래 『카예르 푸르 라날리즈』 5 (1966)에 나왔던 것이다.

45 enjoy-meant는 *jouir*(enjoy)와 *sens*를 합친 라깡의 신조어인 *jouis-sens*의 영어
    표현으로 생각되어 '의미-향락'으로 번역해본 것임.^{역주}
46 라깡의 「정신분석과 그에 대한 강의」, 『에크리』(2006), p. 371.
47 라깡의 「지드의 젊은 시절 혹은 편지와 욕망」, 『에크리』(2006), p. 639-40.

Chapter 2_아버지의 기능

01 프로이트의 『토템과 터부』, 『표준영역본』 13권, p. 1 ; 『모세와 일신교』, 『표준영
    역본』 23권, p. 7.
02 프로이트의 『집단심리학과 자아의 분석』, 『표준영역본』 18권, pp. 105-110.
03 멜라니 클라인의 『사랑과 죄와 보상 및 다른 작품들, 1921-1945』(뉴욕 : 프리
    출판사, 1975)에 나오는 「오이디푸스 콤플렉스의 초기단계」, p. 190.
04 라깡의 『에크리』(2006), pp. 176-85에 나오는 「전이에 대한 소개」.
05 라깡의 위의 논문, p. 179.
06 프로이트의 「히스테리 한 사례의 분석에 대한 단편」, 『표준영역본』 7권, p. 34.
07 프로이트의 「두 성 간의 해부학적 구별의 정신적인 결과」, 『표준영역본』 19권,
    p. 248.
08 프로이트의 『금지와 증상과 불안』, 『표준영역본』 20권, p. 143.
09 라깡의 「신경증 환자의 개인적인 신화」, *Psychoanalytic Quarterly*, 48(1979) :
    405-25.
10 라깡의 「정신병의 어떤 가능한 치료보다도 앞선 문제」, 『에크리』(2006), p. 464.
11 백종현이 번역한 칸트의 『실천이성비판』(아카넷, 2002)에 첨부된 용어해설
    (518-34쪽)에서 '단적으로 모든 경험으로부터 독립해서'를 의미하는 'a pri-
    ori'를 '선험적'이라 번역하고 *'transzendental'*은 '초월적'으로, *'transzendent'*
    은 '초험적'으로 번역하고 있는데, '초험적'이란 '감각 경험을 벗어나 있는'
    것이란 의미에서 그렇게 번역하길 제안하고 있음.^{역주}
12 라깡의 앞의 논문, 『에크리』(2006), p. 464 이하.
13 라깡의 「정신분석과 그에 관한 강의」, 『에크리』(2006), p. 376.
14 라깡의 『세미나 1권, 기교에 관한 프로이트의 논문, 1953-1954』, p. 184.
15 프로이트의 『문명과 그의 불만』, 『표준영역본』 21권, pp. 125-26.
16 프로이트의 위의 책, p. 129.
17 프로이트의 위의 책, p. 139.
18 프로이트의 『애도와 멜랑콜리』, 『표준영역본』 14권, pp. 243-58.

19 프로이트의 『자아와 이드』, 『표준영역본』 19권, pp. 28-39.
20 프로이트의 『모세와 일신교』, 『표준영역본』 23권, p. 82.
21 프로이트의 『집단심리학과 자아의 분석』, 『표준영역본』 18권, p. 124. (강조는 첨가된 것임)
22 프로이트의 『문명과 그의 불만』, 『표준영역본』 21권, p. 102 이하.
23 라깡의 『세미나 23권, 병증, 1975-1976』, p. 150.
24 코테의 『프로이트와 분석가의 욕망』(파리 : 나바랭, 1982), pp. 157-64.
25 라깡의 『세미나 1권, 기교에 관한 프로이트의 논문』, p. 198.

Chapter 3_오이디푸스 콤플렉스를 넘어서

01 자끄 라깡의 「정신분석에서 말과 언어의 기능과 영역」, 『에크리』(2006), p. 229.
02 딜런 에반스의 『라깡 정신분석 사전』(김종주 외 옮김, 인간사랑, 1998), pp. 50-51에 나와 있는 '결여'를 참조하시오. 특히 51쪽의 표에 의해 번역에서는 "실재적 아버지-상징적 거세-상상적 남근", "상상적 아버지-실재적 박탈-상징적 남근" 및 "상징적 어머니-상상적 좌절-실재적 젖가슴"으로 그 배열을 조정하였음.^{역주}
03 라깡의 『세미나 17권, 정신분석의 이면, 1969-1970』, 러셀 그릭 번역(뉴욕 : 노턴, 2007), p. 136.
04 클로드 레비-스트로스의 「신화의 구조적인 연구」, 『미국 민속학 잡지』 78 (1955) : 428-44.
05 두 명제들은 둘 모두가 거짓일 수 있을지라도 둘 모두가 진실해질 수 없을 때 정반대가 된다. 모순이라는 것은 동시에 진실하거나 동시에 거짓일 수 없는 명제이다.
06 주느비에브 모렐(Geneviéve Morel)을 따라 '텐트'(tentes) 대신 '텍스트'(textes)로 읽어보시오. 모렐은 『오늘날의 오이디푸스』(릴 : 프로이트대의학파, 1997)에서 신화와 꿈 사이의 비교에 대해 매우 흥미로운 설명을 해주고 있다.
07 lalangue는 정관사 la와 langue를 결합한 라깡의 신조어로서 러셀 그릭 교수는 language의 첫 번째 철자인 'l'을 겹쳐서 'llanguage'로 사용하고 있다. 우리말로는 어린아이의 옹알이와 비슷한 의미를 갖고 있다 해서 '응'자를 덧붙여 '응언어'로 번역해 본 것이다. '언어'의 첫 자음인 '이응'의 '응'을 연결시킨 셈이다.^{역주}
08 러셀 그릭, 도미니크 에크 및 크레이그 스미스 편, 『여성성 : 초기 정신분석적

논쟁』(뉴욕 : 디 아서 출판사, 1999).

09 라깡의 『정신분석의 이면』, p. 125.

10 모렐의 『오늘날의 오이디푸스』, p. 51.

11 '행위자'(agent)에 대한 논의는 라깡의 『정신분석의 이면』 제8장을 참조하시오.

12 "나는 실재적 아버지를 분석하는 것이 전혀 불가능하다고 주장한다. 부친이 상상적일 때 노아의 외투가 훨씬 더 낫다." 라깡의 『텔레비전 : 정신분석적 제정에 대한 도전』(뉴욕 : 노턴, 1990), p. 19.

13 라깡의 『세미나 18권, 모사가 되지 못할 담론, 1970-1971』, 1971년 6월 9일 강의(미출간).

14 우리가 이렇게 할 수 있다는 사실은 우연하게도 프로이트의 사례에 대해 주목할 만한 것이 그가 중요한 어떤 것을 놓쳐버릴 때일지라도 그것의 흔적은 텍스트에서 여전히 찾아볼 수 있다는 것을 암시해 주고 있다.

15 이 말은 "아버지가 죽다"(le père perit)와 동음이의어가 된다.

16 라깡의 『모사가 되지 못할 담론』, 1971년 6월 9일 강의.

17 라깡의 『정신분석의 이면』, p. 114.

18 프로이트의 『집단심리학과 자아의 분석』, 『표준영역본』 18권, p. 124. (강조는 첨가된 것임).

19 라깡의 『모사가 되지 못할 담론』, 1971년 6월 9일 강의.

20 프로이트의 『모세와 일신교』, 『표준영역본』 23권, p. 82. (원본의 강조임).

21 라깡의 『정신분석의 이면』, p. 99.

22 라깡의 『정신분석의 이면』, p. 94.

Chapter 4_전이에서의 시니피앙과 대상

01 데이비드 색스의 「프로이트에 대한 공평함 : 아돌프 그륀바움의 『정신분석의 기반』에 대한 비판적 소개」, 제롬 뉴가 편집한 『프로이트에 관한 캠브리지 안내서』(캠브리지 : 캠브리지대학 출판부, 1991), pp. 309-38.

02 라깡의 『기교에 대한 프로이트의 논문들』, p. 142.

03 자크-알랭 밀레, *Cinco Conferencias Caraquenas sobre Lacan*(Caracas : Editorial Ateneo de Caracas, 1980). p. 85에 나오는 도라 사례는 역시 프로이트의 사례라는 그의 언급 참조. 바로 이 장에서 나는 밀레의 강의로부터 많은 영감을 끌어왔기 때문이다.

04 프로이트가 말러와 우연히 만나게 된 이야기는 어니스트 존스의 『프로이트의 생애와 작품』 제2권(런던 : 호가스 출판사, 1974) pp. 88-89 참고.

05 따라서 이 장에서 앞으로는 the Other를 '대타'로 부를 것임.^{역주}

06 라깡의 「정신분석과 그에 관한 강의」, p. 379.

07 라깡은 의식적인 지식(connaissance)과 무의식적인 지식(savoir)을 구별하고 있는데, 유식설에서 제8아뢰야식의 별칭인 본식(本識)이란 용어를 빌려와 무의식적인 지식을 표현해 본 것임. 김종욱 편, 『나, 버릴 것인가 찾을 것인가』(운주사, 2008), 269-336쪽에 나오는 졸고 「무의식 또는 상상계와 상징계 속의 자아」 참고(특히 본식과의 관련해서는 331쪽).

08 미셸 실베스트르의 「전이」, 『미래의 정신분석』(파리 : 나바랭, 1987), pp. 64-66.

09 제임스 스트레이치의 「정신분석의 치료 작용의 특성」, 『국제정신분석 잡지』 15 (1934) : 149.

10 라깡의 『세미나 7권, 정신분석의 윤리, 1959-1960』, Dennis Porter 번역(뉴욕 : 노턴, 1992), p. 15.

11 프로이트의 『집단심리학』, 『표준영역본』 18권 p. 128.

12 어니스트 존스의 「정상적인 마음의 개념」, 『국제정신분석잡지』 23권(1942), pp. 1-8.

13 프로이트의 「전이의 역동」, 『표준영역본』 12권, p. 108.

14 세르주 르클레르 및 장 라플랑쉬의 「무의식, 정신분석적인 연구」, 앙리 에가 편집한 『무의식』(파리 : 데스클레 브루워, 1966), pp. 95-130.

15 특히 라깡의 『에크리』에 나오는 「정신분석에서 말과 언어의 기능과 영역」 참조.

16 라깡의 『에크리』, pp. 412-41에 나오는 「무의식에서 문자의 심급 혹은 프로이트 이래의 이성」.

17 프로이트의 『문명과 그의 불만』, 『표준영역본』 21권, p. 105.

18 라깡의 『여성적인 섹슈얼리티에 관하여 : 사랑과 지식의 한계』(뉴욕 : 노턴, 1998), p. 35.

19 마리-엘렌 브루스의 「환상의 공식? $\lozenge a$」, 제라르 밀레 편집 『라깡』(파리 : 보르다스, 1987), pp. 105-22.

20 라깡의 「교육에 대한 보고서」, 『정신분석에 대한 중대한 문제들』이라는 세미나에 나온 주석, 『오르니카르?』 29(1984년 여름호), p. 10.

21 프로이트의 『정신분석의 윤곽』, 『표준영역본』 23권, p. 176.

Chapter 5_정신분석의 규제

01 이 다음의 대부분은 〈프시스 포럼〉의 웹사이트인 http://www.forumpsy.org/index.html을 참조하시오.
02 *Agence Lacanienne de Presse, Bulletin spécial Accoyer* 5(파리, 2003년 12월 1일자), http://www.forumpsy.org에서 인용됨.
03 파리정신분석협회의 웹사이트인 http://www.spp.asso.fr/Main/Actualities/Items/21.htm을 참조할 것.
04 뒤베르나르 법안의 원문은 다음의 웹사이트인 http://www.etatsgeneraux-psychanalyse.net/actualities/Dubernard.html에서 찾아볼 수 있음,
05 원문 전체를 보려면 웹사이트인 http://www.legifrance.gouv.fr/을 참고하시오.
06 상원의 웹사이트인 http://www.senat.fr/cra/s20040709/s20040709H35.html을 참조하시오.
07 『연보와 규약문서』(파리 : 프로이트대의학파, 2001), p. 16.
08 *London Review of Books*, Letters, 23권, 6호(2001년 3월 22일).
09 『연보와 규약문서』, p. 16.

Chapter 6_라깡과 바디우

01 양화사는 'all', 'none', 'some', 'every', 'more than one' 등등과 같은 언어의 요소로서, 그 덕분에 우리는 한 부류의 숫자 가운데 모두나 몇 가지가 진실하거나, 혹은 아무것도 진실하지 않다고 말할 수 있다.
02 라깡의 *On Feminine Sexuality* ; "*L'Étourdit*," *Scilicet* 4(1973) : pp. 5–52. 나는 상징들을 좀 더 인쇄하기 쉬운 형태로 바꿨다. 이렇게 해도 그 표현들 간의 형식적인 관계가 동일하기 때문에 아무 것도 변하지 않게 된다.
03 장-클로드 밀네의 『언어의 사랑』(파리 : 쇠이으, 1978);『민주주의 유럽의 사악한 성향』(파리 : 베르디예, 2003).
04 라깡의 『텔레비전』, p. 40.
05 위의 책, pp. 13, 72. 그릭 교수의 설명에 의하면 quanteur는 quantificateur(양화사)의 동의어라고 한다. 라깡이 이 용어를 사용할 때 양화사와 다른 것을 의미하는지 그 여부는 해석의 문제로 본다는 것이다. 핑크는 quanteur가 양과 무관

한 것으로 생각하지만 그릭 교수는 핑크의 의견에 동의할 수 없다고 한다. 그 두 용어 사이에 연결이 있다고 믿는다. 양화사를 철학에서 '한량기호'라고도 부른다.^{역주}

06 알랭 바디우의 「주체와 무한」, 『조건들』(파리 : 쇠이으, 1992), pp. 287-305.

07 라깡의 『여성성에 관하여』, pp. 102-103. 약간 수정된 번역임.

08 이정민과 배영남 공저의 『언어학사전』에 따르면, 특칭명제(particular proposition)라는 것은 "양화사로서 'some'을 가지고 있는 표준형식의 단언명제"를 가리킨다. 그들이 든 예로서는 'Some S is P'는 특칭긍정명제이고, 'Some S is not P'는 특칭부정명제라는 것이다.^{역주}

09 바디우의 「주체와 무한」, p. 291.

10 위의 책, p. 291.

11 알랭 바디우는 자신의 「플라톤주의와 수학적 존재론」(『과도적 존재론에 관한 소론』, 파리 : 쇠이으, 1998), pp. 95-109에서 플라톤주의를 선언하고 있다. 바디우의 반(反)직관주의와 실재론에 관해서는 충실하고 유익한 올리버 펠담의 박사학위 논문 참조(*As Fire Burns : Of Ontology, Praxis and Functional Work*, Ph.D. diss., Deakin University, Geelong, 2000), 특히 pp. 108-15.

12 콰인의 『논리철학』(잉글우드 클리프스 : 프렌티스-홀, 1970), p. 88.

13 크리스핀 라이트의 『수학의 기초에 관한 비트겐쉬타인』(런던 : 덕워드, 1980), 또한 그의 『대상으로서 프레게의 숫자 개념』(애버딘 : 애버딘대학 출판부, 1983) 참조.

14 마이클 더메트의 「비트겐쉬타인의 수리철학」, 『진리와 다른 수수께끼들』(런던 : 덕워드, 1978), pp. 166-85. 또한 그의 『직관주의의 요소』(옥스포드 : 글래런던, 1977) 참조.

15 라깡의 『여성성에 관하여』, pp. 108, 119.

16 아리스토텔레스 논리학의 실체는 『분석론 전서』와 『분석론 후서』라는 그의 두 권의 저서에서 찾아볼 수 있다. 첫 번째 저서에는 논증의 분석이 논리학에 대한 아리스토텔레스의 기여 가운데 가장 중요한 삼단논법의 형태로 포함되어 있는데, 그 삼단논법을 여기서 논의하고 있다.

17 자크 브륀쉬빅의 「아리스토텔레스에서 특칭명제와 불확정의 증거들」, *Cahier pour l'Analyse* 10(1969) : pp. 3-26.

18 여기서 '↔'는 "만일 그리고 오직 만일"을 의미하고, 다음의 '→'는 "만일 … 그렇다면 … "을 의미한다.

19 라깡의 『병증』(*Le sinthome*)에 나오는 자크-알랭 밀레의 「조금씩 조금씩의 약술」(Notice de fil en aiguille), pp. 207-8,

20 밀레의 위의 논문, p. 208.

Chapter 7_칸트와 프로이트

01 『도덕형이상학 정초』, 매리 그레거에 의해 편집되고 번역된 『실천철학』(캠브리지 : 캠브리지대학 출판부, 1996), p. 73 & n.

02 J. S. 밀의 『공리주의』(런던 : 폰타나, 1962), p. 254.

03 이런 관점은 라이엄 머피가 내게 암시해준 것이다.

04 『실천철학』에 나오는 「박애주의로부터 거짓말의 가정된 권리에 관하여」, p. 612. 사르트르의 단편소설 「벽」 참조.

05 W. D. 로스의 『칸트의 윤리이론』(옥스포드 : 클라렌던 출판사, 1954), pp. 32-33.

06 칸트가 표현한 것처럼 역시 의무들이 되는 (또한 그 어떤 이성적인 존재가 바랐던) 목적들은 '그 자신의 완벽함과 타인들의 행복'이다. 『실천철학』에 나오는 『도덕 형이상학』 제2부, p. 517.

07 그가 주장하는 것처럼 "왜냐하면 그러한 표상이 나에게서 **완전한 효과**를 가져와야 한다면 그 자체로 하나의 목적이 되는 주체의 목적들은 가능한 한 나의 목적도 되어야 하기 때문이다." 『윤리형이상학 정초』, p. 81 (원저자 강조).

08 칸트의 『도덕형이상학』, p. 549.

09 위의 책. p. 549. ^{원저자 강조}

10 칸트의 『도덕형이상학』, p. 536. ^{원저자 강조}

11 칸트의 『실천철학』에 나오는 『실천이상비판』, pp. 162-63 (백종현 옮김 『실천이성비판』, 아카넷, 2002, 85-6쪽에서 인용함).

12 칸트의 『실천이성비판』, p. 201. 저자가 인용하는 T. K. Abbott의 영역인 *Critique of Practical Reason* (Prometheus Books, 1996)에는 'humiliation (intellectual self-depreciation)'으로 되어 있는데, 저자는 'intellectual contempt'로 적고 있으며, 백종현은 '겸허' (지성적 비하)로 번역하고 있다. ^{역주}

13 베르나르 바스의 『순수한 욕망』(루벤 : 페테르, 1992).

14 칸트의 『실천이성비판』, p. 181. 백종현 옮김, 『실천이성비판』(아카넷, 2002), 170쪽에서 인용함. 이 책의 저자가 영문으로 인용한 부분과 약간의 차이를 보이는데, 특히 'humiliate'를 '겸허하다'로 번역하고 있음. ^{역주}

15 라깡의 『에크리』에 나오는 「사드와 함께 칸트」, p. 647.

16 슬라보예 지젝의 『이데올로기라는 숭고한 대상』(런던 : 버소, 1989), pp. 81-82.

Chapter 8_죄와 법, 그리고 위반

01 칸트의 『실천이성비판』, p. 163.

02 위의 책, p. 163.

03 위의 책, p. 163. 백종현 옮김, 『실천이성비판』(아카넷, 2002), 85쪽에서 인용함.
역주

04 위의 책, p. 163-4. 백종현 옮김, 『실천이성비판』(아카넷, 2002), 85-6쪽에서
인용함. 역주

05 1971년 6월 9일의 강의인 라깡의 *D'un discours* 참조. http://gaogoa.free.fr/를 활
용할 수 있음.

06 멜라니 클라인의 「정상적인 아동들의 범죄적인 경향성」, Roger Money-Kyrle이
편집한 『사랑과 죄와 보상 및 다른 작품들, 1921-1945』(런던 : 비라고, 1975),
pp. 170-85.

07 이런 관점은 라깡의 『에크리』, pp. 102-22에 나오는 「범죄학에서 정신분석의
기능에 관한 이론적 입문」에 논의되어 있다.

08 'prison department' 가 'corrective services' 가 되었다는 것은 이러한 변화를 상
징하고 있다.

09 에드워드 글로버의 『범죄의 근원』(런던 : 이마고출판사, 1960), p. xii.

10 프란츠 알렉산더와 후고 쉬타우프의 『범죄자와 재판관과 민중 : 심리학적인
분석』, 그레고리 질부르그 역(런던 : 앨런 앤드 언윈, 1931).

11 레나타 살레츨의 『자유의 전리품 : 사회주의 몰락 이후의 정신분석과 페미니
즘』(런던 및 뉴욕 : 루트리지, 1994), p. 99.

12 프로이트의 『문명과 그의 불만』, 『표준영역본』 21권 : pp. 59-145.

13 Elizabeth Wright와 Edmond Wright가 편집한 『지젝 읽기』(옥스포드 : 블랙웰,
1999) p. 293에 나오는 슬라보예 지젝의 「사드와 함께(혹은 반대하는) 칸트」.

Chapter 9_지젝에 관하여

01 슬라보예 지젝의 『당신의 증상을 즐겨라!』(뉴욕 : 루트리지, 1992).

02 위의 책, p. 43. 지젝의 강조임. (주은우 옮김, 『당신의 증후를 즐겨라! : 할리우드
의 정신분석』, 한나래, 1997. 95쪽을 참조하여 앞으로 진행될 논의를 위해 역

주가 조금 변경시켜 재번역함).

03 위의 책, p. 43.(저자의 각주에는 p. 22로 되어 있으나 오기인 듯함).

04 위의 책, p. 43.

05 위의 책, p. 44.

06 위의 책, p. 44.

07 위의 책, p. 44.

08 위의 책, p. 44.『당신의 증후를 즐겨라! : 할리우드의 정신분석』98쪽에는 apha-nisis를 '기억상실'로 오역하고 있다. '소멸'이란 용어보다 더 나은 번역어가 있을지 모르겠지만 이 그리스 용어는 어니스트 존스가 '성적인 욕망의 사라짐'이란 의미로 정신분석에 처음 소개하였다. 라깡은 그 의미를 수정하여 '주체의 사라짐'을 가리키며, 욕망의 변증법을 시작하는 주체의 근본적인 분할을 가리킨다. 그 동의어로서 라깡은 영어 그대로 'fading'을 사용하기도 한다. 딜런 에번스의 『라깡 정신분석 사전』참조.[역주]

09 위의 책, p. 45.

10 위의 책, p. 45.

11 위의 책, p. 44.

12 위의 책, p. 44.

13 위의 책, p. 46. 지젝의 강조.

14 위의 책, p. 77.

15 위의 책, pp. 76-77.

16 위의 책, p. 77.

17 위의 책, p. 78.

18 위의 책, pp. 77-78.

19 주디트 버틀러의 『권력의 정신적 삶』(스탠포드 : 스탠포드대학교 출판부, 1997), p. 88.

20 위의 책, p. 88.

21 슬라보예 지젝의 『까다로운 주체 : 정치적 존재론의 부재하는 중심』(런던 : 버소, 1999), p. 262. 이 논의에 관해서는 *Umbr(a) : A Journal of the Unconscious. Ignorance of the Law.* no. 1 (2003)에 나오는 야니스 스타브라카키스의 도전적인 논문과 그에 응답하는 지젝의 논문 참고.『법은 아무 것도 모른다』(강수영 옮김, 인간사랑, 2008), 213-245쪽.

22 위의 책, p. 262.

23 위의 책, pp. 263-264.

24 위의 책, p. 262.

25 위의 책, p. 264. 지젝의 강조.

26 위의 책, p. 264.

27 라깡의 정확한 구성을 보려면『정신분석의 윤리, 1959-1960』, p. 319를 참조할 것.
28 위의 책, p. 300.『정신분석의 윤리』, pp. 262-4에는 Atè에 대한 설명이 산재해 있다. 우선 아테는 "인간의 삶이 오로지 잠시만 건널 수 있는 한계를 가리킨다"고 되어 있다. 이 한계를 넘어서면 오로지 잠시 동안만 지낼 수 있을 뿐이다. 따라서 아테는 '잔악함' 속에서 발견되지만 '불운'과는 아무런 상관이 없다.^{역주}
29 위의 책, p. 300.
30 자끄 라깡의『정신분석의 네 가지 기본개념』, 앨런 셰리던 역(하몬즈워즈 : 펭귄, 1979), p. 275.
31 위의 책, p. 275.

Chapter 10_ 데카르트와 과학의 주체

01 프로이트의『정신분석의 입문신강』,『표준영역본』22권 : p. 182.
02 프로이트의「인간에 의해 만들어진 대상선택의 특별한 형태」,『표준영역본』11권, p. 165.
03 라깡의『정신분석의 이면』, p. 22.
04 위의 책, p. 22.
05 피터 메더워의『과학의 한계』(옥스포드 : 옥스포드대학교 출판부, 1985), pp. 72-73.
06 라깡은 이것으로 헤겔을 비판하려고 한다.
07 라깡의『정신분석의 이면』, p. 23.
08 위의 책, p. 23.
09 라깡의『에크리』, pp. 726-45에 나오는「과학과 진실」.
10 라깡의 Autres écrits(파리 : 쇠이으, 2001)에 나오는「라디오포니」;『정신분석의 이면』;『정신분석의 네 가지 기본개념』.
11 R. 펠드스테인, B. 핑크, M. 자너스 편『세미나 XI 읽기』(올버니 : 뉴욕주립대학교 출판부, 1995), pp. 55-64에 나오는 브루스 핑크의「과학과 정신분석」; J.-C. Milner의 Loeuvre claire(파리 : 쇠이으, 1995).
12 알렉상드르 코이레의『데카르트에 관한 담화』(파리, 갈리마르, 1962).
13 라깡의『정신분석의 네 가지 기본개념』, p. 226.
14 라깡의「과학과 진실」, p. 727. 저자의 강조.

15 위의 논문, p. 726.
16 데이비드 흄의 『인간 본성에 관한 논문』(옥스포드 : 옥스포드대학교 출판부, 2000).
17 칼 포퍼의 『과학적 발견의 논리』(런던 : 허친슨, 1968), p. 34.
18 라캉의 「과학과 진실」, p. 726.
19 위의 책, p. 726. 핑크의 번역본에는 'interference' (*immixtion*)로 되어 있음.역주
20 라캉의 「라디오포니」, p. 423.
21 프로이트의 『정신분석에 관한 입문강의』, 『표준영역본』, 16권, pp. 284-85.
22 위의 책, p. 285.
23 라캉의 「라디오포니」, pp. 420-23.
24 위의 책, pp. 420-23.
25 라캉의 『정신분석의 네 가지 기본개념』, p. 151.
26 자크-알랭 밀레의 「인식론의 요소」, 러셀 그릭 역, 『분석』 1 (1989) : 29.
27 라캉의 「라디오포니」, p. 422.
28 라캉의 『세미나 20권, 앙코르 : 여성의 섹슈얼리티에 관하여 : 사랑과 지식의 한계, 1972-1973』 B. 핑크 역 (뉴욕 : 노턴, 1998), p. 43.
29 알렉상드르 코이레의 『폐쇄된 세계에서 무한한 우주까지』(볼티모어 : 존스 홉킨스대학교 출판부, 1975).
30 알렉상드르 코이레의 『갈릴레오 연구』, J. Mepham 역 (하속스 : 하베스터 출판사, 1978), p. 3.
31 라캉의 「정신분석 경험에서 나타나는 것처럼, 나의 기능의 형성으로서의 거울단계」, 『에크리』, p. 75.
32 라캉의 「과학과 진실」, 『에크리』(2006), p. 727과 『에크리』(1966), p. 856을 참조하여 역주가 재번역한 것임. 저자의 "라디오포니", p. 5"라는 참고문헌은 오기인듯 함.
33 르네 데카르트의 『제일철학에 관한 성찰』, John Cottingham 역 (캠브리지 : 캠브리지대학교 출판부, 1986), p. 1.
34 위의 책, p. 17.
35 라캉의 『정신분석의 네 가지 기본개념』, p. 44.
36 마르시얄 게루의 『이성의 질서에 따른 데카르트』(파리 : 오비에, 1968).
37 자코 힌티카의 「코기토 에르고 숨 : 추론인가 수행인가?」 *The Philosophical Review* 71 (1962) : 3-32.
38 데카르트의 『성찰』, p. 19.
39 라캉의 『정신분석의 네 가지 기본개념』, p. 224.
40 버트런드 러셀의 『서양철학의 역사』(런던 : 앨런 앤 언윈, 1961), p. 550.
41 밀네의 앞의 책, p. 39. 저자의 번역임.

42 위의 책, p. 40.

43 슬라보예 지젝의 『부정적인 것과 함께 어정거리기』(더럼 : 듀크대학교 출판부, 1993), p. 12에 데카르트의 코기토와 칸트의 선험적 통일체 사이의 관계에 대한 탁월한 논의가 있다.

44 라깡의 「과학과 진실」, p. 729. 여기서는 failing that으로 번역되어 있지만, 'faute de quoi'로 되어 있는 원문의 의미를 살려 '그렇지 않으면'으로 번역함.[역주]

45 위의 논문, pp. 730-31.

46 위의 논문, pp. 730-31.

47 위의 논문, p. 727.

48 위의 논문, p. 733

49 Gödel이 1931년에 발표한 논문에 나오는 개념으로서 "형식화가 수학의 무모순성을 보이는 수학적 기술이 될 수 없음을 보였다"고 한다(박세희『수학의 세계』, 서울대학교출판부, 1985, p. 308).[역주]

50 Gauss(1777-1855)는 쌍곡선형 비유클리드기하학을 발견했는데, "직선 밖의 한 점을 지나 그 직선에 2개 이상의 평행선을 그을 수 있다"는 것을 공리로 하여도 모순이 없는 기하학을 만들 수 있다고 했다(박세희, 위의 책, p. 101).[역주]

51 라깡의 『세미나 12권, 정신분석에 대한 중대한 문제들, 1964-1965』(아직 발간되지 않음).

52 라깡의 「과학과 진실」, p. 728.

53 라깡의 『세미나 11권, 정신분석의 네 가지 기본개념, 1964』(파리 : 쇠이으, 1973)의 뒤표지를 참조하시오.

54 라깡의 「과학과 진실」, p. 733.

Chapter 11_ 라깡과 야콥슨

01 라깡의 「주체의 전복과 욕망의 변증법」, 『에크리』(2006), p. 676.

02 위의 논문, p. 676-77.

03 라깡의 「문자의 심급」, 『에크리』(2006), p. 412-41 ; 라깡의 「주체의 은유」, 『에크리』(2006), p. 755-58 ; 라깡의 『자끄 라깡의 세미나, 제6권, 욕망과 그 해석, 1958-1959』, 1958년 1월 15일 강의(출간되지 않음).

04 로만 야콥슨의 「언어의 두 측면과 실어증의 두 양태」, 로만 야콥슨과 모리스 할레의 『언어의 기본』(헤이그 : 무톤, 1971), p. 91.

05 장-프랑수와 료타르의 『담론, 수식』(파리 : 클렝크시크, 1978)를 참조하시오.

그가 야콥슨을 따라 첨가한 조금 다른 목록인 시와 산문의 '장르'를 볼 수 있고, 한편으론 낭만주의와 상징주의의 '학파들'과 다른 한편으론 리얼리즘도 찾아볼 수 있다.

06 야콥슨의 「언어의 두 측면과 실어증의 두 양태」, p. 91.

07 위의 논문, p. 92.

08 제11장에 나오는 'term'이란 단어는 '용어'라는 특별한 의미를 제외하고는 "하나의 개념을 나타내고 명제를 구성할 수 있는 말"이란 논리학적 의미의 '명사' (名辭)로 번역되었음.^{역주}

09 조지 라코프 및 마크 존슨의 『우리가 살아가고 있는 은유』(시카고 : 시카고대학교 출판부, 1980).

10 피에르 퐁타니에의 『담론의 수식』(파리 : 플라마리옹, 1968)에 나오는 『비유연구에 관한 고전적 개론』(1821),

11 데이 루이스의 『시적인 이미지』(런던 : 조나탄 케잎, 1969), p. 72에 나오는, '시적인 진실'을 '이미지들의 공모라기보다는 오히려 이미지들의 충돌'로 그린 그의 규정적인 특성화와 비교해 보시오.

12 '아름다운 마음 또는 순정'을 의미함.^{역주}

13 안토니우스 : 시저의 친구로서 두 번째 삼두정치를 성립시킨 로마의 장군임.^{역주}

14 퐁타니에의 『비유연구에 관한 고전적 개론』, p. 99. 리처드 휘틀레이는 은유를 "그것들의 의미작용들 간의 유사함이나 유비 때문에 다른 단어를 대신하는 한 단어"로 규정한다. 리처드 휘틀레이의 『수사학의 요소』 제7판(이타카 : J.W. 파커, 1846). 맥스 블랙에 의해 인용된 『모델과 은유』(이타카 : 코넬대학교 출판부, 1962), p. 31의 「은유」.

15 크리스틴 브룩-로즈의 『은유의 문법』(런던 : 세커 앤드 워버그, 1958).

16 I. A. 리처즈의 『수사학의 철학』(옥스포드 : 옥스포드대학교 출판부, 1936) ; 블랙의 「은유」.

17 위의 책, p. 93. 강조는 그릭의 첨가.

18 료타르의 『담론, 수식』, p. 253.

19 라깡의 『에크리』, pp. 221-22에 나오는 「정신분석에서 말과 언어의 기능과 영역」과 S. Rudy가 편집한 『선별된 저술』(헤이그 : 뮤톤 앤드 컴퍼니, 1971) 2권 p. 565에 나오는 야콥슨의 「인류학자와 언어학자의 합동컨퍼런스의 결과들」을 비교해 보시오.

20 로만 야콥슨의 『일반언어학 시론』 Nicolas Ruwet 편역(파리 : 미뉘이, 1973), p. 66, n. 1.

21 료타르의 『담론, 수식』, p. 253.

22 라깡의 『에크리』에 나오는 「무의식에서 문자의 심급 혹은 프로이트 이래의 이성」, p. 421. 원본에서의 강조임.

23 위의 논문, p. 421.

24 위의 논문, p. 422.

25 라깡의 『에크리』에 나오는 「주체의 은유」, p. 758.

26 앙드레 브르통의 『초현실주의 선언』에 나오는 「초현실주의 선언」(파리 : 갈리마르, 1963), 52–53.

27 이것은 그 누구보다도 장 뒤부아와 새뮤얼 레빈이 채택하고 있는 접근방법이다. 장 뒤부아 등등의 『일반 수사학』(파리 : 라루스, 1970) 및 사무엘 레빈의 『은유의 의미론』(볼티모어 : 존스홉킨스대학 출판부, 1977) 참조.

28 그 어떤 경우에도 나는 어떤 증거에 의해 지지되는 이러한 테제를 본 일이 결코 없었다. 그러나 어떤 아마추어라도 다음과 같이 정립할 수 있다. 『옥스포드 영어사전』은 문자적인 문맥에서 고대 영어 'muo'의 첫 번째 발생에 대해 대략 897개를 보여주며, 강의 어귀에 대하여 'muoe'의 첫 번째 발생에 대해 1,122개를 보여주고 있다. 다른 한편, 가버와 마우어 및 스텐톤은 1000년 전부터 문서의 실제적인 사본을 찾아보더라도 'Axmouth' (Axanmuoan)란 영어의 장소명칭의 최초 발생을 880–885개라고 본다. J. 가버, A. 마우워 및 F. 스텐톤의 『데번의 장소명칭』 제2부(캠브리지 : 캠브리지대학 출판부, 1932), p. 636 참조.

29 블랙의 「은유」라는 논문, pp. 38–39. 블랙은 동일한 것으로 믿고 있지만 이것은 리처즈의 입장과 동일한 것이 아니다. 리처즈로서는 "가장 간단한 공식화에서 우리가 은유를 사용할 때 다른 사물들의 두 가지 생각들을 동시에 활성화시켜 갖게 되고 단 하나의 단어나 구에 의해 지지되는데, 그 의미는 그것들의 상호작용의 결과이다"(p. 93, 강조는 첨가된 것임). 리처즈는 은유적인 단어, 즉 그의 '운반수단'이 그것의 문자적인 의미와 또 다른 의미를 표현하는 것으로 암시하고 있는데, 그 의미들이 상호작용하여 은유나 은유적인 의미를 표현하고 있다. 이것은 "운반수단과 행로의 공존이 그것들의 상호작용 없이는 이룰 수 없는 의미(행로와는 분명히 구분되는)를 가져온다"는 그의 언급으로 확인되는데(p. 100), 운반수단과 행로가 생각이거나 의미이기 때문이다. 따라서 블랙은 "리처즈가 유럽의 가난한 자와 미국의 니그로에 대한 우리의 생각들이 그러한 상호작용의 결과물인 의미를 만들어내도록 '동시에 활성화되고' 또한 '상호작용하는' 것이라고 말한다"(p. 38)는 생각에 있어 잘못되고 있다. 더구나 "은유가 가져오는 동일시와 혼동에 대한 이야기가 거의 항상 오해를 불러일으키고 유해하다"(p. 127)고 리처즈가 말하는 이유는, 블랙이 말하고 있는 것처럼, "은유가 작동되기 위하여 독자는 의미의 확장에 대해 잘 알고 있어야 하는, 즉 옛날의 의미와 새로운 의미를 동시에 주의해 봐야 한다"(p. 39)는 것은 아니다. 오히려 그 이유는 은유가 우리로 하여금 상호작용으로 가져오는 두 가지 생각들 간의 유사성에 대해 인식하게 할 뿐만 아니라 그 둘 사이의 상이점과 대조를 마음속에 간직하고 있도록 해준다는 것이다.

리처즈의 입장을 올바로 읽어내지 못하는 자신의 실패 때문에 블랙은 리처즈가 은유의 기반으로서 행로와 운반수단 사이의 공통된 특징들을 가리키면서 "그가 바꾸려고 노력하고 있는 분석들을 더욱 낡고 세련미가 부족한 분석으로"(p. 39) 빠져들게 만들었다고 주장하는 더 큰 잘못을 저지르게 되는데, 그 결과 "은유적인 용법에 있어서 단어나 표현이 문자대로의 사용에 내포된 특징들 가운데 오로지 하나의 선택만을 포함해야 되는 것이다"(p. 39, 원문 강조). 반면에 "흔히 리처즈는 두 명사들 사이의 유사성이 기껏해야 은유에서 의미들의 상호작용에 대한 기초의 일부라는 것을 보여주려고 노력한다"(p. 39, 원문 강조). 리처즈는 블랙이 언급하는 문장, 즉 "은유는 변천의 근거가 되는 것을 … 이야기할 … 수 있는 우리의 능력 없이도 훌륭하게 작동할 수 있다는 문장에 대해 어째서 즉각적으로 논평하지 않을까?"(p. 117)

마지막으로 블랙은 불행하게도 발전되지 않은 채로 남아 있는 암시적인 문장에서 은유에 대한 그 자신의 엄격한 정의가 지나칠 정도로 협소하게 그 용어를 규정하고 있음을 인정할 때 은유의 가능한 통사적 복잡성을 암시하고 있다. 평범한 용법에 더욱 민감한 특성화는 아마도 은유의 분류를 '치환이나 비교 혹은 상호작용의 실례로' (p. 45) 나눌 수 있을 것이다. 나는 "오직 그 마지막 종류만이 철학에서 중요하다"(p. 45)는 블랙의 말이 옳다고는 생각하지 않는다. 그러나 그가 옳다고 하더라도 나는 은유의 정의가 얼마나 모순적으로 은유의 다른 형태들에 적용되는지 보여주는 데에 적절한 나의 일반적인 설명에 대해 계속 생각해 보려고 한다.

30 도널드 데이비슨의 「은유들이 의미하는 것」, 『진실과 해석에 대한 조사연구』(옥스포드 : 클래런던, 1984), p. 261.
31 생 페럴망 및 뤼시 올브레히츠-티테카의 『논증의 개론』(파리 : 파리대학교 출판부, 1958), 2 : 497-534. 라깡은 이 저서를 「주체의 은유」에서 참조하고 있다.
32 라깡의 「주체의 은유」, p. 757.

참고문헌

Standard Edition = *The Standard Edition of the Complete Psychological Works of Sigmund Freud*, 24 volumes, edited by James Strachey et al. London : The Horgath Press and the Institute of Psychoanalysis, 1953–1974.

Agence Lacanienne de Presse, Bulletin spécial Accoyer 5 December 1, 2003 http://www.for umpsy.org.

Alexander, Franz, and Hugo, Staub. *The Criminal, the Judge, and the Public : A Psychological Analysis.* Translated by Gregory Zilboorg. London : Allen & Unwin, 1931.

Annuaire et textes statutaires. Paris : École de la Cause Freudiennne, 2001.

Baas, Bernard. *Le désir pur.* Louvaine : Peeters, 1992.

Badiou, Alain. "Platonisme et ontologie mathématique." In *Court traité d'ontologie transitoire*, 95–109. Paris : Éditions du Seuil, 1998.

_____. "Sujet et infini." In *Conditions*, 287–305. Paris : Éditions du Seuil, 1992.

Black, Max. "Metaphor." In *Models and Metaphors*, 25–47. Ithaca, NY : Cornel University Press, 1962.

Breton, André. "Manifeste du surréealisme." In *Manifeste du surréealisme*, 1–47. Paris : Gallimard, 1963.

Brooke-Rose, Christine. *A Grammar of Metaphor*. London : Secker and Warburg, 1958.

Brousse, Marie-Hélène, "La formule du fantasme? $◇a." In *Lacan*, edited by Gérard Miller, 105−22. Paris : Bordas, 1987.

Brunschwig, Jacques. "La proposition particuliére et les preuves de nonconcluance chez Aristote." *Cahier pour l'analyse* 10 (1969) : 3−26.

Butler, Judith. *The Psychic Life of Power*. Stanford, CA : Stanford University Press, 1997.

Carroll, Lewis. *Through the Looking-Glass*. New York : Exeter Books, 1986.

Cottet, Serge. *Freud et le désir de l'analyste*. Paris : Navarin, 1982.

Damourette, Jacques, and Édouard Pichon. *Des mots à la pensée : Essai de grammaire de la langue française*. 7 vols. Paris : Bibliothèque du Français Moderne, 1932−1951.

Davidson, Donald. "What Metaphors Mean." In *Inquiries into Truth and Interpretation*, 245−64. Oxford : Clarendon, 1984.

Day Lewis, C. *The Poetic Image*. London : Jonathan Cape, 1969.

Descartes, René. *Meditations on First Philosophy*. Translated by John Cottingham, with an introduction by Bernard Williams. Cambridge : Cambridge University Press, 1986.

Deutsch, Helene. "Some Forms of Emotional Disturbance and Their Relationship to Schizophrenia." *The Psychoanalytic Quarterly* 11 (1942) : 301−21.

Dewaele, Jean-Marc. "Is It the Corruption of French Thought Precess that Purists Fear? A Response to Henriette Walter." *Current Issues in Language and Society* 6 (1999) : 231−34.

Dubois, Jean, Francis Edeline, Jean-Marie Klinkenberg, and Philippe Minguet. *Rhétorique générale*. Paris : Larousse, 1970.

Dummet, Michael. *Elements of Intuitionism*. Oxford : Clarendon Press, 1977.

_____. "Wittgenstein's Philosophy of Mathematics." *In Truth and Others Enigmas*, 166−85. London : Duckworth, 1978.

Feltham, Oliver. "As Fire Burns : Of Ontology, Praxis, and Functional Work." Ph. D. diss., Deakin University, Geelong, 2000.

Fink, Bruce. "Science and Psychoanalysis." In *Reading Seminar XI*, edited by Richard Feldstein, Bruce Fink, and Maire Jaanus, 55−64. Albany : State University of New York Press, 1995.

Fontanier, Pierre. *Manuel classique pour l'étude des tropes*. In *Les figures du discours*. Paris : Flammarion, 1968.

Frued, Sigmund. *Civilization and its Discontents*. In *Standard Edition*, 21 : 59−145.

_____. "The Dynamics of Transference." In *Standard Edition*, 12 : 97−108.

_____. *The Ego and the Id.* In *Standard Edition*, 19 : 3–66.

_____. *Fragment of an Analysis of a Case of Hysteria.* In *Standard Edition*, 7 : 7–122.

_____. *From the History of an Infantile Neurosis.* In *Standard Edition*, 17 : 3–122.

_____. *Group Psychology and the Analysis of the Ego.* In *Standard Edition*, 18 : 67–143.

_____. *Inhibitions, Symptoms, and Anxiety.* In *Standard Edition*, 20 : 77–172.

_____. *The Interpretation of Dreams.* In *Standard Edition*, vols 4–5.

_____. *Introductory Lectures on Psycho–Analysis.* In *Standard Edition*, 15–16.

_____. *Moses and Monotheism.* In *Standard Edition*, 23 : 3–137.

_____. "Mourning and Melancholia." In *Standard Edition*, 14 : 239–58.

_____. *New Introductory Lectures on Psycho–Analysis.* In *Standard Edition*, 22 : 3–182.

_____. "Observations on Transference–Love." In *Standard Edition*, 12 : 157–71.

_____. "An Outline of Psychoanalysis." In *Standard Edition*, 23 : 141–207.

_____. "Some Psychical Consequences of the Anatomical Distinction between the Sexes." In *Standard Edition*, 19 : 243–58.

_____. "Psycho–Analytic Notes on an Autobiological Account of a Case of Paranoia (*Dementia Paranoides*)." In *Standard Edition*, 12 : 3–82.

_____. "A Special Type of Choice of Object Made by Men." In *Standard Edition*, 11 : 165–75.

_____. *Totem and Taboo.* In *Standard Edition*, 13 : 1–161.

Glover, Edward. *The Roots of Crime.* London : Imago Publishing, 1960.

Glover, John, Allen Mawer, and Frank Stenton. *The Place–Names of Devon.* Part 2. Cambridge : Cambridge University Press, 1932.

Grigg, Russell, Dominique Hecq, and Craig Smith, eds. *Female Sexuality : The Early Psychoanalytic Controversies.* New York : The Others Press, 1999.

Guéroult, Martial. *Descartes selon l'ordre des raisons.* Paris : Aubier, 1968.

Hintikka, Jaako. "*Cogito, Ergo sum* : Inference or Performance?" *The Philosophical Review* 71 (1962) : 3–32.

Hume, David. *A Treatise of Human Nature : Being an Attempt to Introduce the Experimental Method of Reasoning into Moral Subjects.* Oxford : Oxford University Press, 2000.

Jakobson, Roman. *Essais de linguistique générale.* Edited and translated by Nicolas Ruwet. Paris : Minuit, 1973.

_____. "Results of a Joint Conference of Anthropologists and Linguists." In *Selected Writings*, edited by Stephen Rudy, vol. 2, 554–67. *Word and Language*. The Hague : Mouton, 1971.

_____. "Shifters, Verbal Categories, and the Russian Verb." In *Selected Writings*, edited by Stephen Rudy, vol. 2, 130–47. *Word and Language*. The Hague : Mouton, 1971.

_____. "Two Aspects of Language and Two Types of Aphasic Disturbances." In *Fundamentals of Language*, Roman Jakobson and Morris Halle, 67–96. The Hague : Mouton, 1956.

Jones, Ernest. "The Concept of a Normal Mind." *International Journal of Psycho-Analysis* 23 (1942) : 1–8.

_____. *Sigmund Freud, Life and Work*. 3 vols. London : The Hogarth Press, 1953–1957.

Joyce, James. *Stephen Here*. London : Jonathan Cape, 1956.

Kant, Immanuel. *Critique of Practical Reason. In Practical Philosophy*. Edited and translated by Mary J. Gregor. Cambridge : Cambridge University Press, 1996.

_____. *Groundwork of the Metaphysics of Morals. In Practical Philosophy*. Edited and translated by Mary J. Gregor. Cambridge : Cambridge University Press, 1996.

Katan, Maurits. "Schreber's Prepsychotic Phase." *International Journal of Psycho-Analysis* 34 (1953) : 43–51.

_____. "Structural Aspects of a Case of Schizophrenia." *The Psychoanalytic Study of the Child* 5 (1950) : 175–211.

Klein, Melanie. "Criminal Tendencies in Normal Children." In *Love, Guilt, and Reparation and Other Works, 1921–1945*, edited by Roger Money-Kyrle, 170–85. London : Virago, 1975.

Koyré, Alexandre. *Entretiens sur Descartes*. Paris : Gallimard, 1962.

_____. *From the Closed World to the Infinite Universe*. Baltimore, MD : Johns Hopkins University Press, 1975.

_____. *Galileo Studies*. Translated by John Mepham. Hassocks, Sussex : Harvester Press, 1978.

Lacan, Jacques. "Comptes rendus d'enseignements." Notes from the seminar, *Problèm cruciaux pour la psychanalyse*. *Ornicar?* 29 (Summer 1984) : 9–12.

_____. *De la psychose paranoïaque dans ses rapports avec la personnalité*. Paris : Écitions du Seuil, 1975.

_____. "L'étourdit." *Scilicet* 4 (1973) : 5–52.

_____. *The Four Fundamental Concepts of Psychoanalysis*. Translated by Alan Sheridan. Harmondsworth : Penguin, 1979.

_____. "The Function and Field of Speech and Language in Psychoanalysis." In *Écrits*. Translated by Bruce Fink, in collaboration with Héloïse Fink and Russell Grigg. New York : Norton, 2006.

_____. "The Instance of the Letter in the Unconscious or Reason since Freud." In *Écrits*. Translated by Bruce Fink, in collaboration with Héloïse Fink and Russell Grigg. New York : Norton, 2006.

_____. "Kant with Sade." In *Écrits*. Translated by Bruce Fink, in collaboration with Héloïse Fink and Russell Grigg. New York : Norton, 2006.

_____. "Lituraterre." *Littérature* 3 (1971) : 3–10

_____. "Metaphor of the Subjects." In *Écrits*. Translated by Bruce Fink, in collaboration with Héloïse Fink and Russell Grigg. New York : Norton, 2006.

_____. "The Mirror Stage as Formative of the I Function, as Revealed in Psychoanalytic Experience." In *Écrits*. Translated by Bruce Fink, in collaboration with Héloïse Fink and Russell Grigg. New York : Norton, 2006.

_____. "The Neurotic's Individual Myth." *Psychoanalytic Quarterly* 48 (1979) : 405–25.

_____. "On a Question Prior to Any Possible Treatment of Psychosis." In *Écrits*. Translated by Bruce Fink, in collaboration with Héloïse Fink and Russell Grigg. New York : Norton, 2006.

_____. "Overture de la section clinique." *Ornicar?* 9 (1977) : 7–14.

_____. "Présentation des *Mémoires* du président Schreber en traduction française." *Ornicar?* 38 (1986) : 7.

_____. "Presentation on Transference." In *Écrits*. Translated by Bruce Fink, in collaboration with Héloïse Fink and Russell Grigg. New York : Norton, 2006.

_____. "Psychoanalysis and Its Teaching." In *Écrits*. Translated by Bruce Fink, in collaboration with Héloïse Fink and Russell Grigg. New York : Norton, 2006.

_____. "Radiophonie." In *Autres écrits*. Paris : Éditions du seuil, 2001.

_____. "Response to Jean Hyppolite's Commentary on Feud's 'Verneinung.'" In *Écrits*. Translated by Bruce Fink, in collaboration with Héloïse Fink and Russell Grigg. New York : Norton, 2006.

_____. "Science and Truth." In *Écrits*. Translated by Bruce Fink, in collaboration with Héloïse Fink and Russell Grigg. New York : Norton, 2006.

_____. *Le séminaire de Jacques Lacan. Livre VI. Le désir et son interprétation, 1958–*

1959. Unpublished.

_____. *Le séminaire de Jacques Lacan. Livre VII. L'éthique de la psychanlyse, 1959–1960*, edited by Jacques–Alain Miller. Paris : Éditions du Seuil, 1986.

_____. *Le séminaire de Jacques Lacan. Livre XI. Les quatre concepts fondamentaux de la psychanalyse, 1964*, edited by Jacques–Alain Miller. Paris : Éditions du Seuil, 1973.

_____. *Le séminaire de Jacques Lacan. Livre XII. Problèmes cruciaux pour la psy-chanalyse, 1964–1965*. Unpublished.

_____. *Le séminaire de Jacques Lacan. Livre XVII. L'envers de la psychanalyse, 1969–1970*, edited by Jacques–Alain Miller. Paris : Éditions du Seuil, 1991.

_____. *Le séminaire de Jacques Lacan. Livre XVIII. D'un discours qui ne serait pas du semblant,, 1970–1971*. Unpublished.

_____. *Le séminaire de Jacques Lacan. Livre XX. Encore, 1972–1973*, edited by Jacques–Alain Miller. Paris : Éditions du Seuil, 1975.

_____. *Le séminaire de Jacques Lacan. Livre XVIII. Le sinthome, 1975–1976*, edited by Jacques–Alain Miller. Paris : Éditions du Seuil, 2005.

_____. *The Seminar of Jacques Lacan. Book I. Freud's Papers on Technique*, 1953–1954, edited by Jacques–Alain Miller. Translated and with notes by John Forrester. New York : Norton, 1988.

_____. *The Seminar of Jacques Lacan. Book III. The Psychoses*, 1955–1956, edit-ed by Jacques–Alain Miller. Translated and with notes by Russell Grigg. New York : Norton, 1993.

_____. *The Seminar of Jacques Lacan. Book VII. The Ethics of Psychoanalysis*, 1959–1960, edited by Jacques–Alain Miller. Translated and with notes by Dennis Porter. New York : Norton, 1992.

_____. *The Seminar of Jacques Lacan. Book XVII. The Other Side of Psychoanaly-sis*, 1969–1970, edited by Jacques–Alain Miller. Translated and with notes by Russell Grigg. New York : Norton, 2007.

_____. *The Seminar of Jacques Lacan. Book XX. Encore : On Feminine Sexuality : The limits of Love and Knowledge*, 1972–1973, edited by Jacques–Alain Miller. Translated and with notes by Bruce Fink. New York : Norton, 1998.

_____. *Television : A Challenge to the Psychoanalytic Establishment*. New York : Norton, 1990.

_____. "A Theoretical Introduction to the Functions of Psychoanalysis in Criminology." In *Écrits*. Translated by Bruce Fink, in collaboration with Hélo-ïse Fink and Russell Grigg. New York : Norton, 2006.

_____. "The Youth of Gide, or the Letter and Desire." In *Écrits*. Translated by Bruce Fink, in collaboration with Héloïse Fink and Russell Grigg. New York : Norton, 2006.

Lakoff, George, and Mark Johnson. *Metaphors We Live By*. Chicago : University of Chicago Press, 1980.

Levin, Samuel. *The Semantics of Metaphor*. Baltimore, MD : Johns Hopkins University Press, 1977.

Lévi–Strauss, Claude. "The Structural Study of Myth." *Journal of American Folklore* 78 (1955) : 428–44.

London Review of Books, Letters 23 : 6 (March 22, 2001).

Lyotard, Jean–François. *Discours, figure*. Paris : Klincksieck, 1978.

Medawar, Peter. *The Limits of Science*. Oxford : Oxford University Press, 1985..

Miller, Jacques–Alain. *Cinco Conferencias Caraquenas sobre Lacan*. Caracas : Editorial Ateneo de Caracas, 1980.

Miller, Jacques–Alain. "Elements of Epistemology." Translated by Russell Grigg. *Analysis* 1 (1989) : 27–42.

Miller, Jacques–Alain. "Notice de fil en aiguille." *Le séminaire du Jacques Lacan. Livre XXIII. Le sinthome, 1975–1976*, edited by Jacques–Alain Miller. Paris : Éditions du Seuil, 2005.

Miller, Jacques–Alain. "Le vrai, le faux et le reste." *La Cause Freudienne* 28 (1994) : 9–14.

Milner, Jean–Claude. *L'amour de la langue*. Paris : Éditions du Seuil, 1978.

_____. *L'oeuvre claire*. Paris : Éditions du Seuil, 1995.

_____. *Les penchants criminels de l'Europe démocratique*. Paris : Verdier, 2003.

Morel, Geneviève. *Oedipe aujourd'hui*. Lille : Association de la Cause Freudienne, 1997.

Perelman, Charles, and Lucie Olbrechts–Tyteca. *Traité de l'argumentation*. 2 vols. Paris : Presses Universitaires de France, 1958.

Propper, Karl. *The Logic of Scientific Discovery*. Rev. ed. London : Hutchinson, 1968.

Quine, W.V.O. *Philosophy of Logic*. Englewood Cliffs, NJ : Prentice–Hall, 1970.

Richards, I. A. *The Philosophy of Rhetoric*. Oxford : Oxford University press, 1936.

Russell, Bertrand. *History of Western Philosophy*. London : Allen & Unwin, 1961.

Sachs, David. "In Fairness to Freud : A Critical Notice of *The Foundations of Psychoanalysis*, by Adolf Grünbaum." In *The Cambridge Companion to Freud*, edited by Jerome Neu, 309–38. Cambridge : Cambridge University Press, 1991.

Salecl, Renata. *The Spoils of Freedom : Psychoanalysis and Feminism after the Fall of Socia-*

lism. London and New York : Routledge, 1994.

Scholes, Robert, and Richard M. Kain, eds. *The Workshop of Daedalus : James Joyce and the Raw Materials for* A Portrait of the Artist as a Young Man. Evanston, IL. : Northwestern University Press, 1965.

Schreber, Daniel Paul. *Memoirs of My Nervous Illness*. 2nd ed. Edited and translated by Ida Macalpine and Richard A. Hunter, with an introduction by Samuel M. Weber. Cambridge, MA. : Harvard University Press, 1988.

Silvestre, Michel. "Le Transfert." In *Demain la Psychanalyse*. Paris : Navarin, 1987.

Soler, Colette. "L'Expérience énigmatique du psychotique, de Schreber à Joyce." *La Cause Freudienne* 23 (1993) : 50–59.

Strachey. James. "The Nature of the Therapeutic Action of Psychoanalysis." *International Journal of Psycho–Analysis* 15 (1934) : 127–49.

Whateley, Richard. *Elements of Rhetoric*. 7th ed. Ithaca, NY : J.W. Parker, 1846.

Wright, Crispin. *Frege's Conception of Numbers as Objects*. Aberdeen : Aberdeen University Press, 1983.

_____. *Wittgenstein on the Foundations of Mathematics*. London : Duckworth, 1980.

Žižek, Slavoj. *Enjoy Your Symptom!* New York : Routledge, 1992.

_____. "Kant with (or against) Sade." In *The Žižek Reader*, edited by Elizabeth Wright and Edmond Wright, 283–301. Oxford : Blackwell, 1999.

_____. *The Sublime Object of Ideology*. London : Verso, 1989.

_____. *Tarrying with the Negative*. Durham, NC : Duke University press, 1993.

_____. *The Ticklish Subject : The Absent Centre of Political Ontology*. London : Verso, 1999.

WEB SITES

http://www.forumpsy.org/index.html

http://www.etatsgeneraux–psychoanalyse.net/actualites/Dubernard.html

http://www.legifrance.gouv.fr

http://www.senat.fr/cra/s20040709/s20040709H35.html

http://www.spp.asso.fr/Main/Acutalites/Items/21.htm

찾아보기

저자, 옮긴이 약력

● 러셀 그릭

멜버른대학 졸업, 멜버른대학 대학원에서 석사학위 논문 「프로이트, 리쾨르 및 해석」. 파리8대학에서 박사학위 논문 「시니피앙의 의미론」.

파리8대학 정신분석학과의 강의교수(assistant associé), 모나쉬대학 정신의학의 honorary lecturer, honorary senior lecturer를 역임하기도 했지만 1986년부터 디킨대학 철학과의 lecturer, senior lecturer를 거쳐 현재는 부교수. 특히 Psychoanalytic Studies의 지도교수임.

1982년부터 현재까지 École de la Cause freudienne의 회원이고 세계정신분석협회 회원, 1986년부터 Australian Centre of Psychoanalysis에 참여했다가 2000년에 Lacan Circle of Melbourne을 창립하여 현재까지 교육분석가로서 지도해 오고 있음. 정신분석잡지인 *Analysis*의 편집장을 7년간 맡아왔으며, 그 밖에도 영국, 벨기에 등지에서 발간되는 잡지의 편집인으로 활동 중임.

자끄 라깡의 세 번째 세미나인 『정신병』과 17번째 세미나인 『정신분석의 이면』을 번역했으며, 브루스 핑크 교수가 『에크리』를 완역하는 데 공동작업자로 참여했음. 편집한 책으로는 『자끄 라깡과 정신분석의 이면』(SIC 시리즈 6권)과 『여성의 섹슈얼리티』가 널리 알려져 있음. chapter 저자로는 『정신분석의 에딘버러 국제백과사전』를 비롯하여 17권에 이름. 논문으로는 세계정신분석협회 로마학술대회에서 발표하고 *Scilicet du Nom du Père*(2006)에 실린 「부명의 우연성」 이외에 32편이 있음.

● 김종주

1971년 연세의대, 1981년 연세대 대학원 졸업(의학박사). 원광의대와 인천기독병원을 거쳐 현재 반포신경정신과의원에서 진료하고 있음. 1994년부터 〈라깡정신분석연구소〉에서 매월 제2·4주 토요일에 라깡 세미나를 열고 있으며, 1998년에 〈한국라깡과 현대정신분석학회〉를 창립하여 초대회장을 역임.

2000년 4월 서울에서 『우울증과 향락』에 관한 국제학술대회를 열었고, 2002년 요코하마에서 열린 〈세계정신의학회〉 학술대회에서 "Depression and Neo-Confucian Ethics"를 발표하였으며 그 논문이 *The Letter : Lacanian Perspectives on Psychoanalysis* 2005년 여름호에 실림. 2003년 영국 런던에서 창간된 *Journal for Lacanian Studies*의 associate editor로 활동 중임. 근래에는 〈다산 정약용의 정신분석학〉 분야를 집중적으로 연구 중임.

〈라깡정신분석에 관한 역·저서〉

『라깡정신분석과 문학평론』(하나의학사, 1996)
『라깡 정신분석 사전』(D. Evans, 11명과의 공역, 인간사랑, 1998)
『라깡정신분석 입문』(B. Benvenuto, 하나의학사, 1999)
『프로이드와 인간의 영혼』(B. Bettelheim, 김아영과의 공역, 하나의학사, 2001)
『라깡과 프로이드의 임상정신분석』(D. Nobus, 하나의학사, 2002)
『환상의 돌림병』(S. Žižek, 인간사랑, 2002)
『정신분석의 새로운 기반』(J. Laplanche, 권희영과의 공역, 인간사랑, 2002)
『무의식의 시학』(E. Wright, 김아영과의 공역, 인간사랑, 2002)
『라깡 정신분석의 핵심용어』(H. Glowinski, 하나의학사, 2003)
『실재계 사막으로의 환대』(S. Žižek, 인간사랑, 2003)
『자폐증과 라깡 정신분석』(S. Tendlarz, 하나의학사, 2004)
『뇌와 내부세계 : 신경·정신분석학 입문』(M. Solms & O. Turbull, 하나의학사, 2005)
『철학적인 병』(C. Elliott, 인간사랑, 2005)
『우울증의 회복일지』(T. Bates, 하나의학사, 2007)
『코리안 이마고』I·II권.
그 밖에 편집한 책으로 『역동정신의학』, 『불교와 정신분석』, 『입시병』, 『B병동 시화전과 시치료』, 『꿈분석』, 『사랑경쟁력』 등이 있음.

● 김아영

디킨대학에서 러셀 그릭 교수의 지도 하에 문학석사(정신분석학 전공).
충북대 의대 졸업, 서울성모병원 인턴과정 수료.
현재 용인정신병원 정신과 전공의.

〈역서〉
『프로이드와 인간의 영혼』(B. Bettelheim, 김종주와의 공역, 하나의학사, 2001)
『무의식의 시학』(E. Wright, 김종주와의 공역, 인간사랑, 2002)

라깡과 언어와 철학

초판1쇄 / 2010년 3월 10일

지은이 러셀 그릭
옮긴이 김종주 / 김아영
펴낸이 여국동
펴낸곳 도서출판 인간사랑
인 쇄 백왕인쇄
제 본 은정제책사

출판등록 1983. 1. 26. / 제일 3호

정가 17,000원

ISBN 978-89-7418-558-9 93100

※ 잘못된 책은 교환해 드립니다.

(411- 815) 경기도 고양시 일산구 백석동 1178-1
TEL (031) 901-8144, 907-2003
FAX (031) 905-5815
e-mail/igsr@yahoo.co.kr / igsr@naver.com
※ 불법복사는 지적재산을 훔치는 범죄행위입니다.